Jan Eik / Horst Bosetzky
Von Allex bis Zausel

Jan Eik / Horst Bosetzky

Von Allex bis Zausel

Das Berlin-Lexikon

Jaron Verlag

Erweiterte Neuausgabe
1. Auflage dieser Ausgabe 2018
© 1998, 2018 Jaron Verlag GmbH, Berlin
Alle Rechte vorbehalten. Jede Verwertung des Werkes und
aller seiner Teile ist nur mit Zustimmung des Verlages erlaubt. Das gilt
insbesondere für Vervielfältigungen, Übersetzungen, Mikroverfilmungen
und die Einspeicherung und Verarbeitung in elektronischen Medien.
www.jaron-verlag.de
Umschlaggestaltung: Bauer+Möhring, Berlin
Satz: Pinkuin Satz und Datentechnik, Berlin
Druck und Bindung: CPI books GmbH, Leck

ISBN 978-3-89773-858-4

Inhalt

Vorneweg

Als der Verleger uns vor gut 20 Jahren seine Idee eines Berlin-Lexikons nahebrachte, dachte er an die möglichst lockere Erläuterung von etwa 150 typisch berlinischen Begriffen wie »Alexanderplatz« oder »Zimtzicke«. Wir Verfasser – vor etlichen Jahrzehnten tatsächlich beide in Berlin geboren und mit ausreichend Fantasie und Erinnerungen behaftet – stellten uns das fast so leicht vor wie er und stimmten zu. Beim ersten Abgleich unserer Listen hatten wir allerdings bereits über 900 berlintypische Wörter, Wendungen und Örtlichkeiten aufgeschrieben, und ein Ende war nicht in Sicht. Also entschlossen wir uns, keine Vollständigkeit anzustreben, kein biografisches oder statistisches Nachschlagewerk und kein Berliner Wörterbuch zu schreiben, sondern uns auf etwa 1000 Stichwörter eigener Wahl zu beschränken.

Der Erfolg des Lexikons gab uns recht, aber »time goes by«, wie es neudeutsch so schön heißt, und so kam manches vom Inhalt unseres Werkes in die Jahre. Ein aktuelles Berlin-Lexikon wurde dringend erforderlich. Bei der Überarbeitung stellten wir erstaunt (und manchmal auch erschrocken) fest, wie viel sich in den zurückliegenden zwei Jahrzehnten in der Stadt verändert hat. Und wie viel nicht! Berlin bleibt ehm doch Berlin.

Bei den mit der Stadt verbundenen Persönlichkeiten belassen wir es bei den wenigen, die uns besonders wichtig erscheinen – und die wir mögen. Die Nichtgenannten werden es uns danken. Außerdem war es nicht möglich, alle bedeutsamen Gebäude, Straßen und Besonderheiten, Clubs und Veranstaltungsorte sowie sämtliche berlinische Begriffe für Trinken und Essen, Schlagen und Streiten, Lärm und Geschlechtsverkehr aufzulisten. Erstaunlich übrigens, wie viel Berlinisches bereits in die allgemeine deutsche Sprache übergegangen ist. Im Zweifelsfall verzichten wir deshalb auf Wörter, die im Duden stehen, oder Dinge und Sachverhalte, die auch anderswo üblich sind. Im Übrigen vertrauen wir zwar gelegentlich dem Internet und der täglichen Zeitungslektüre – die Basis aber bilden unsere Erinnerungen. Denn auch darum ging es uns: um die Erhaltung und Weitergabe dessen, was wir in der Kindheit und Jugend noch von unseren in Berlin gebürtigen Eltern und Großeltern vernommen haben und was uns sonst so im Laufe unseres Lebens zugeflogen ist. Die Schreibweise entspricht, was das Berlinische angeht, unseren eigenen Vorstellungen, denn es handelt sich um eine lebendige und in jeder Ecke Berlins zu jeder Zeit anders gesprochene Sprache. Vielleicht haben Sie, egal ob als Tourist, Zugereister oder Angehöriger der schrumpfenden indigenen Minderheit und welchen Geschlechts Sie sind – die weibliche Form eines jeden Begriffs ist im Übrigen stets mitgedacht, wenn auch nicht immer benannt –, dennoch Spaß daran. Und noch ein Hinweis: Legen Sie bitte nicht jedes Wort auf die Goldwaage. Es gilt der alte Berliner Satz: »Übelnehmen jildet nich!«

J. E. und H. B.

A

aalen tut sich der Berliner jerne uff sein' Balkong oder am Strand: sich faul in der Sonne rekeln.

Aas, in Berlin auch nur ein Mensch: »Dir Aas kenn ick!« Hingegen ist »een Aas uff de Bassjeije« einer, der das Instrument wirklich beherrscht – also von Unkundigen für ein Ass gehalten wird.

aasen heißt verschwenden.

Abend, Der, bis zum 23. Januar 1981, als er sein Erscheinen einstellen musste, ein Begriff gehobener West-Berliner Lebensart. Freischwebend und froh fühlten sich diejenigen, die das Privileg genossen, zur Mittagszeit – wenn der gemeine Mensch fremdbestimmt malochen musste – im Café oder Restaurant zu sitzen und den A. zu lesen, der trotz seines Namens bereits gegen halb zwölf im Handel war. Zwar wusste man fast alles schon aus der Morgenzeitung, aber hier war es noch einmal leicht wie Zabaione aufbereitet, sodass man's recht genießen konnte. Ein Hauch des alten Romanischen Cafés wehte einen an, zumindest aber von Bistro, Wiener Kaffeehaus und Siesta à la España, eben die Leichtigkeit des Seins, die der Berliner bei anderen so gerne bewundert.

Abgeordnetenhaus, das Berliner Landesparlament, das im ehemaligen Preußischen Landtag in der Niederkirchnerstraße zu Hause ist und es schwer hat, vom Volk wahrgenommen zu werden. Deshalb funktioniert man den Sitzungssaal gelegentlich zum Theater um und gibt – wenn auch mit mäßigem Publikumserfolg – tragikomische Stücke wie »Die Einigkeit der Koalition«, »Die nächste Bildungsreform kommt gewiss« oder »Vergebens tagt der Untersuchungsausschuss«.

abhalten meint, die Entsorgung von Stoffwechselprodukten, die bei bereits windelfreien Kleinkindern noch nicht ohne Hilfe der Eltern oder anderer geeigneter Bezugspersonen möglich ist, dadurch sicherzustellen, dass man das dringend mal müssende kleine Wesen nach erfolgtem Herabziehen des Ober- wie des Unterhöschens in Kniehöhe so hält, dass es seine Notdurft verrichten kann, ohne die Schuhe des Haltenden zu beschmutzen.

abnibbeln kommt möglicherweise vom hebräischen *nawol* (welken), und wenn man sagt, einer sei abgenibbelt, dann umschreibt das leicht euphemistisch, dass er gestorben ist.

Abreibung hat nichts mit dem Abgeriebenen (einem Kuchen) zu tun, sondern bedeutet eine Tracht Prügel, auch Keile, Senge oder Wucht genannt.

Abriss ist eine von alters her beliebte Form architektonischer Gestaltung in Berlin, in der durchschlagenden Wirkung nur selten von Einstürzen und Explosionen, im 20. Jahrhundert zeitweise durch Kriegseinwirkungen übertroffen. Dennoch ist das Abreißen historischer Bauwerke die größte Passion der Berliner Planer und Politiker seit 1945 in Ost wie in West, sodass eigentlich statt des Bären eine Abrissbirne ins Stadtwappen gehört. Hier eine kleine Auswahl dessen, was Sie nicht mehr sehen können: das Stadtschloss, die Schinkel'sche Bauakademie, den Palast der Republik, den Sportpalast, die Deutschland- und die Eissporthalle, das Stadion der Weltjugend, das Columbushaus und das Haus Vaterland, die Mauer (als Denkmal) und alle alten, auch als »Kathedralen der Technik« bekannten Bahnhöfe – den Anhalter, den Stettiner, den Potsdamer und den Lehrter. Zum Abriss steht derzeit u. a. das ICC an, während die Friedrichswerdersche Kirche der zu nahen privaten Bautätigkeit wegen von selbst einzustürzen droht.

Abteiinsel, eine künstliche Spreeinsel in Alt-Treptow, seit 1949 auch als Insel der Jugend bekannt, der Halbinsel Stralau gegenüber. Anlässlich der Gewerbeausstellung 1896 wurde darauf ein als Klosterruine getarntes Restaurant errichtet. Sehens- und begehenswert ist die Abteibrücke mit ihren beiden Brückentürmen, eine Konstruktion aus Gusseisen und Beton mit knapp 76 Meter Spannweite aus den Anfangsjahren der Stahlbetonbauweise.

abtrimó ist eine Aufforderung, sich eiligst zu entfernen. Ob sie etwas mit dem Trumeau, einem aufgesetzten Spiegel, zu tun hat, ist unklar.

acheln ist, neben trinken, eine Lieblingsbeschäftigung der Berliner: essen.

achtkantig, eine berlinerische Steigerungsform: »Dir Aas schmeiß ick achtkantich raus!«

Ackerstraße, zwischen den Ortsteilen Mitte und Gesundbrunnen verlaufend, erste beste Adresse im Norden mit besonders scheußlichen Mietskasernen. Schon seit den 1750er-Jahren, als hier die ersten Doppelhäuser für zumeist sächsische Kolonisten errichtet wurden (Neu-Voigtland), keine gute Gegend zum Wohnen; heute im südlichen Teil eine Gegend für die Szene, u. a. mit dem »Schokoladen«, einem alternativen Kulturprojekt mit dem Charme einer Nachkriegsruine. Auf dem heutigen Gartenplatz im nördlichen Teil der A. fand 1837 die letzte öffentliche Hinrichtung in Berlin statt, und an der Bernauer Straße befindet

sich die Mauergedenkstätte mit einem Stück echt nachgebauter Mauer. Die Ackerhalle ist eine der alten Berliner
Markthallen, 1886 errichtet und von betagten Berlinern als
modern verunstaltet erachtet.

Adenauerdamm, eine Straße, die Sie in Berlin vergeblich suchen werden. Denn die West-Berliner haben den ersten
Kanzler der Bundesrepublik so wenig geliebt, dass sie sich
mit Worten und Taten vehement dagegen wehrten, als nach
seinem Tode aus ihrem guten alten Kaiserdamm der Adenauerdamm werden sollte. So hat »der Alte aus Rhöndorf«
nur das bekommen, womit in Berlin Vergessene geehrt
werden: einen Platz, der recht eigentlich gar keiner ist (an
der Kreuzung Kurfürstendamm, Brandenburgische und
Lewishamstraße). Mehrheitlich sieht man Adenauer noch
immer als einen Mann, der Berlin geopfert hat – Stichwort Mauerbau –, um die Westintegration Deutschlands
voranzutreiben.

Adlergestell, eine überlange Ausfallstraße in Richtung Adlershof, Grünau, Karolinenhof, Schmöckwitz, auch Südost-
radiale genannt. Wie der Name sagt, früher ein unbefestig-
ter Gestellweg durch den Forst.

Adlershof, 1754 vom Berliner Lampenkommissar und Entre-
preneur Sieweke gegründetes Erbzinsgut in der Nähe des
↑Adlergestells. 200 Jahre später Synonym für zwei DDR-
spezifische Rausch- und Beruhigungsmittel: (a) Adlershofer
Wodka, ein Kartoffelschnaps minderer Sorte, (b) Adlershofer Fernsehen (gelegentlich auch Royal Television genannt),
staatliches, im Wesentlichen der Hofberichterstattung und
der Unterhaltung dienendes DDR-Fernsehen, dessen Ausflüge in Kunst, Kultur und Kriminalität noch heute die TV-

Programme bereichern. Außerdem ist A. seit den 1950er-Jahren ein bedeutender Wissenschaftsstandort mit über 20000 Beschäftigten, der auf einen weiteren Straßenbahnanschluss wartet.

Adlon, berühmte Berliner Nobelherberge am Pariser Platz. 1906 für Lorenz Adlon erbaut, 1945 ausgebrannt und danach bis auf einen Flügel abgerissen, im Juni 1997 wiedereröffnet.

Admiralbrücke, eine der 38 Brücken über den Landwehrkanal, 1882 erbaut und heute allabendlich gerne von trinkfreudigen Touristen besetzte Location in Kreuzberg. Angeblich beendet die Polizei das bunte Treiben jeweils um 22 Uhr.

Admiralspalast, direkt am Bahnhof Friedrichstraße gelegener Mehrzweckbau, »dessen schillernde und wechselhafte Geschichte eng verknüpft ist mit dem politischen und gesellschaftlichen Wandel der Stadt in den letzten hundert Jahren« (Eigenwerbung). 1911 als weltstädtisches Etablissement mit Eislaufarena, russisch-römischer Luxustherme, Kegelbahnen und einem prächtigen Kino eröffnet, diente es nach einem Umbau von 1945 bis 1955 als Spielstätte für die Deutsche Staatsoper. Die Sozialistische Einheitspartei (SED) feierte hier 1946 ihren Vereinigungsparteitag. Ab 1955 spielte das Metropol-Theater 42 Jahre lang Operetten, Broadway- und eigene Musicals, während sich im Pressecafé die gehobene Ost-Berliner Bohème traf. Nach Pleite und etlichen Wiederbelebungsversuchen wurde der A. mit seinen 1700 Plätzen aufwendig saniert und modernisiert und dient seit 2006 wieder ganz dem Entertainment. Seit 1953 ist im Vorderhaus das Kabarett Die Distel zu Hause.

Affe, ein wie überall in der Welt vielseitig verwendbares (Schimpf-)Wort. Der Lackaffe beispielsweise jibt an wie 'ne

Lore Affen. »Ick denk, mir laust der Affe« ist ein Ausdruck der Überraschung. Een Affen hat sich auch der Betrunkene aufgeladen.

Ägyptisches Museum, ein während der Teilung der Stadt zweimal vorhandener Aufbewahrungsort von zahlreichen Mumien und sonstigen in Ägypten nicht immer auf rechtmäßige Weise erworbenen Kunstschätzen, darunter der einäugigen Kalksteinbüste der Königin Nefertiti, eingedeutscht Nofretete, die nunmehr im Neuen Museum einen eigenen Saal mit Blick bis in den Kuppelsaal des Bode-Museums bewohnt.

Air Berlin, eine der dahingegangenen hauptstädtischen Fluggesellschaften. Seit deren Pleite ist es noch schwerer geworden, von Berlin aus in die weite Welt zu entfliehen. Von den beteiligten Pleitiers hat man lange nichts gehört. Gibt's denn wirklich nichts mehr kaputt zu schlagen?

Akademie der Künste, auch die gab es zweimal. Das 1960 erbaute West-Gebäude liegt am Rande des Hansaviertels und gilt bei allen Kulturbeflissenen als Legende, nicht zuletzt durch die »Liegende«, eine Bronzefigur von Henry Moore, die sich vor dem Hauptgebäude rekelt. Im neuen, 2005 von Günter Behnisch, dem berühmten Schöpfer des Münchener Olympiageländes, mit den üblichen Baumacken errichteten Hauptgebäude, am Pariser Platz direkt neben dem Hotel Adlon gelegen, fällt dem Besucher zuerst der (gewollt) schiefe Fußboden auf.

Alba meint in der Hauptsache nicht etwa den spanischen Herzog und Feldherrn (1507–82) oder die erfolgreiche Abfallbeseitigungsfirma gleichen Namens, sondern den von ihr gesponserten achtmaligen Deutschen Meister im Basketball Alba Berlin, zu Hause in der Mehrzweckhalle am Ostbahnhof. Er ist schon beinahe, was die ganze Stadt so gerne werden möchte: europäische Spitze.

Allex (von Unkundigen auch Ahlex genannt), einst vor dem Georgentor gelegener Ochsen- und Viehmarkt, der zu Ehren des russischen Zaren Alexander I. 1805 in Alexanderplatz umbenannt wurde und sich zu einem der verkehrsreichsten Plätze der Stadt entwickelte. Kreuzungspunkt dreier U-Bahn-Linien, Regional- und S-Bahnhof, Handelszentrum des östlichen Berlin. Der Berliner fuhr früher mit der Hand übern A., für die Berliner Halb- und Unterwelt war er bis 1945 Synonym für das zwischen Alexander- und Dircksenstraße gelegene Polizeipräsidium. Der aus Stettin stammende Neurologe Alfred Döblin (1878–1957) setzte dem A. – auch als Baustelle – ein unvergängliches literarisches Denkmal (↑Biberkopf, Franz). Architektonisch dominieren Alexander- und Berolinahaus, 1930–32 von Peter Behrens errichtet, ein Warenhaus (einstmals stand etwa an dieser Stelle ein Kaufhaus von Hermann Tietz) und DDR-Plattenbauten den Platz. Seit 1993 ist der nicht sonderlich gemütliche A. von elf Hochhäusern umgeben – jedenfalls auf dem Papier. In der Realität dauert das übliche Berliner Genehmigungs- und Bau-Hickhack an. Fertiggestellt wurde nach längerer Diskussion immerhin eine ebenerdige, der örtlichen Kriminalitätsrate wegen notwendige Polizeiwache. Im Umfeld des A. gibt es bereits zahlreiche Bauten, die oft nur durch ihre Größe herausragen, z. B. das ehemalige Haus des Lehrers mit einem 125 Meter langen Bilderfries (Bauchbinde) und der kreisrunden Kuppel der Kongresshalle (Lehrerzirkus), wesentliche Teile eines 1929/30 von Alfred Grenander für die ↑BVG errichteten Verwaltungsgebäudes an der Ecke Rosa-Luxemburg-Straße und das Neubauviertel Neu-Deli, benannt nach den ehemals dort beheimateten volkseigenen Deli(katess)läden.

als ist für den Berliner eine der schwierigsten Konjunktionen. Sie wird selbst von Regierungsmitgliedern selten richtig verwendet und ist vor allem in der Verdopplung geläufig: »Als wie icke?« Das »als« wird im Berlinischen üblicherweise durch »wie« ersetzt.

Alt-Berlin, sagenhafte, zwischen An der Spandauer Brücke (keine Brücke) und Jannowitzbrücke gelegene, im Westen und Süden von der Spree umflossene Stadt, von der nicht viel übrig geblieben ist. Auf ihrem einstigen Festungsgraben fährt seit 1878 die Stadtbahn. In ihrem Kern erstreckt sich zu Füßen des ↑Fernsehturms eine städtebauliche Wüstenei, über deren Zukunft Politiker und Architekten seit Jahrzehnten gelegentlich streiten.

Altes Museum, Schinkels klassizistisches Meisterwerk, 1823 bis 1830 als nördlicher Abschluss des ↑Lustgartens errichtet, im Zweiten Weltkrieg zerstört und ab 1958 wiederaufgebaut. Die ursprünglich für die von korinthischen Säulen umstellte Rotunde gedachte Granitschale, von den Berlinern liebevoll »Suppenschüssel« getauft, hat der Baumeister Cantian vorsichtshalber so dimensioniert (fast 7 Meter Durchmesser und 80 Tonnen Gewicht), dass sie nicht in das A. M. hineinpasste und neben allerlei nackten Bronzen *vor* dem Bau Aufstellung finden musste. Die polierte Schale wurde aus dem Großen Markgrafenstein, einem der größten Findlinge in der Mark, angefertigt und wechselte mehrmals den Standplatz. Dass »Sie, altet Museum, aussteijen!«, an eine ältere Dame gerichtet, nicht nur als ein Hinweis auf das Erreichen der gewünschten Bushaltestelle verstanden werden kann, ist einer der Lieblingswitze der Berliner.

Amerika-Gedenkbibliothek, 1954 mit amerikanischen Spendengeldern erbaut und am Halleschen Tor gelegen, ist mit weit über einer Million Büchern ein gefundenes Fressen für alle entsprechenden Würmer. Als ausleihstärkste Bibliothek Europas war sie die erste mit Freihandausleihe, was heute angesichts der Medienfülle nur noch für einen Teil des Bestands zutrifft. Die Nutzer warten bisher vergeblich auf den Bau einer repräsentativen Landesbibliothek, während die Politiker vermutlich auf eine neue spendable Besatzungsmacht hoffen.

Angströhre hieß bei unseren Vorfahren der Zylinderhut, die schwarze Röhre uff'n Kopp. Vielleicht aus der Angst heraus, sie könnte herunterfallen – wahrscheinlich aber, weil man fürchtete, sich bei den Anlässen, bei denen man sie zu tragen hatte, danebenzubenehmen.

Anhalter Bahnhof, bei ihm verstehen Sie immer nur Bahnhof? Richtig, von hier geht schon lange kein Zug mehr nach Sachsen-Anhalt, und wer per Anhalter verreisen möchte, wird hier ebenso vergeblich warten. Nur die S-Bahn mit ihrem unterirdischen Bahnhof gibt es noch. Berlins einst prominentester Fernbahnhof wurde 1874–80 nach Plänen von Franz Schwechten errichtet. Der Architekt tat dies, obwohl es ja schon in der Bibel heißt:»Errichte nicht, auf dass du nicht gerichtet wirst.« Das wurde er auch nicht, denn der Bahnhof war schön, und an seiner Hallenkonstruktion hat Heinrich Seidel (1842–1906) mitgeschöpft, dem wir außerdem den Roman »Leberecht Hühnchen« verdanken, eine köstliche Idylle aus dem alten Berlin. Im Krieg erheblich beschädigt, aber durchaus noch rekonstruierbar, wurde der A. B. von der DDR-Reichsbahn 1952 stillgelegt und später von den West-Berlinern bis auf einen Portalrest dem Erdboden gleichgemacht. In Rom, Athen und anderswo sind es ja auch Ruinenreste, die der Stadt ihr Flair verleihen, und insofern ist es falsch, wenn wir immer von den Berliner Abriss-Barbaren sprechen, denn so etwas ist eben doch Hochkultur pur.

Animus, auch **Ahnimus**, die berlinerische Variante einer Vorahnung: »Ick hab so'n Ahnimus, det der olle Sack heute noch uff't Maul fällt.«

anjeduselt oder **anjesäuselt** ist man in Berlin gelegentlich: angetrunken.

Aquarium, eine segensreiche Einrichtung, um genervte Eltern im Winter am Suizid zu hindern, wenn die Brut am Sonntagmorgen wieder einmal quengelt: »Wohin geh'n wir'n heute?« und man verhindern möchte, dass sie vor dem Fernseher zum Serienmörder ausgebildet wird. Mit dem Zählen und Bestaunen der rund 13 000 Tiere lässt sich jeder Vormittag mühelos ausfüllen. Für die Entsorgung nicht mehr verwendungsfähiger Partner ist die große Krokodilhalle bestens geeignet; bei Phobikern (Spinnen, Schlangen, Quallen und dergleichen) ist es jedoch klüger, sie vor den entsprechenden Schaukästen für eine gewisse Zeit unauffällig zu fixieren. Seit 2003 gibt es ein weiteres, kleineres Aquarium namens Sea Life, mit täglicher Fütterung (der Tiere).

Archenhold-Sternwarte. Auf der Berliner Gewerbeausstellung im Jahr 1896 im Treptower Park war das Riesenfernrohr von 21 Meter Länge eine besondere Sehenswürdigkeit. 1908/09 baute man eine Volkssternwarte dazu, die seit 1946 den Namen ihres Gründers und langjährigen Direktors trägt. Das längste bewegliche Linsenfernrohr der Welt – Himmelskanone genannt – ist seit 1983 wieder in Betrieb und zu besichtigen.

Architektur wird in Berlin nur sporadisch als Kunstform ausgeübt, obwohl von Schlüter über Langhans, von Knobelsdorff und Schinkel bis Poelzig, Bruno und Max Taut, Mies van der Rohe, Gropius, Scharoun, Le Corbusier, Piano, Pei und Libeskind allerlei Koryphäen ihre steinernen bzw. Betonspuren in der Stadt hinterlassen haben (↑Abriss). Zumindest bei den mit öffentlichen Geldern und demzufolge stets mit erheblichen Kostensteigerungen und Verzögerungen errichteten Bauten herrscht das Modell Schuhkarton mit Schießscharten vor.

Arena, multifunktionales Event-Areal an der Ecke Spree / Flutgraben in Treptow mit Club, Badeschiff und großer Halle, auf dem früher mal die ↑BVG ihre Busse kasernierte und reparierte.

Aschinger, legendäre Berliner Restaurationsbetriebe mit der Spezialität Erbsensuppe (Löffelerbsen) mit Speck, wozu es kostenlos Brötchen gab. Das derbere Volk rülpste so, dass es am Ende ein langgezogenes »A...« ergab, an das man dann das »...schinger Brötchen gefällig?« fügte. Die Brüder Carl und August Aschinger aus Württemberg hatten ihre erste »Bierquelle« 1892 in der Neuen Roßstraße eröffnet.

Ast ist der Buckel: »Ick lach ma 'n Ast!« Und **asten** meint das Ächzen unter einer schweren Last: »Ick aste mir hier een ab, und du trächst nischt weita wie det bisschen Vaantwortung.«

Atze, ursprünglich ein Synonym für Bruder oder Schwester (»Wat macht 'n deine Atze?«), wird fast immer auch mit dem Namen Brauner in Verbindung gebracht: Atze (eigentlich

Artur) Brauner (*1918 in Łódź), Filmproduzent in Spandau, dem wir u. a. Filme wie »Die Ratten« (1955), »Liebe, Tanz und 1000 Schlager« (1955), »Vor Sonnenuntergang« (1956), »Die Nibelungen« (1966), »Scotland Yard jagt Dr. Mabuse« (1963), »Old Shatterhand« (1964) und »Hitlerjunge Salomon« (1990) verdanken.

Aule, vornehmer auch **Auster**, ist das Ergebnis einer notwendigen Schleimhautreinigung (Synonym: ↑Charlottenburger).

ausbaldowern meint das Herausfinden begünstigender Umstände für eine Straftat.

ausfressen heißt etwas Unerlaubtes oder gar Strafbares tun. Mutters Frage »Wat hast 'n wieda ausjefressen?« bezieht sich also nicht auf die Plünderung des Kühlschranks, sondern auf eine anderweitige Untat des Sprösslings.

ausjebufft oder **ausjekocht** ist ein besonders durchtriebener, gerissener Mensch.

ausjemistet ist jemand ohne Geld.

Ausländer ist für den Berliner jeder, der nicht im Umkreis von maximal 100 Kilometern um seine Stadt geboren oder aufgewachsen ist oder zumindest so aussieht.

Avus, 1921 als kostenpflichtige Automobil-Verkehrs- und Übungsstraße eröffnet, gab 1937 dem berühmten Rennfahrer Bernd Rosemeyer Gelegenheit, auf Auto-Union mit 276,4 Stundenkilometern einen Rundenrekord für alle Ewigkeiten aufzustellen – denn seit dem Frühjahr 1998 gibt es hier keine Rennen mehr. Das Schönste an der A., die steile Nordkurve, ist sowieso schon 1967 abgebrochen worden. Heute ist sie nur noch ein normales Stück Autobahn, reizt aber wegen der langen Geraden geschwindigkeitsberauschte junge Menschen immer wieder dazu, sich an Rudolf Caracciolas Rekord heranzutasten – und der liegt bei fast 400 Stundenkilometern. Aus der parallel verlaufenden S-Bahn lassen sich solche Suizidversuche genüsslich verfolgen. Illegale Autorennen finden – trotz hoher Strafen und mitunter tödlicher Folgen – auch auf anderen Berliner Magistralen statt, auf denen der Umweltschonung wegen nur 30 Stundenkilometer erwünscht sind.

B

Babylon, nicht etwa ein Synonym für Berlin (wegen seines babylonischen Sprachengewirrs oder der im Vorderasiatischen Museum ausgestellten Funde aus der gleichnamigen Stadt), sondern ein ordinäres, wenn auch originäres Kino in einem 1928/29 von Hans Poelzig am heutigen Rosa-Luxemburg-Platz im ↑Scheunenviertel errichteten Gebäudekomplex. »Babylon Berlin« hingegen heißt die hochgelobte TV-Serie, welche die ↑Goldenen Zwanziger so wiedererstehen lässt, wie es sich die Autoren und Regisseure vorstellen.

Badeanstalten, von Berlins Stadtoberen (↑Senat) der Kosten wegen wenig geschätzte und entsprechend vernachlässigte Einrichtungen, die sich z. T. als erhaltenswerte Baudenkmäler in beklagenswertem Zustand befinden.

Badewanne. Wenn in den Zeiten, als die Verfasser dieses Buches jung waren, jemand sagte, er ginge in die B., war damit keineswegs nur die Einleitung eines notwendig gewordenen Reinigungsvorganges gemeint – zumal mindestens die Hälfte der Berliner gar kein Bad mit Wanne hatte –, sondern der Besuch in einem stadtbekannten Tanzschuppen, gelegen in der Nürnberger Straße 50–52. Von Jazz, Rock'n'Roll, zwei sich ständig abwechselnden Kapellen, Whisky und gefährdeten Trommelfellen ist in »Berlin bei Nacht« aus dem Jahre 1961 zu lesen – und: »Zuckende Glieder um uns her«. Das ging also auch schon ohne Viagra. »Es war das Sichverschwenden der Jugend – das zwecklose Aufschreien gegen jede Art von Fessel.« Damals ahnte man eben noch nichts vom ↑Berghain ...

Bagage, kein englisch ausgesprochenes Gepäck, sondern auf gut Berlino-Franzeeserisch (↑Hugenotten) eine unangenehme Gesellschaft oder Verwandtschaft:»Der kann ma mal de Bolln lecken mit seine janze Bagasche!«

Bahnhöfe, des Hauptstädters ganzer Stolz:»Wie viele haben Sie davon in Berlin?« –»Na, 'ne janze Menge.« Es sind im Tarifbereich Berlin und Umland fast 350 Stück, was die S-, U-, Fern- und Regionalbahn betrifft – von Adenauerplatz bis Zwickauer Damm (beide U7). Die meisten Umsteigemöglichkeiten zwischen U- und S-Bahn bietet Friedrichstraße vor Alexanderplatz und Ostkreuz; nimmt man aber die Regionallinien hinzu, liegt Schöneweide an der Spitze.

Bahnhof Zoo, am 7. Februar 1882 eröffneter Fern- und S-Bahnhof nahe dem Zoologischen Garten, zur Zeit der Spaltung der Hauptbahnhof West-Berlins. Die große Uhr an seiner Front am Hardenbergplatz über der Drogerie von Dr. F. Kuhlmann und unter der Persil-Reklame war lange Zeit der beliebteste Treffpunkt paarungs- oder wenigstens paarbildungsbereiter Menschen. Ansonsten war der B. Z. das Synonym für Schmutz, Kriminalität, Prostitution und Drogenkonsum. Nach dem Ende der DDR hat die Deutsche Bahn alles modernisiert und die Bahnhofshalle zu einem Shoppingcenter gemacht, sodass das Ganze beinahe so aussieht wie ein richtiger Bahnhof in Leipzig, Hamburg oder Stuttgart, nur zehnmal kleiner, denn seit Fertigstellung des lediglich drei S-Bahn-Stationen entfernten Hauptbahnhofs halten nur noch wenige Fernzüge am B. Z. Sind die Bäume licht und blätterlos, kann man beim Warten nicht nur die Gedächtniskirche erblicken, sondern auch mal ein Nashorn oder einen Elefanten unten in den Freigehegen des Zoos.

Das versprochene Riesenriesenrad dagegen erwies sich als eine der üblichen Berliner Luftnummern.

Bammel, die Angst vor allerlei unerquicklichen Geschehnissen: »Wovor hast 'n am meisten Bammel?« – »Vorm Zahnarzt.« Und so heißt auch eine Landzunge bei ↑Grünau Bammelecke, weil dort in der Dahme früher viel ertrunken wurde.

Bar jeder Vernunft, ein genialer Name! Varieté, Kabarett und Shows gibt es in der Schaperstraße 24 in Wilmersdorf, und über die Neuauflage des »Weißen Rössl« hat sich tout Berlin amüsiert. Die Scheinbar in der Monumentenstraße hingegen ist Berlins kleinstes Varieté.

Baumschulenweg, unauffälliger Ortsteil im Westen von Treptow-Köpenick, der nicht im Baedeker vorkommt, obwohl sich hier seit 1874 die Späth'sche Baumschule befand, die der Amtsschimmel 2018 von ihrer Anbaufläche vertrieb, und seit 1913 auch ein Krematorium, das 1999 durch einen repräsentativen Neubau ersetzt worden ist, der allerdings nicht voll ausgelastet wird. Et woll'n einfach nich jenuch Berliner sterm.

Baustelle, Normalzustand des Berliner Straßenverkehrs, da auch kleinere Reparaturen, Sanierungen und Neubauten die Sperrung mindestens der halben Straßenbreite erfordern und größere Vorhaben eben länger dauern.

Begegnungszone, kein Begriff aus dem Kalten, sondern einer aus dem alltäglichen heißen Krieg zwischen Autofahrern und fußläufigen Verkehrsteilnehmern in der Schöneberger Maaßenstraße. Unter hohem Kostenaufwand erprobtes Verfahren mit schlechter Bilanz, durch bemalte Betonklötze und Bänke auf der Fahrbahn einen »Schonraum« für Fußgänger zu schaffen. Der wird nun in den nächsten Jahren – nicht ganz kostenfrei –»entrümpelt«. Merke: Berlin, auch als»Hauptstadt des Feinstaubs« bekannt, ist ein Labor für den Verkehr der Zukunft!

behumpsen oder **berumpsen** lässt sich nicht jeder: betrügen.

bekaspern heißt etwas beraten.

belatschern meint jemanden überreden, ihm»wat beibiejen« oder»ihn breetschlagen«.

belemmert ist für den selten zum Optimismus neigenden Berliner so ziemlich alles im Leben, einschließlich der Rechtschreibreform, die daraus»belämmert« gemacht hat: einfach unangenehm. Kommt entgegen landläufiger Meinung übrigens weder von Lamm noch von dem Politiker Ernst Lemmer – so wenig, wie belummern (begaunern, übervorteilen) von Heinrich Lummer kommt, einem affärenreichen ehemaligen Innensenator.

Bellevue meint nicht die Aufforderung eines der zahlreichen in Berlin ihre Restaurants betreibenden Chinesen an seinen pekinesischen Hund, Laut zu geben (»Belle, Wü!«), sondern das Schloss nordöstlich der Siegessäule, in dem der Bundespräsident amtlich einsitzt.

Bendlerblock, Sitz des ehemaligen Oberkommandos der Wehrmacht an der Bendler-, inzwischen Stauffenbergstraße. Im B. findet sich die Gedenkstätte für den deutschen Widerstand gegen Hitler und die Opfer des 20. Juli 1944, die hier standrechtlich erschossen wurden (u. a. Oberst Graf von Stauffenberg und Generaloberst Beck).

BER (Bravo Echo Romeo), angeblicher künftiger Flughafen, über den nicht mal mehr die Berliner Witze machen. In der ersten Auflage unseres Lexikons war der Oktober 2007 als Eröffnungstermin genannt.

Berber nennen sich – nach den stolzen Bewohnern des marokkanischen Atlasgebirges – Menschen, die das Leben auf der Straße bewusst gewählt haben, um frei von allen Rollenzwängen der bürgerlichen Gesellschaft zu sein.

Berge sind für Berliner alle Erhebungen über 40 Meter (so der Reiherberg im Tegeler Forst, der ganze 42 Meter aufweist), wobei aber anzumerken ist, dass die Stadt als Ganzes eh schon 30 bis 40 Meter über NN liegt. Am bekanntesten sind die ↑Müggelberge (mehrere natürliche Huckel mit maximal 116 Meter Höhe), der ↑Kreuzberg (66 Meter, mit Schinkels Denkmal für die Befreiungskriege), der Karlsberg (78 Meter, mit dem Grunewaldturm, als ein Teil der Havelberge) und fünf nach 1945 aus Trümmern angehäufte Hügel: der ↑Teufelsberg (120 Meter), der ↑Insulaner (75 Meter, mit Planetarium und Wilhelm-Foerster-Sternwarte), die Humboldthöhe (85 Meter, mit einem Hochbunker, der als unsprengbar gilt), der Große Bunkerberg in ↑Friedrichshain (78 Meter) und die Rixdorfer Höhe (67,9 Meter, in der ↑Hasenheide gelegen und mit dem Trümmerfrauen-Denkmal an ihrem Fuße). Hoch sind sie also nicht, die Berliner B., aber ... Weilt ein Berliner Junge im Rahmen der Aktion »Ein Platz an der Sonne« in Garmisch-Partenkirchen. Sagt ein Bayer beim Anblick der Zugspitze (2962 Meter) lachend zu ihm, dass man so hohe Berge in Berlin nicht habe. Kommt die Antwort: »Wenn wir aber Berge hätten, dann wären sie viel höher.« Seh'n Se, det is Berlin ...

Berghain, ein ehemaliges Heizwerk in den Wüsteneien Am Wriezener Bahnhof, heute Berlins und angeblich der Welt bedeutendster Techno-Club mit langen, langen Warteschlangen vor dem Eingang (und den Toiletten, wie kein

Rezensent zu erwähnen vergisst), gründlichsten Türkontrollen und einem Image, das durch nichts zu erschüttern ist. Bevor man dem Tempel hedonistischer Hochkultur einen Besuch abstattet, sollte man vorsichtshalber ein paar der 757 Bewertungen im Internet lesen!

Berlin, das im Verlauf von acht Jahrhunderten flächen- und bedeutungsmäßig stark aufgequollene Herz der norddeutschen Tiefebene (»Mutta, wat sind tiefe Beene?« – »Ruhe, der Onkel erklärt gerade was!«), eine von gelegentlichen Grünflächen unterbrochene Häuseransammlung zwischen (im Uhrzeigersinn) Oranienburg, Bernau, Erkner, Königs Wusterhausen, Teltow und Potsdam. B. wurde ursprünglich auf sumpfigem Boden in der Spreeniederung erbaut und 1307 zum ersten Mal mit der südwestlichen Schwesternstadt Cölln vereint, 1709 abermals und endgültig mit ↑Cölln und weiteren Randbebauungen zur preußischen Residenz vereinigt und stieg schließlich zur deutschen Hauptstadt und Hauptstadt der Mietskasernen auf. Im Zweiten Weltkrieg weitgehend zerstört, geviertelt und der Geschichte zum Fraß hingeworfen, erhob sich die Stadt – nur noch zweigeteilt, aber dafür richtig – wie der bekannte Vogel »Felix aus der Asche« und vereinte sich nach einem Ereignis, das die einen als friedliche Revolution, andere als Wende oder den größten Immobiliendeal aller Zeiten bezeichnen, zur unumstrittenen deutschen Hauptstadt inmitten blühender Landschaften (auch Speckgürtel genannt).

Berlinale, Name für die seit 1951 alljährlich, derzeit im Februar, stattfindenden Filmfestspiele mit dem »Goldenen Bären« als Hauptpreis.

Berliner, weltweit verbreiteter Begriff für Pfannkuchen. Im weiteren Sinne auch der für seine vornehme Zurückhaltung, seinen überwältigenden Charme, seine korrekte Aussprache und feinfühlige Ausdrucksweise bekannte Menschenschlag aus Berlin. B. wird man, indem man sich länger als drei Tage und/oder Nächte ununterbrochen in der Stadt aufhält und dann behauptet, einer zu sein. Echte oder gebürtige B. sind mittlerweile eine selten anzutreffende Spezies und häufig türkischer Provenienz.

Berliner Abendschau, einzig verbliebene regionale Berliner Fernsehsendung des RBB mit Kultcharakter, Tag für Tag von 19.30 bis 19.59 Uhr anzuschauen. Von den Kids als miefig missachtet, gilt sie älteren Berlinern, zumal solchen aus dem ehemaligen Westteil, als tröstlicher Beweis dafür, dass es in dieser Welt Dinge gibt, die sich nie verändern.

Berliner Ballade, Kultfilm aus der Nachkriegszeit (1948, Buch: Günter Neumann, Regie: Robert A. Stemmle) mit dem damals noch spindeldürren Gert Fröbe als Otto Normalverbraucher, der aus der Kriegsgefangenschaft heimkehrt und alles erlebt, was es mit Heiratsvermittlern, Schiebern, Bürokraten und Alliierten in dieser Zeit so zu erleben gab. Die B. B. gilt als meisterhafte ironisch-witzige Geschichtslektion.

Berliner Bär. Woher die beiden Bären neben dem Adler auf dem Siegel von 1280 kommen, haben die Historiker noch nicht herausgefunden. Wir vermuten: Aus den Wäldern rings um Berlin. Im Stadtsiegel von 1338 läuft der Bär und zieht den Adler. Dem Berliner Unwillen entsprechend krallt sich der Adler später in das Fell des Bären, der eher einem Hund ähnelt (welch tiefe Symbolik!). Ab 1839 taucht die Berliner Mauerkrone auf, 1875 verliert der Bär endlich sein Halsband, und 1920 verschwindet der Adler aus dem Wappen. Im Bärenzwinger am Köllnischen Park vegetierten einige Exemplare des Wappentieres vor sich hin, bis der Tierschutz es verbot.

Berliner Ensemble, 1949 von Bertolt ↑Brecht und seiner Frau, der Wiener Schauspielerin Helene Weigel (»Mutter Courage«), gegründetes Theaterensemble, das unter Weigels Leitung erst im ↑Deutschen Theater, ab 1954 im ehemaligen Theater am Schiffbauerdamm spielte. Das B. E. verwandelte sich nach dem Tode des Herrn und Meisters zusehends in ein Museum unter dem Diktat der Brecht-Erben und -Schüler, woran auch Ruth Berghaus, Intendantin von 1971 bis 1977, wenig zu ändern vermochte. Nach dem Tode Heiner Müllers, der dem Theater neues Leben einzuhauchen wusste, entwickelte sich der Streit um die Herrschaft im Hause zu einer dauerhaften Kabarettvorstellung, an der ein weiterer deutscher Dramatiker als Grundstücksbesitzer lebhaften Anteil nahm. Nach 17-jähriger Herrschaft von Claus Peymann übernahm 2017 Oliver Reese das Haus. Im B. E. waren eine Reihe hervorragender Brecht-Schauspieler tätig: Erwin Geschonneck, Therese Giehse, Gisela May, Käthe Reichel, Wolf Kaiser und Brechts Schwiegersohn Ekkehard Schall.

Berlinerisch, angeblich kein Dialekt, sondern eine Mundart, die »sich seit der zweiten Hälfte des vorigen Jahrhunderts von einer städtischen zu einer großlandschaftlichen Umgangssprache entwickelt« hat (Joachim Wiese) – zum einem Metrolekt, in dem sich die Spuren aller Einheimischen und Zuwanderer finden, angefangen vom Sorbisch der alten Wenden über das märkische Platt samt seinen flämischen Einflüssen, das Französisch der ↑Hugenotten und des Hofes und den preußischen Militärjargon bis zu Wörtern und Begriffen aus dem Polnischen, Tschechischen und Jiddisch-Hebräischen. Nach 1945 setzte sich auch (und besonders) in Berlin der massive Einfluss des Amerikanischen durch, während das Russische kaum drei Wörter für die Volkssprache hergab: ↑Sputnik, ↑Datsche und Soljanka, eine in der Ukraine weitgehend unbekannte ukrainische Nationalsuppe aus (deutschen) Wurstresten und (Spreewälder) Gurken. Auf die Frage nach den drei für die DDR wichtigsten sowjetischen Genossen gab der gebildete Ost-Berliner zur Antwort: Abrassimow (Botschafter und Generalgouverneur der UdSSR in der DDR), Lunikoff (eine billige Wodkasorte) und Bungalow. In Berlin (West) schleppten die in Scharen zuwandernden Bundies (teils auch als Wessis bezeichnet) ihr ätzendes »halt« und »eh« ein, während im Osten die fünfte Besatzungsmacht aus Sachsen (worunter der Berliner alle südlich einer Linie Magdeburg–Cottbus gelegenen Landesteile versteht) die Sprache, aber auch Sitten und Gebräuche veränderte. Seitdem werden z. B. Einschulungen mit dem Aufwand größerer Bauernhochzeiten begangen, und zu Weihnachten gehört ein dauerbeleuchteter Schwibbogen in jedes Fenster.

Berliner Kindl, einheimische Biersorte aus Rixdorf mit einer Werbung, auf der ein blondes Kind aus einem Bierhumpen schaut.

Berliner Originale könnten eine lange Liste füllen, die unweigerlich mit Glaßbrenners Eckensteher Nante beginnt, dessen Urform vom Theaterdirektor und Possenfabrikanten Carl von Holtei stammt. In das 18. und 19. Jahrhundert gehört die französischstämmige Madame du Titre, von der allerlei muntere Sprüche kolportiert werden. Auch der alte ↑Schadow, die Harfenjule Luise Nordmann, der Arzt Ernst Ludwig Heim und der Maler ↑Liebermann galten mit Recht als B. O. Im 20. Jahrhundert teilten sich Kabarettisten und Sänger wie Claire ↑Waldoff, Fredy Sieg oder Helga Hahnemann den Ruhm mit »echten« Originalen wie ↑Krücke und Strohhut-Emil.

Berliner Pflanze, Ausdruck für einen temporären Partner, mit dem man eine Beziehung unterhält, ohne aber gleich an Liebe zu denken: »Denkste denn, denkste denn, / du Berliner Pflanze, / denkste denn, ick liebe dir, / bloß weil ick mit dir tanze …«

Berliner Schnauze, häufig beschönigend in die Kombination »Berliner Herz mit Schnauze« verpackt. Typisches Beispiel ist Madame du Titre (↑Berliner Originale), die auf den Wunsch ihres sterbenden Gatten, sie noch einmal zu sehen, derweil sie schon beim Kuchenbacken für die Beerdigungsgesellschaft war, geäußert haben soll: »Jott, Dutiter, wat soll denn det? Du weeßt doch, ick kann Dote un Padden uff'n Dot nich sehen!«

Berliner Unwille, Aufstand der Berliner gegen den Kurfürsten Friedrich II. (genannt Eisenzahn) im Jahre 1448, weil (a) sie fürchteten, vordem ohne Einwilligung des Landesherrn erworbenes Land entschädigungslos wieder hergeben zu müssen, (b) ihnen die Hohenzollern eine Zwingburg vor die Nase setzen wollten und (c) ihre Rechte im Hinblick auf die Zusammensetzung des Rates der gerade wieder vereinigten Städte Berlin und Cölln beschnitten werden sollten. Seither gelten die Berliner als schwierige Untertanen. Kam' manche Bonner dessertwejen so unjerne nach Berlin?

Berliner Weiße, von den ↑Hugenotten eingeführtes Erfrischungsgetränk bierähnlicher Konsistenz, dessen säuerlicher Geschmack mit Strippe (einem Korn) oder Schuss (Waldmeisteraroma oder Himbeersirup) erfolgreich übertönt wird. Schon wegen ihres geringen Alkoholgehalts ist die B. W. seit Längerem kein wirkliches Nationalgetränk der Berliner mehr.

Berliner Zeitung, erste Berliner Tageszeitung nach der bedingungslosen Kapitulation 1945. Erschien unter sowjetischer Lizenz und stieg zum Organ der Bezirksleitung der SED auf, bevor sie, mehrfach den Besitzer wechselnd, den Drahtseilakt begann, den alten Lesern vorgeblich Neues nahezubringen.

Berlin Museum. Nun kann man zwar sagen, ganz Berlin sei ohnehin ein Museum mit den Dauerausstellungen »Rau, aber schmerzlich« und »Das Prinzip Hässlichkeit«, nichtsdestotrotz existierte in Berlin (West) ein eigenes Museum über die Stadt in einem wunderschönen Barockbau, der, 1734/35 von Philipp Gerlach erbaut, die Lindenstraße schmückt. Das Königlich Preußische Kammergericht war hier untergebracht und sah in seinen Mauern so illustre Staatsdiener wie E. T. A. Hoffmann (»Die Elixiere des Teufels« und »Lebensansichten des Katers Murr«) und Willibald Alexis (»Der Roland von Berlin« und »Die Hosen des Herrn von Bredow«), bis dass der Krieg es zerstörte. 1967–69 wurde das Gebäude detailgetreu wiederaufgebaut und mit Exponaten zur Geschichte Berlins und Brandenburgs angefüllt, die heute dem Stadtmuseum Berlin gehören. Das ehemalige B. M. ist seit 2001 Teil des ↑Jüdischen Museums.

Berlin Story, früher eine Buchhandlung Unter den Linden mit dem wohl umfangreichsten Sortiment an Berlin-Literatur, heute leider nur noch ein Bunker. Der ehemalige Luftschutzbunker hinter dem Tempodrom bietet in nahezu echtem historischem Ambiente einen eindrucksvollen Rückblick in die deutsche Vergangenheit.

Bernau, von den Berlinern seit alters her geliebte nordöstliche Nachbarstadt, bekannt für gutes Bier und intensive Fremdenfreundlichkeit (»Bernauer Bier und heißer Brei / machten die Mark hussitenfrei!«). Die Berliner revanchierten sich bereits 1324 oder 1325, indem sie Nikolaus, den Propst von Bernau, vor der Marienkirche erschlugen und dafür vom Papst mit dem Bann belegt wurden. An das Ereignis erinnert noch heute ein unauffälliges Sühnekreuz aus Kalkstein an der Marienkirche.

Berolina, ursprünglich eine dicke Dame aus Gips, die 1895 von Emil Hundrieser (der Mann hieß wirklich so) nach dem Geschmack der damaligen Zeit aus Kupferblech getrieben und vor dem späteren Kaufhaus Tietz am ↑Allex aufgestellt wurde. Wie es sich für Berlin gehört, musste die über sieben Meter hohe B. beim ständigen Umbau des Allex ihren Platz wechseln und stand bis 1942 in der Gegend der heutigen Weltzeituhr, bevor sie, wie viele Berliner Denkmäler, vermutlich zu Geschosshülsen verarbeitet wurde. Seit 2004 steht auf dem Hausvogteiplatz eine »Tanzende Berolina«, von ihrem Schöpfer Axel Anklam auch als »Kleid ohne Frau« bezeichnet: ein schwebendes goldglänzendes Edelstahlgeflecht, das an das alte Zentrum der Berliner Mode erinnern soll – Berolina im Netzhemd gewissermaßen.

Besatzungsmächte hat Berlin im Verlauf seiner fast 800-jährigen Geschichte (die Zeit davor ist im sumpfigen Untergrund

verloren gegangen) und infolge der notorischen deutschen
Friedensliebe mehrfach ertragen: anfangs die künftigen
Berliner selbst, die als kriegerische Wirtschaftsflüchtlinge
das wendische Gebiet besetzten, im Dreißigjährigen Krieg
die Schweden, im Siebenjährigen Krieg (1756–63) österrei-
chische Husaren und russische Kosaken, ab 1806 Napoleons Truppen, die nur zu einem geringen Teil aus Franzosen bestanden, im April/Mai 1945 abermals die Russen,
denen sich ab Juli 1945 die Amerikaner und die Briten und
im August die Franzosen zugesellten. Die letzteren drei
mutierten anlässlich der russischen Blockade gegen den
Westteil der Stadt schnell zu Schutzmächten. In Ost-Berlin,
wo die Präsenz der sowjetischen Truppen öffentlich wenig
spürbar war, bezeichnete man die Landsleute des großen
Gelehrten WU (Walter Ulbricht aus Leipzig) als die fünfte
Besatzungsmacht.

bescheiden zu sein bringt in Berlin nicht viel, denn »Bescheidenheit ist eine Zier / doch weiter kommt man ohne ihr«, wie
schon Wilhelm Busch wusste. Wenn der vornehme Berliner
»Mir jeht et bescheiden« sagt, meint er: Mir geht es beschis-
sen.

bescheuert, auch **beknackt** oder **bekloppt**, meint geistig be-
schränkt: »Selig sind die Bescheuerten, denn sie brauchen
keinen Lappen mehr!«

besengt ist einer, der nicht ganz richtig im Kopf zu sein
scheint: »Beeil dir mit die Pizza, aba fahr nich wieda wien
Besengta!«

Beton, im Berliner Wohnungsbau seit 1872 verwendeter Bau-
stoff. Die Berliner Cementbau Aktiengesellschaft errichtete bis 1875 in der Rummelsburger Victoriastadt 60 Häuser

aus Eisenbeton, die im Volksmund nach dem Zuschlagstoff
Schlackehäuser hießen und von denen einige noch stehen.

Bewag, bis zum Verkauf an Vattenfall der Berliner Stromver-
sorgungsmonopolist, selbst bei Berlinern kaum unter dem
vollständigen Namen (Berliner Städtische Elektrizitätswer-
ke Akt.-Ges.) bekannt.

Bezirksgebietsreform, vom ↑Senat erfunden, um der Bewe-
gungsarmut insbesondere der älteren Bürgerinnen und
Bürger der Hauptstadt entgegenzuwirken, indem man 2001
aus 23 alten Bezirken 12 neue machte und damit die An-
marschwege zu den Rathäusern drastisch verlängerte. Das
sollte zwischen 191 und 229 Millionen D-Mark einsparen,
wie eine jüngere Sachbearbeiterin vom Milchhandel pfen-
niggenau ausgerechnet hatte. Die Millionen, die es kostete,
zentrale Bürgerämter einzurichten, ganze Beamtenhorden
umziehen zu lassen und den Führungskräften, die ja nun
mehr Mitarbeiter hatten, höhere Gehälter zu zahlen, wurden lieber verschwiegen. Ist ja auch egal, es trägt eh keiner
die Verantwortung dafür. Seh'n Se, det is Berlin ... Nur
Spandau, Neukölln und Reinickendorf blieben selbststän-
dig, ansonsten wurde zusammengelegt, was nicht freiwillig
zusammenwachsen wollte. Das entspricht zwar nicht der
organisationswissenschaftlichen Grundweisheit »small is
beautiful«, aber Daimler und Chrysler schlossen sich ja auch
zusammen, und schließlich müssen die Berliner in nicht zu
ferner Zukunft wieder etwas zu re-reformieren haben. Falls
also jemand in Steglitz-Zehlendorf heiraten möchte, jedoch
in Kaulsdorf geboren wurde, das früher zu Lichtenberg gehörte und heute zu Marzahn-Hellersdorf, so erhält sie oder
er den dafür notwendigen Auszug aus dem Geburtsregister

im Bürgeramt Hohenschönhausen. Is doch janz einfach, nich?

Biberkopf, Franz, einarmiger Held des Romans »Berlin Alexanderplatz« (1929) von Alfred Döblin. Die Romanfigur wurde in der Verfilmung durch Phil Jutzi (1931) von Heinrich George, in der von Rainer Werner Fassbinder (1980) von Günter Lamprecht verkörpert.

Bierpinsel ist kein Gegenstand, um ein Bier zu pflegen, obwohl ein »gepflegtes Bier« durchaus zum Vokabular Berliner Kneipengänger gehört, sondern ein 1976 erbautes und seit Längerem geschlossenes Turmrestaurant in der Steglitzer Schloßstraße mit origineller, an einen Pinsel erinnernder Form.

Big Eden, ehemalige Erwachsenen-Disco am Ku'damm, die im vorigen Jahrhundert als Synonym für praktizierten Hedonismus galt.

Billett hieß bis zur Einführung des Tickets eine Eintritts- oder Fahrkarte.

Bimbam, Stadtheiliger von Berlin: »Ach du heiljer Bimbam!« ist ein Ausruf des (unangenehmen) Erstaunens.

Bismarcks letzter Husten ist ein Synonym für Lungenhaschee (vom französischen *haché*, gehackt), ein den Verfassern aus ihrer Jugendzeit noch sehr vertrautes Gericht, das nicht eben sehr geschätzt war, wie die abwertende Bezeichnung deutlich macht. Mit ihr wollte man sich als Kind aber weniger selbst den Appetit verderben als die Widerstandskraft der anderen vor Ekelgefühlen testen.

BKA meint nicht das Bundeskriminalamt, das bekanntlich da sitzt, wo das Verbrechen nicht gerade am heftigsten tobt, im friedlichen Wiesbaden nämlich, sondern die Berliner Kabarett Anstalt, die mit Kabarett, Musical, Travestie und manch anderem am Kreuzberger Mehringdamm agiert.

Bleistreustraße heißt im Mund des Volkes die Bleibtreustraße, die den Ku'damm kreuzt, weil sich hier am 27. Juni 1970 vor dem Lokal »Bukarest« zwei Banden, die eine deutsch und mit Klaus Speer an der Spitze, die andere iranisch, einen filmreifen Schusswechsel lieferten. Der eigentliche Namensgeber ist Georg Bleibtreu (1828–92), der zwar allerlei Schlachten malte, aber selbst in keine verwickelt war.

Blockade, der vom 24. Juni 1948 bis zum 12. Mai 1949 dauernde und vor allem wegen der Luftbrücke gescheiterte Versuch der UdSSR, die West-Berliner durch Abriegelung aller Zugangswege zu den amerikanischen, britischen und französischen Besatzungszonen zu Land und zu Wasser auf kleiner Flamme gar zu kochen und dem kommunistischen Herrschaftsbereich einzuverleiben. Nach Meinung anderer war die B. nur ein Stalin'sches Ablenkungsmanöver, um die Amerikaner von China fernzuhalten, wo Mao gerade am Gewinnen war.

Blumenbretter hängen (a) vor den Fenstern jener Mietskasernenbewohner, die sich keine Wohnung mit Balkon, geschweige denn eine Laube leisten können, und gewähren einen schnellen Zugriff auf Blumentöpfe, die man gern als Wurfgeschosse gegen Menschen einsetzt, die unten auf der Straße lärmen. Und sie waren (b) an den Kleinprofilzügen der Berliner U-Bahn angebracht, die in Ost-Berlin auf der Linie E über 20 Jahre lang fuhren. Mit bohlenförmigen Brettern musste im Großprofil der Abstand zwischen den zu schmalen AI-Zügen und der Bahnsteigkante überbrückt werden, weil es sonst »abbe Füße« gegeben hätte.

blümerant wurde den Berlinern schon lange vor Norbert Blüm und den folgenden Gesundheitsreformen. Es bedeutet unwohl oder flau im Magen und kommt aus dem Französischen (*bleu mourant*, sterbendes, d. h. blasses Blau).

Blutblase war früher der Begriff für die rote Mütze der Aufsicht in Menschengestalt, die es auf jedem Bahnhof gab. (»Kennt doch heute keiner mehr!« Wir nehmen den Einwand der jüngeren Generationen mit einem lakonischen »Na und!« zur Kenntnis. Schwer vorstellbar, Junge, detit vor deine Jeburt ooch schon 'ne Welt jejehm ham soll, aba so issit, ehrlich, du!)

Bockmist, Begriff der zeitgenössischen Politik, bedeutet Unsinn oder Fehler. Bleibt bei Politikern und Beamten ungestraft.

Bockwurst, Berliner Nationalspeise vor der Erfindung der als ↑Currywurst bekannt gewordenen Gekröserolle und der Einführung von Döner und Schnellfraß (neudeutsch Fast Food). Wurde auf altdeutsche Weise freihändig und unzerschnitten mit Mostrich (berlinerisch für Senf) und Schrippe gegessen.

Bolle kann in Berlin allerlei bedeuten: (a) eine große Zwiebel, (b) ein Loch im Strumpf, (c) die Meierei, die von Carl Bolle 1881 gegründet wurde (seine legendären Fuhrwerke versorgten die Berliner jahrzehntelang mit frischer Milch, und man sang: »Wenn die Bollemeechen uff de Treppen seechen / und die Pennebacken in die Ecken kacken – / dann is Frühling in Berlin«), (d) eine stadtbekannte Persönlichkeit namens Bolle, von der in einem mehrstrophigen Volkslied behauptet wird, sie hätte sich köstlich amüsiert. Schließlich (e) »Leck ma mal de Bollen« ist keine Aufforderung, sich mit der Zunge Zwiebeln oder Löchern in den Strümpfen zu nähern. (Wer unbedingt Genaueres erfahren möchte, sei auf das Stichwort »Bollenjuste« in Heinrich Zilles grafischem Zyklus »Hurengespräche« hingewiesen.)

bongforzionös ist mehr als großartig oder auffallend und stammt von dem hugenottischen Ausdruck *bonne force* ab.

Bonje steht für Kopp ... äh, Kopf. Interessant ist der sorbische Stamm des Wortes: *banja* bedeutet bauchiges Gefäß, Krug, Kanne, auch Kürbis.

Bonnies Ranch bezeichnete im Volksmund die Karl-Bonhoeffer-Nervenklinik (KBoN), 1877–80 als »Städtische Irrenanstalt zu Dalldorf« erbaut. Dalldorf, übrigens nicht nach dem Blödelbarden Karl Dall benannt, hat sich zur Imageaufbesserung alsbald nach seinem Bürgermeister Witte in Wittenau umbenannt. Sinnigerweise verband die Straßenbahnlinie 68 Dalldorf mit Herzberge, der in Lichtenberg gelegenen zweiten Irrenanstalt Groß-Berlins.

Borsig ist etwas, das Sie nur noch in der Erinnerung der Berliner, in den Annalen und im Stadtplan (Borsigwalde) finden. August Borsig (1804–54) gründete 1837 in der Chausseestraße eine Maschinenbauanstalt und Eisengießerei, die später nach ↑Tegel umzog, und wurde Deutschlands »Lokomotivenkönig«. Die Berliner reimten: »Wer noch nicht war bei Siemens, AEG und Borsich, / der hat das größte Elend noch vor sich.«

Botanischer Garten ist eine Ansammlung von 20 000 Pflanzenarten im Bezirk Steglitz-Zehlendorf, die man zumeist in echt nachgestellter heimischer Landschaft bewundern kann. Wenn im Großen Tropenhaus (einem Beispiel für die Glas-Stahl-Architektur des 20. Jahrhunderts) eine besondere Seerose blüht, pilgert halb Berlin dorthin. Die legendäre Schmöckwitzer Oma des einen Verfassers dieses Buches hat sich hier immer die Samen für ihren heimischen Garten stibitzt.

Boxhagen, ursprünglich Buckshagen, ein Vorwerk und später eine Kolonie südlich der Frankfurter Linden. B. wurde 1889 mit Rummelsburg zu einer Landgemeinde vereint und 1912 zur Stadt Lichtenberg geschlagen, die wiederum 1920 in Groß-Berlin aufging. Seitdem ist der Name in Vergessenheit geraten und findet sich nur noch in den Straßenbezeichnungen Boxhagener Straße und Boxhagener Platz (↑Simon-Dach-Kiez).

Brandenburger Tor, das 1788–91 von Langhans errichtete Berliner Wahrzeichen am westlichen Ende der Prachtstraße Unter den Linden, mit der Quadriga, von ↑Schadow geschaffener Siegesgöttin auf vierspännigem Wagen, geschmückt, die – entgegen anderslautenden Gerüchten – seit 1793 stets in die gleiche Richtung fuhr: gen Osten. Napoleon interessierte sich für die Dame samt Gespann und ließ sie 1806 nach Paris entführen, von wo sie 1814 im Triumph zurückkehrte. Die heutige Quadriga ist eine mehrfach restaurierte Kopie aus den Jahren 1956–58. Nach 1945 wurde das (von 1951 bis 1958 quadrigalose, mit einer roten Fahne geschmückte) Tor zum Symbol der Teilung der Stadt: Die Grenze, ab 1961 die ↑Mauer, verlief unmittelbar westlich über den Platz vor dem B. T. Der Fall der Mauer war erst mit der Wiedereröffnung des Brandenburger Tors am 22. Dezember 1989 wirklich vollzogen. Seitdem dient das solide Bauwerk häufig als Kulisse für allerlei Schickimicki-Veranstaltungen und Deutschlands gewaltigste Silvestersause. Die sechs Säulenpaare – deren

mittlere Öffnung einst den Hohenzollern vorbehalten war –
sind seit 2002 für den motorisierten Verkehr gesperrt und
bieten sich als Vergleich für mancherlei an:»Kiek ma, der
hat Zähne wiet Brandenburjer Tor!«

Brandt, Willy, wäre zu friderizianischen Zeiten von den Berlinern»Willy der Große« genannt worden – und manche
sagen, ganz Berlin sei eigentlich eine Brandtstiftung, denn
ohne seine Ostpolitik wären wir vielleicht noch immer geteilt. Verehrt wie ein Heiliger, war der spätere Bundeskanzler von 1957 bis 1966 Regierender Bürgermeister im Schöneberger Rathaus.

Brauereien. Das Bierbrauen war in alten Zeiten anscheinend
der Haupterwerbszweig der Berliner Industrie. Verstreut
auf den Hügeln rings um die ganze Stadt lagen die Groß-
brauereien Aktienbrauerei, Bötzow, Bürgerbräu, Groter-
jan, Kindl, Löwen-Böhmisch, Patzenhofer, Schultheiss und
noch etliche andere. Die alten, zumeist stillgelegten B. mit
ihren tiefen Kellern sind heute beliebte Standorte für kulturelle Aktivitäten (↑Kulturbrauerei, Pfefferberg).

Braunbier mit Spucke, eine Redewendung, die Sie zu hören
bekommen, wenn Ihr Gesicht einem älteren Berliner krank
und käsig erscheint:»Du siehst ja aus wie Braunbier mit
Spucke.« Überhaupt gehört es hierzulande, wo jeder dem
anderen über sein möchte, zur subtilen psychologischen
Kriegsführung, seine Bekannten und Verwandten freudig
mit der Bemerkung»Du siehst aber schlecht aus heute!« zu
begrüßen.

Brecht, Bert(olt), ein 1924 aus dem Bajuwarischen zugewanderter Dichter und Dramatiker, der dank der ihm angebore-
nen Bescheidenheit und Zurückhaltung in Berlin schnell zu

Ansehen und Ruhm aufstieg, sich – wie das bei Söhnen reicher Bürger häufiger vorkam – dem Kommunismus zuwandte und 1933 von den Nationalsozialisten ins Exil vertrieben wurde. Er kehrte 1948 ins zerstörte Ost-Berlin zurück und erhielt ein eigenes Theater (↑Berliner Ensemble). Als er 1956 starb, hinterließ er neben einigen Witwen und bleibendem Einfluss auf Herrenmode und Haartracht ein umfangreiches Werk. Nach seinem und dem Tod seiner Frau Helene Weigel entstand in ihrem Wohnhaus in der Chausseestraße 125 die Brecht-Weigel-Gedenkstätte nebst Archiv und Literaturforum. B. liefert bis heute Stoff für zahllose Anekdoten, Master- und Doktorarbeiten sowie rund 150 Kilometer wissenschaftlicher Sekundärliteratur – Tendenz steigend.

Bredouille bedeutet auf Berliner Französisch Schwierigkeit: »Ick bin janz schön inne Bredullje.«

Breite Straße, ehemalige Hauptstraße von Alt-Cölln zwischen dem Köllnischen Fischmarkt und dem Schloss. Heute stehen nur noch auf der Ostseite restaurierte Reste der alten Bebauung: der Alte Marstall von 1670, der einzige erhaltene frühbarocke Bau Berlins, und der einzige übrig gebliebene Spätrenaissance-Bau der Stadt, das Ribbeck-Haus, das 1624 aus der Zusammenlegung von zwei älteren Gebäuden entstand. Die Westseite der B. S. wurde im Zuge der autogerechten Straßenverbreiterung abgerissen und mit Plattenbauten verschönt.

brejenklütrig ist von dem Begriff »Brejen« (Gehirn) abgeleitet und meint verwirrt oder benommen.

Brennholz für Kartoffelschalen, eine Form des Naturaltauschs, wie er in Notzeiten, insbesondere nach Ende des Zweiten Weltkriegs, in Berlin üblich war. Bauern aus der Umgebung, aber auch Betreiber innerstädtischer Landwirtschaften zogen mit ihren Pferdewagen durch die Stadt, standen mit einer Glocke in der Hand an den Straßenecken und liefen auf die Innenhöfe, riefen lauthals »Brennholz für Kartoffelschalen!« und warteten auf die mit ihren gefüllten Eimern heraneilenden Bürger.

Britz ist ein Ortsteil im Bezirk Neukölln mit Dorfkirche, Guthof, Garten, Schloss, Windmühle und der ↑Hufeisensiedlung, die 1925–27 nach Plänen von Bruno Taut und Martin Wagner erbaut worden ist. Von den beiden rund 150 Meter hohen Britzer Sendetürmen des RIAS drang die »Freie Stimme der Freien Welt« im Kalten Krieg weit in den Osten hinein. Und solange es dem West-Berliner verwehrt war, sich in Werder am Obstwein zu berauschen, tat er dies beim Britzer Baumblütenfest.

Brotfabrik, einstmals eine Fabrikationsstätte zur Herstellung eines aus gemahlenem Getreide hergestellten Grundnahrungsmittels, heute ein Kunst- und Kulturzentrum mit eingebautem Kino im Ortsteil Weißensee.

Brücken gibt es in Berlin mehr als in Venedig, nämlich weit über 1000, von denen allerdings nicht alle über die Spree führen, die meisten aber leider als marode gelten müssen. Die berühmtesten sind die Lange Brücke in Köpenick, die 1894–96 in märkischem Backstein errichtete Oberbaumbrücke als einzige (!) Verbindung zwischen den vereinten Bezirken Friedrichshain und Kreuzberg, auf der 1961–89 die angebliche Staatsgrenze gesichert wurde und über die seit 1902 Berlins älteste U-Bahn-Linie als Hochbahn verkehrt, die Schlossbrücke von Schinkel, die ehemalige Kurfürstenbrücke als heute kurfürstenlose Rathausbrücke sowie die Weidendammer Brücke in der Friedrichstraße mit Biermanns Preußischem Ikarus aus Gusseisen. Berlins neueste Spreequerung ist die Minna-Todenhagen-Brücke, die seit 2017 von irgendwo nach nirgendwo führt und vermutlich noch lange auf den versprochenen Autobahnanschluss warten muss.

Brüderstraße, eine Alt-Cöllner Straße, die nicht nach den Brüdern und Schwestern jenseits von Mauer und Stacheldraht benannt wurde, wie man bis 1989 im Westen die Ossis metaphorisch zu titulieren pflegte, sondern nach den Brüdern, die hier in grauer Vorzeit im Dominikanerkloster lebten. Haus Nr. 13 ist das im Kern von 1670 stammende Nicolaihaus.

Brunnen sind zahlreich über das Stadtgebiet verstreut, tröpfeln aber oft nur, wenn sich ein Sponsor findet. Neben dem zum Fernsehturm versetzten Neptunbrunnen von Begas, der bis 1951 vor dem Schloss stand und an dem vier wohlbeleibte Damen den Rand halten, sind der Märchenbrunnen in Friedrichshain, der Feuerwehrbrunnen in Kreuzberg und der Musikantenbrunnen im Wedding sehenswert. Brunnen schmücken auch den ↑Allex (Brunnen der Völkerfreundschaft, zur DDR-Zeit im Volksmund als Nuttenbrosche bekannt), den ↑Strausberger Platz und den wenig attraktiv gestalteten Breitscheidplatz (Weltkugelbrunnen).

Brüsche meint eine Beule (am Kopf): »Da loof ick mir siem Brüschn, un du sitzt hia bloß rum!«

BSR, die Berliner Stadtreinigung, über die nicht ganz so viel geschimpft wird wie über die ↑BVG.

Bubi meint im Allgemeinen einen etwas weichlichen Jüngling, auch Milchreisbubi genannt. Der alte Berliner assoziiert damit jedoch sofort geballte Härte und unbedingten Siegeswillen, denkt er doch an Gustav, besser Bubi Scholz, den größten Boxheroen seiner Stadt, denn Max Schmeling gilt ja trotz seines ehemaligen Wohnsitzes am nahen Scharmützelsee nicht so recht als Berliner. Bubi Scholz (1930–2000), 1984 durch fahrlässige Tötung seiner Frau in die Schlagzeilen gekommen, wurde am 4. Oktober 1958 Europameister im Mittelgewicht, als er vor 30 000 Zuschauern in der Ostkurve des Olympiastadions Charles Humez schlug.

Buch, hohes Kulturgut, von dem viele Berliner mehr als eines besitzen, im engeren Sinne aber auch ein weit im Nordosten Richtung Bernau gelegener und von Fontane besuchter Ortsteil Pankows, der seit 1899 mit seinen zahlreichen Kliniken einer der wichtigsten Krankenhaus- und Wissenschaftsstandorte der Stadt ist.

Buchholz ist ein Wort, das in Berlin jeden aufhorchen lässt und zumindest an viererlei erinnert: (a) an den Pankower Ortsteil Französisch-B., 1242 zum ersten Mal urkundlich erwähnt, (b) an Friedrich den Großen: »Da kennse Bouchholtzen schlecht!«, (c) an den Romanzyklus um die »Familie Buchholz« von Julius Stinde (1841–1905), der im Berlin der Kaiserzeit angesiedelt ist und auch heute noch ein Muss für alle ist, die wissen wollen, wo die Wurzeln des hiesigen Kleinbürgertums zu finden sind, und (d) an den in Neukölln geborenen und in Prenzlauer Berg aufgewachsenen Schauspieler Horst Buchholz (1933–2003), den die West-Berliner seit »Himmel ohne Sterne« (Helmut Käutner, 1955), »Die Halbstarken« (Georg Tressler, 1956), »Monpti« (Helmut Käutner, 1957) und »Endstation Liebe« (Georg Tressler, 1958) in ihr Herz geschlossen hatten. Selbst die Ost-Berliner durften den deutschen James Dean in »Die Bekenntnisse des Hochstaplers Felix Krull« (Kurt Hoffmann, 1957) und dem Western »Die glorreichen Sieben« (John Sturges, 1960) bewundern.

Buddha-Tempel hat nichts mit den Buttafahrten zu tun, die es auf dem Berliner Wannsee so auch nie gegeben hat, sondern meint das Buddhistische Haus, das 1924 nach einer Idee des Berliner Arztes Paul Dahlke (1865–1928) im nördlichen Ortsteil Frohnau errichtet wurde. Mit Buddhas »Komm und sieh!« wird man begrüßt und kann dann, sofern man noch kann, 73 Stufen hinaufsteigen.

Budike, in früheren Zeiten abendlicher Treffpunkt von Berlinern, während die Berlinerinnen eher die Boutiquen heimsuchten. Beide Wörter leiten sich von *boutique*, dem französischen Begriff für Lebensmittelladen, ab. Der Budiker schenkte beinahe ausschließlich das Lebensmittel Bier aus, eventuell ergänzt durch Korn in flüssiger Form: »Ne Molle und 'n Korn.«

Buga (Bundesgartenschau), hat zweimal in Berlin stattgefunden, und zwar 1985 im Britzer Garten, dessen »Seeterrassen« mit ihrer sogenannten Erdarchitektur für doppeltes Hinsehen sorgen, und 2017 als Internationale Gartenausstellung (IGA) im Erholungspark Marzahn. Die Gärten der Welt gab es dort schon vorher, aber nie ein so nasses Jahr mit so vielen Unwettern. Mit der Gondelbahn das ausgedehnte Gelände zu überqueren ist noch immer ein Erlebnis.

Bulette, vornehmer **Boulette**, die noch vor Eisbein, Döner, Bock- und Currywurst rangierende Nationalspeise der Berliner. Anderenorts als Frikadelle bekannt, wird das gebratene Gemisch aus Hackfleisch, Gewürzen und Weißbrot in

Berlin auch als Chansonettenbrüstchen oder vassaubertes Brötchen bezeichnet. Das Nebenprodukt des immerwährenden Kampfes zwischen Bäcker und Schlächter (Fleischer) wird in mancherlei Redewendungen verewigt:»Lass doch det Kind die Bulette!« oder»Ranjehn wie Hektor anne Buletten«.

Bulle bezeichnet in Berlin nicht nur den Polizisten, sondern auch einen kräftigen Mann. B. hieß darüber hinaus die Elektrolok im einstigen Oberschöneweider Industriegebiet.

Bulljong ist eine kräftige Rindfleischbrühe (»Siem Fund Rindfleesch jehm 'ne jute Bulljong«). In dem Begriff **Bulljonkopp** auch als Schimpfwort gebräuchlich.

Bumskeule ist nicht die Sauerei, die Sie endlich auch in diesem Buch erwarten dürfen, sondern ein Synonym für Schmakeduzjen. Wat is'n dit nun schon wieda? Das sind diese braunen Rohrkolben oben auf dem Schilf, die sich so wunderbar sammetweich anfassen und vor Einführung der elektrischen Beleuchtung gern benutzt wurden, um die Zylinder der Petroleumlampen zu reinigen, wozu man dann sang: »Lampenputzer ist mein Vater / im Berliner Stadttheater …«

Bundesdruckerei, in Kreuzberg gelegen, fertigt u.a. Briefmarken, Banknoten, Pässe, Personalausweise, Kfz-Briefe, Aktien und Sparbücher an. Doch es lohnt sich nicht, eine Besichtigung ins Auge zu fassen, da sie verboten ist, sodass man sich seine Fünfzigeuroscheine leider weiterhin selbst zu Hause herstellen muss.

Bunker sind in Berlin noch einige aus glorreicher Zeit erhalten. Während die im Friedrichs- und im Humboldthain, mit Trümmern überschüttet, zu ↑Mont Klamotts aufstiegen, stehen z.B. an der Schöneberger Pallasstraße und neben dem Deutschen Theater in der Albrechtstraße noch wahrhaft abschreckende Prachtexemplare von Hochbunkern aus den frühen 1940er-Jahren. In einigen Bunkern wie dem von ↑Berlin Story kann man heute wieder das Gruseln lernen.

Busfahrer, Rettungssanitäter, Feuerwehrleute und **Polizisten** leben in Berlin gefährlich. Aus unerfindlichen Gründen gilt diesen Berufsgruppen die besondere Angriffslust geistig minderbemittelter und / oder alkoholisierter Mitmenschen. Bei der letzten Völkerwanderung scheinen etliche Vandalen in Berlin hängen geblieben zu sein.

BVG steht für die Berliner Verkehrsbetriebe, die Betreiberin von U- und Straßenbahn sowie auch Bussen. Sie dient vielen als Sündenbock für alles Böse, was ihnen widerfährt.

B. Z., eine Boulevardzeitung aus dem Hause Springer für jene Lesergruppe, denen die »Bild« zu anspruchslos und die »Berliner Morgenpost« zu anspruchsvoll ist.

BZ am Abend, erschien zum ersten Mal am 15. Juli 1949 in Ost-Berlin und galt als Konkurrenzblatt zum eher unpolitischen ↑»Nacht-Express«. Später – bis 1991 – war sie die einzige und volkstümliche Nachmittagszeitung im Osten. Sie lebt angeblich im »Berliner Kurier« fort.

C

Café Keese, legendäres Eheanbahnungs- und Partnerfindungs-
institut in der Nähe des Ernst-Reuter-Platzes (Bismarckstraße 108) mit 135 Tischtelefonen. Hat nüscht mit dem Berliner
Ausruf »Allet Keese« zu tun. Ein deutlich artikuliertes »ä«
spricht man nicht, sodass es hierzustadt auch ein Tier mit
Namen Beer gibt und einen schusspotenten Waidmann mit
der Bezeichnung Jeega. Nebenbei: Wenn in früheren Zeiten
ein Taxifahrer in Berlin umherirrte, dann hieß es: »Mann,
det is ja Keeses Rundfahrt!« Das bezog sich nicht auf das
C. K., sondern auf ein Unternehmen, das in offenen Omni-
bussen Stadtrundfahrten veranstaltete.

Capitals war ein in der abgerissenen Eissporthalle an der Jaf-
féstraße unterm Funkturm beheimateter Eishockeyverein,
der öfter seinen Namen änderte (u. a. Preussen, Devils).
Direkt nach der Wiedervereinigung, als die C. haushoch
überlegen waren, hatten die Kämpfe gegen die Ost-Berliner
Mannschaft (Dynamo, ab 1992 Eisbären) bürgerkriegsähnli-
chen Charakter. Danach ging's nur noch bergab.

Chamäleon ist ein vielfarbig schimmerndes Varieté in einem
der alten Säle in den ↑Hackeschen Höfen.

Charité, aus dem von Friedrich I. 1710 begründeten Pesthaus
entstandenes Krankenhaus der Humboldt-Universität. Die
heutigen Gebäude wurden zwischen 1837 und 1981 errichtet. An der C. arbeiteten so bedeutende Ärzte und Wissenschaftler wie Christoph Wilhelm Hufeland, Robert Koch,
Rudolf Virchow, Ferdinand Sauerbruch und der Augenarzt
Albrecht von Graefe, die – bis auf Sauerbruch – rings um

das weitläufige Gelände mit Denkmälern bedacht worden sind. Seit 2003 sind unter dem Namen C. die medizinischen Fakultäten von Humboldt- und Freier Universität mit vier Campussen vereint.

Charlottenburg, früher eine eigene Stadt, dann ein stolzer Bezirk mit etwa 180 000 Einwohnern, einschließlich der Villenviertel Westend und Heerstraße und der Siedlungen Eichkamp und Ruhleben, heute nur noch ein Ortsteil. Auf der Charlottenburger Gemarkung liegt so einiges, das Berlin recht eigentlich ausmacht: die Kaiser-Wilhelm-Gedächtniskirche, das Europa-Center, der ↑Ku'damm, die ↑Technische Universität (TU), die ↑Universität der Künste (UdK), der Ernst-Reuter-Platz, die ↑KPM, das ↑Schillertheater, die ↑Deutsche Oper Berlin, das ↑Charlottenburger Schloss, das ↑ICC (wie lange noch?), der ↑Funkturm, das Haus des Rundfunks, das ↑Olympiastadion, das Georg Kolbe Museum und das ↑Corbusierhaus. Da das offenbar zu wenig war für einen eigenständigen Bezirk, vereinigte man 2001 C. mit Wilmersdorf. (Merke: Wo Berlin ist, ist stets auch der Wahnsinn!) Sagt man zu einem Charlottenburger, er sei einer, dann kann es heftige Reaktionen geben (wegen der Verwechslung mit dem ↑Charlottenburger).

Charlottenburger ist bei älteren Berlinern nicht nur der Einwohner des Ortsteils ↑Charlottenburg, sondern auch jener Akt der taschentuchlosen Entschleimung der Nase, bei dem das grüngelbe Sekret (berlinisch Rotz) durch Zusammenpressen der Nasenflügel mittels Daumen und Zeigefinger und erdwärts gerichteter Schleuderbewegung mit einiger Wucht auf das Straßenpflaster befördert wird, wo es Kleinkindern als natürliches Spielzeug gute Dienste leistet und überdies im Rahmen der Reinlichkeitsdressur (»Das ist pfui!«) eine wichtige Funktion hat.

Charlottenburger Schloss. Die Berliner zog et schon imma hinaus in't Jrüne, und wat für die normale Berlinerin der Traum von'na eijenen Laube oda Datsche ist, det war früha für 'ne richtije Fürstin ihr Schloss, und so beschloss denn auch der Kurfürst Friedrich III. anno 1695, für seine anspruchsvolle Gemahlin Sophie Charlotte draußen in Lietzenburg etwas Passendes hinsetzen zu lassen. »Wenn's geht, Barock bitte.« Die Sache zog sich eine Weile hin, sodass sich in der Reihe der beteiligten Baumeister viele große Namen finden: Johann Arnold Nering, Eosander von Göthe (kein Schreibfehler, da nicht verwandt mit Johann Wolfgang), Georg Wenzeslaus von ↑Knobelsdorff (Sie wissen, ein Spezi des Alten Fritzen aus Rheinsberger Tagen und nicht zu verwechseln mit dem Erfinder der preußischen Knobelbecher), Carl Gotthard Langhans und Georg Friedrich von Boumann. Vor dem Schloss reitet uns der Große Kurfürst entgegen, in Bronze, obwohl schon einer anderen Zeit als dieser angehörend, 1697 modelliert von Andreas Schlüter und von italienischen Vorbildern (Donatello, Verrocchio) abgebronzt, Quatsch, abgekupfert und von der einstigen Kurfürstenbrücke hierher versetzt. Im Schlosse selber, sofern Sie sich zu einem Besuche entschlossen haben, erfreuen Sie Gemälde (Pesne u. a.), Wandteppiche, Möbel und allerlei von dem, was Fürstens so an Hausrat hatten. Im weitläufigen Park können Sie sich dann die Füße vertreten, aber bitte nicht den Knöchel, das Belvedere bewundern (ein Teepavillon nahe der Spree, wobei Sie bitte gleich auch auf Sprayer achten!) und ins Mausoleum gelangen, wo u. a. auch Königin

Luise (»Ach, Luise, kein Mädchen war wie diese!«) ruht, von Christian Daniel Rauch in Marmor nachgestaltet.

Checkpoint Charlie, Kontrollpunkt C (wie Charlie) der US-Amerikaner in der Friedrichstraße, wo sich 1961 russische und amerikanische Panzer Rohr an Rohr gegenüberstanden. Gegenwärtig stehen sich hier Investoren und Politiker im Streit um die Gestaltung des historischen Areals gegenüber.

Chez nous, 50 Jahre lang (1958–2008) ein Kabarett in der Marburger Straße mit berühmter Travestieshow: »Die Herren Damen lassen bitten.«

Christiane F. In den 1970er-Jahren weitete sich die Drogenszene in West-Berlin immer weiter aus, 1977 wurden 84 Herointote registriert. Der »Stern« berichtete darüber unter dem Titel »Wir Kinder vom Bahnhof Zoo«. Die 16-jährige C. F. gab dabei eine anschauliche Beschreibung von ihrer Drogensucht, von Ein- und Ausstieg, von Prostitution und Beschaffungskriminalität, und der Buchtitel wurde das gängige Kürzel für das Elend jugendlicher Drogenabhängiger. 2017 verzeichnete Berlin übrigens 168 Drogentote.

City. Davon besitzt Berlin mehrere: eine Ost-City, eine West-City und eine um den Potsdamer Platz. Aussprechen kann der Berliner das schwierige und von ihm selten gebrauchte Wort dennoch nicht, er sagt Zitty und fährt zum Zoo oder zum Allex – einfach inne Stadt.

Clubs aller Art und jeden Kalibers soll es in Berlin gegenwärtig über 200 geben, von denen der eine oder andere immer mal wieder von gierigen Investoren, ruhegestörten Nachbarn (oft in die Jahre gekommenen ehemaligen Clubgängern), einer populistischen Partei (↑Berghain) oder sonst wem bedroht ist.

Cölln ist die ältere der beiden Schwesternstädte ↑Berlin und C. 1237 zum ersten Mal erwähnt, war sie ursprünglich eine Ansiedlung slawischer Fischer auf einer per Furt zu erreichenden Spreeinsel, deren südöstlicher Teil noch immer Fischerinsel heißt, jedoch von jeglicher alt-cöllnischer Bebauung gereinigt wurde. Lediglich in der Gegend um die ↑Breite Straße und die ↑Brüderstraße finden sich kümmerliche Reste der Vergangenheit. Das Berliner Schloss stand in Wahrheit auf cöllnischem Gebiet. Der Name C. blieb im Köllnischen Fischmarkt und im Straßennamen Am Köllnischen Park erhalten, dieser allerdings im einstigen Stadtteil Neukölln am Wasser auf dem Friedrichswerder gelegen. Die Landgemeinde Rixdorf, 1874 aus der Vereinigung von Böhmisch- und Deutsch-Rixdorf hervorgegangen, wurde im Januar 1912 in ↑Neukölln umgetauft.

Corbusierhaus, bunte Wohnmaschine mit 17 Stockwerken in der Nähe des ↑Olympiastadions, vom französischen Stararchitekten Le Corbusier nach der Idee der Unité d'habitation 1956–58 konzipiert und von den West-Berlinern zur Kultstätte erhoben, weil es die so heiß ersehnte Weltläufigkeit signalisierte. Sensationell war, dass man im C. zweigeschossige Mietwohnungen beziehen konnte (»Zum Schlafen jehste nach oben«) – ein unvorstellbarer Luxus in einer Zeit, in der erhebliche Teile der Stadt in Schutt und Asche lagen.

Currywurst, angeblich von der Wurstbudeninhaberin Herta Heuwer am 4. September 1949 am Stuttgarter Platz (Charlottenburg) erfunden, besteht aus einer in Stücke geschnittenen Dampfwurst, die mit Ketchup übergossen und mit Worcestersoße sowie Curry- und Paprikapulver gewürzt wird. Jeder Wichtigtuer weiß, wo es in Berlin die beste C. gibt.

D

Daffke. »Der wollte mir die Bescheinigung nich jehm, und da hab ick aus Daffke bei da ›Bild‹-Zeitung anjerufen, damit die ihm ma Feua unterm Arsch machen.« Wer etwas aus D. tut, macht es aus Trotz oder nur zum Spaß.

Dahlem begann seine Karriere im 13. Jahrhundert als Dörflein, ist heute als »Landhauskolonie« eine allererste Wohnadresse und genießt mit seinen Instituten (FU und TU), der Max-Planck-Gesellschaft und seinen Museen – soweit sie nicht ins ↑Humboldt Forum umziehen – Weltgeltung, was Kunst, Kultur und Wissenschaft betrifft. Wie in D. ansässige Wissenschaftler im Auftrag der Deutschen Forschungsgemeinschaft herausgefunden haben, rührt der Name des Ortes von dem Ausruf eines slawischen Sklaven bzw. sklavischen Slawen her, der sich im Tross Albrechts des Bären befunden hat: »Da Lehm!« – meint also die Beschaffenheit des hiesigen Bodens und bezieht sich nicht, wie Radu & Dunski (1984, S. 12) nachzuweisen versuchen, auf den polnischen Satiriker und Science-Fiction-Autor Stanislaw Lem, weil es dann ja auch Dalem bzw. Stalem heißen müsste.

Dahme. Wenn ein Berliner sagt, er habe stundenlang auf der D. gelegen, so ist das nicht als Protzerei zu werten, sondern lediglich als Sachinformation im Hinblick auf das Vor-Anker-Gehen mit seinem Segelboot oder den Gebrauch seiner Luftmatratze. Denn gemeint ist der kleine Fluss D., der hinter der gleichnamigen Stadt im brandenburgischen Landkreis Teltow-Fläming entspringt, bei Rauchfangswerder Berlin erreicht, sich erst zum Zeuthener See und hinter

Schmöckwitz zum Langen See aufbläht, bei Grünau genügend Raum zur Austragung sogar olympischer Regatten bietet und zwischen Spindlersfeld und Köpenick schließlich in die Spree einmündet. Danke sehr, meine sehr verehrte D.! Dies sei besonders unterstrichen, denn du bist das Aschenputtel unter den Berliner Flüssen, verschwindest total hinter Spree und Havel; nicht einmal »Meyers Großes Taschenlexikon in 24 Bänden« nimmt Notiz von dir.

dalli sagte man schon vor dem Quizmaster Hans (Hänschen) Rosenthal (1925 in Berlin geboren und 1987 ebendort gestorben), nach dem auch der Platz vor dem RIAS (heute Deutschlandradio) benannt ist: »Nu mach ma 'n bisschen dalli!«, also schleunigst, fix oder schnell. Da alles immer schneller wird, ist heute vor allem die Doppelung »Dalli, dalli!« gebräuchlich.

Dämel. Bescheinigt man einem jungen Poeten, er sei »ein Dehmel«, dann wird man eventuell geküsst – denn Dehmel (Richard, 1863–1920) war ein hochgeachteter Dichter, den manche sogar für einen der Wegbereiter des regionalen Bahnverkehrs halten, weil er als *Expressionist* gilt. Bei »Du Dämel, du!« hingegen läuft man Gefahr, geohrfeigt zu werden, denn D. ist eine wenig scherzhafte Bezeichnung für einen Dummkopf.

Damm ist in Berlin die Fahrbahn einer Straße: »Pass obacht, wenn de übern Damm jehst!« Jemand, dem es nach überstandener Krankheit wieder besser geht, ist »wieda uff'n Damm«.

Dampfer sind mit Dieselmotoren betriebene Fahrgastschiffe, bei deren Bezeichnung die Berlinerinnen und Berliner aller Altersgruppen hartnäckig so tun, als würden ihre Kessel noch immer mit Kohle beheizt und sie wie zu Kaisers Zeiten mit Schraube oder Rad über Seen und Flüsse dampfen. Schon am 2. Oktober 1816 hat das erste Dampfschiff die Wasser der Havel zerteilt: die »Prinzessin Charlotte von Preußen«, erbaut vom Engländer John Barnett Humphreys (nein, nicht der von den Les Humphries Singers). 1997 wurden in Berlin und Potsdam über 125 D. gezählt – danach haben wir das Zählen aufgegeben, es gibt so viele Re(e)dereien –, darunter so stadtbekannte wie die »Deutschland«, die »Spreenixe«, die »Heinrich Zille«, die »Havelqueen« (ein nachgebauter Raddampfer im Mississippi-Stil), die »Moby Dick« (die wie ein Wal aussieht), die »Feengrotte« und die »Ernst Reuter«. Das Dampferfahren gehört zum Berliner-Sein wie die Lederhose zum Bayern oder das Spätzleessen zum Schwaben. Startet man nicht mindestens einmal im Jahr zu einer Dampferfahrt, ist man kein echter Berliner. Achtung: Besonders aufregend sind die Schiffe, die so hoch aufragen, dass man auf dem Oberdeck nicht aufstehen darf, wenn man unter bestimmten Brücken (↑Landwehrkanal) hindurchfährt. Sonst Kopf ab! Vom kleinen Horst B. wird überliefert, dass er zur Unterscheidung zwischen Schleppdampfern und Ausflugsschiffen immer »Menschendampfer« gesagt hat.

Datsche kommt vom russischen *datscha* und bedeutet Landhaus, Sommerfrische. Um den gelegentlich auftretenden sommerlichen Temperaturen Berlins zu entkommen, flüchten sich vor allem viele ehemalige Ost-Berliner auf Grundstücke in den Randbezirken bzw. im Umland, deren Eigentumsverhältnisse inzwischen hoffentlich geklärt sind. In Verbindung mit den darauf errichteten Baulichkeiten handelt es sich um sogenannte Datschen, nachdem sich Begriffe wie Klitsche, Hacienda oder Kolchose nicht durchgesetzt haben. ↑Laubenpieperei mit ihrem kleinkarierten Reglement wird von Datschenbesitzern oder -pächtern verachtet und nicht als gleichwertig anerkannt.

Demse, ein neueres Wort für stickige, schwülwarme Luft.

Denkmäler sind in Berlin trotz des Hanges zur Denkmalstürmerei reichlich vorhanden. Häufig bieten sie Anlass zu Spott oder dienen als Diskussionsgrundlage für politisch motivierte Auseinandersetzungen. Die Liste der unumstrittenen D. reicht vom witzigen Kreuzberger Admiralsdenkmal und dem Brieftaubendenkmal in Spandau über die Mahnmale an den Kampf gegen den Nationalsozialismus und das Holocaust-Denkmal bis zu den D. preußischer Militärs und Potentaten sowie der um Kunst, Kultur und Wissenschaft verdienten Persönlichkeiten von Albrecht der Bär bis Heinrich Zille. Zu den umstrittenen D. gehören z. B. der überdimensionale Thälmann-Kopf und ↑Lenins Kopf, den man umsichtig tief im Köpenicker Forst verbuddelt hatte, bevor man ihn unter strenger Beachtung des Artenschutzes für Zauneidechsen – die sich inzwischen, politisch ungebildet, wie Echsen nun mal sind, an seinen Wangen wohlfühlten – ausgrub und seither in der Spandauer Zitadelle zur Schau stellt.

Destille, anderes Wort für ↑Budike, Glasbiergeschäft, Kneipe, Piesel, Stampe oder wie immer man ein Lokal bezeichnen will. Der Begriff D. (von Destillation, früher auch Groß-Destillation genannt) besitzt den Vorteil, sich auf den Namen eines Lieblingsbesuchers solcher Berliner Lokalitäten zu reimen: Heinrich Zille.

Deutsche Oper Berlin, das künstlerisch wertvolle Singtheater an der West-Berliner Bismarckstraße, dessen Intendant immer mehr Millionen verbraucht, als der Kultursenator ihm bewilligen will. 1912 hatte sich die damals noch selbstständige Stadt Charlottenburg nach Plänen von Heinrich Seeling ein stolzes Opernhaus errichten lassen. 30 Jahre später hatte es kräftig gewagnert, so richtig mit Brand- und Sprengbomben, sodass Fritz Bornemann die Chance erhielt, 1956–61 aus den Ruinen etwas Neues auferstehen zu lassen. Um den Berlinern wie den Besuchern ihrer Stadt die Unterscheidung von der eigentlichen Oper, der Knobelsdorff'schen Unter den Linden, ein wenig zu erleichtern, hat er sich gesagt: Wenn die dort mit einer vielgestaltigen Fassade und einem wunderschönen Säulenportikus unpreußisch protzen, dann bestelle ich mir einfach im Baumarkt eine 70 Meter lange und viele Meter hohe Platte aus Waschbeton und lasse sie als Vorderfront an meine Oper schrauben. Gesagt, getan. So hört man drinnen wenigstens nicht den Lärm von draußen – und umgekehrt.

Deutsches Technikmuseum, früher das Museum für Verkehr und Technik, am Hochbahnknoten ↑Gleisdreieck gelegen (U1 und U2) und ein absoluter Hit, vor allem wegen der Möglichkeit, selber zu experimentieren. Das Gelände des ehemaligen Anhalter Güterbahnhofs mit dem Flugzeug über dem Eingang und seinen historischen Lokschuppen samt Loks und Zügen ist in das Museum einbezogen und gibt ihm den ganz besonderen Reiz.

Deutsches Theater, seit 1883 Bezeichnung für den in der Schumannstraße gelegenen, mehrfach umgebauten und erneuerten Theaterbau von 1850, in dem unter Adolph L'Arronge und Otto Brahm Berlins Theaterleben aufzublühen begann. Unter Max Reinhardts Intendanz entwickelte sich das Deutsche Theater zur führenden deutschen Schauspielbühne, zu der seit 1906 die in einem ehemaligen Casino eingerichteten Kammerspiele gehören und auf deren Brettern die Creme der deutschen Schauspielkunst agierte. 1934–45 leitete Heinz Hilpert das Haus, nach 1945 waren u. a. Gustav von Wangenheim, Wolfgang Langhoff, Wolfgang Heinz, Dieter Mann und Thomas Langhoff Intendanten des aktuell von Ulrich Khuon geleiteten Theaters. Als Schauspieler standen u. a. Inge Keller, Erika Pelikowsky, Eduard von Winterstein, Willy A. Kleinau, Herwart Grosse, Gerhard Bienert, Rudolf Wessely, Fred Düren und Rolf Ludwig auf der Bühne, und wer keine der 580 Vorstellungen von Jewgeni Schwarz' Märchenkomödie »Der Drache« gesehen hat, kann überhaupt nicht mitreden.

Deutsch-Französisches Volksfest, fand auch nach Abzug der französischen Besatzungs- / Schutzmacht jedes Jahr am Reinickendorfer Kurt-Schumacher-Damm hinterm Flugplatz Tegel statt und mutierte 2017 im 55. Jahr seines Bestehens zum bloßen Sommerfest. Na, dann feiert mal Feste! Eintritt frei.

Deutschlandhalle, eigentlich ein unsinniger Name, denn wie sollte ganz Deutschland mit seinen über 82 Millionen Menschen in eine einzige Halle hineinpassen! Politik gab es dort, Sport (insbesondere Reit- und Spring- und Tanzturniere), Konzerte (immer Rock und niemals Hose) und Shows (»Menschen, Tiere, Sensationen«). Dennoch musste man die nach Kriegszerstörung 1957 wiedereröffnete Halle Ende 2011 sprengen, weil sie unrentabel war. Warum man aus selbigem Grunde nicht auch .... (bitte selber ergänzen!) beseitigt, ist ungeklärt. Erbaut hat man die

D. jedenfalls 1935 – und zwar kubisch (wer hier »kubanisch«
liest, sollte schnellstmöglich einen Augenarzt aufsuchen).
140 Meter lang und 120 Meter breit war der Klotz, 14 000 Zuschauer gingen rein – wie viele auch wieder raus, ist nirgends
nachzulesen. Philosophen und Publizisten aller Länder, vereinigt euch bei der Beantwortung der Frage, wie denn das
möglich sei, dass über 60 Jahre die Menschen immer nur
in diese Halle *hineingegangen* sinnt (kein Druckfehler, sondern absichtlich so geschrieben, weil uns das bestimmt den
mit 1,22 Euro dotierten Preis der Literaturfabrik Kiekemal
einbringt). Was bleibt einem übrig, als zu blödeln, wo doch
unser eindeutiger Appell von 1998 so schnöde missachtet
wurde: Habt ihr sie noch alle, / lasst sie stehen, die Halle!

Dez ist der Kopf: »Pass uff, sonst kriegste wat vor'n Dez jedon-
nert!«

dicke tut sich mancher in Berlin: Er spielt sich auf. Die Berliner
haben »so eenen bald dicke« – über nämlich, es sei denn, sie
sind dicke Freund mit ihm, also eng befreundet. »So dicke
hab ick et ooch nich«, sagt der Berliner, der nicht reich ist.
»Aba für 'ne Molle langt et dicke.« Indes ist »Ach du dicka
Vata, is det 'n dicka Hund!« ein Ausdruck größten Erstaunens.

Dietrich, Marlene, als Marie Magdalene Dietrich 1901 in Berlin geboren und nach ihrem Tode (1992 in Paris) auf dem
III. Städtischen Friedhof Stubenrauchstraße in Friedenau
begraben, ist ein Stück Berlin. Am 1. April 1930 wurde »Der
blaue Engel« im Berliner Gloria-Palast uraufgeführt. Im Mai
1960 trat sie nach 31 Jahren erstmals wieder in ihrer Geburts-
stadt auf, wurde jedoch bei allem Erfolg als angebliche Va-
terlandsverräterin keineswegs nur freundlich empfangen.

Dings ist ein unentbehrlicher und vielfach einsetzbarer Begriff: »Jib doch ma det Dings da rüber, det Dingsbums von den Dingsda, den Dingskirchen!« – »Na, det is'n Ding!« – »Aba nu mach keene Dinga, sonst krist'n Ding, du frechet Ding, du!«

Distel, Die, begegnet einem in Berlin nicht nur als zweebeenje D., sondern als legendäres Kabarett mit DDR-Vergangenheit im ↑Admiralspalast.

Dohle meint einen Damenhut, manchmal auch die Trägerin desselben: »Olle Dohle!«

Dollbrägen ist die hochdeutsche Fassung von **Dollbrejen**, wobei Brejen in Berlin das Hirn meint. Im Gegensatz zum Trauerkloß ist der D. einer, der seine Ausgelassenheit nicht bremsen kann oder will.

Dom meint in erster Linie den 1894–1905 anstelle der friderizianischen Domkirche von 1750 errichteten Hohenzollern-Bau am ↑Lustgarten, dessen Anblick von jeher eine Zumutung für die Geschmacksnerven des Betrachters war. Im Krieg schwer beschädigt, wurde der Berliner D. mit vereinfachtem Zierrat wiederaufgebaut und ist immer noch sehr prächtig. In der Domgruft befinden sich die Prunksarkophage von 94 Hohenzollern. Zwei weitere, wenn auch unechte Dome stehen auf dem Gendarmenmarkt: der Deutsche und der Französische D. Sie sind 1780–85 auf Wunsch des Alten Fritzen von Gontard vorgenommene monumentale Anbauten an vorhandene Kirchen. Im Französischen D., dessen 70 Meter hohen Kuppelturm man besteigen kann, befindet sich das Hugenottenmuseum (derzeit allerdings wegen Renovierung geschlossen). Die Französische Kirche, 1701–05 vermutlich als verkleinerter Nachbau der 1685 zerstörten

Hugenottenkirche von Charenton-le-Pont bei Paris erbaut, ist noch heute die Hauptkirche der Französisch Reformierten Gemeinde zu Berlin.

Domäne Dahlem ist nicht etwa die Vorherrschaft ↑Dahlems über irgendetwas, sondern meint das mittelalterliche Lehns- und Rittergut des Kreiskommissars Cuno Hans von Willmerstorff mit seinem 1680 errichteten Gutshaus, das heute u. a. einem kleinen Museum Platz bietet, wo man sich über die Geschichte der Domäne informieren kann. Eine feste Größe im Berliner »Da musste ma' hin«-Kalender ist das alljährliche Erntefest mit nachgestelltem bäuerlichem Leben pur: »Guck mal: die Muhkuh da und das Hottehü. Das kannste auch ma streicheln.«

Doppeldecker, nicht etwa ein zeugungskräftiger Berliner mit zwei Kindern, wie ja auch dem Manndecker beim Fußball keine entsprechende Funktion zukommt, sondern ein doppelstöckiger Bus der ↑BVG, von dessen Oberdeck aus – erster Rang, erste Reihe – man Berlin ganz besonders gut genießen kann, sofern dies nicht der berühmte Widerspruch in sich ist. Die ersten D. fuhren schon 1870, damals allerdings oben noch ohne Dach, also als reine »Decksitzwagen«, und von Pferden gezogen. Unter Brücken und Straßenbahnoberleitungen durfte nicht aufgestanden werden. Erst seit 1925 gibt es D. mit geschlossenem Oberdeck.

Dörfer gibt es in Berlin mehr, als man auf den ersten Blick meint. Bei der Bildung von Groß-Berlin im April 1920 vereinigten sich acht Städte (von denen nur Spandau und Köpenick keine ehemaligen D. waren) mit 59 Landgemeinden (von Adlershof bis Zehlendorf) und 27 Gutsbezirken (Berlin-Schloss bis Wuhlheide). Die meisten der alten Dorfkerne sind noch heute (z. T. mit Resten der dörflichen Bebauung) im Stadtgebiet aufzuspüren, selbst in den Städten Lichtenberg, Charlottenburg (ehemals Lietzow) und Wilmersdorf blieben die Dorfanger erhalten.

Dorotheenstadt, 1674 gegründete Stadt außerhalb der Berliner Stadtbefestigungen, nördlich der Lindenplantage, die der Große Kurfürst seiner Gemahlin Dorothea schenkte – heute das Gebiet zwischen der Straße Unter den Linden und der Stadtbahn. 1710 wurde die D. mit Berlin, dem Friedrichswerder, der Friedrichstadt und Cölln zur »Königlichen Residenz Berlin« vereinigt.

Dorotheenstädtische Buchhandlung, ist vor allem für ihr reichhaltiges Angebot an Krimis bekannt und befindet sich in der Moabiter Turmstraße, direkt gegenüber dem Kriminalgericht.

Dorotheenstädtischer Friedhof, an der Chausseestraße gelegen, mit den Gräbern u. a. von Hegel, Fichte, ↑Schinkel, Borsig, ↑Schadow und Hufeland. Der Dorotheenstädtische Friedhof befindet sich hinter dem alten Französischen Friedhof (mit den Gräbern Daniel Chodowieckis und der Madame Du Titre) und neben Brechts letzter Wohnung. Seit 1945 wird er als Prominentenfriedhof genutzt; hier findet man u. a. die Gräber von Heinrich und Nelly Mann, Bertolt ↑Brecht, Johannes R. Becher, Arnold Zweig, John Heartfield, Hanns Eisler, Helene Weigel, Anna Seghers und Heiner Müller.

Dragoner-Areal ist kein Sperrbezirk für physisch und mental besonders imponierende weibliche Gestalten (»Der's mit so 'n richtjen Drajoner vaheirat«), sondern ein neben der ehemaligen Garde-Dragoner-Kaserne von 1850–54 am

Mehringdamm gelegenes Grundstück, um dessen Bebauung ein zäher Kampf tobt. Dragoner waren berittene Infanteristen.

Dreikäsehoch, ein kleiner Junge, nicht viel größer als drei übereinandergelegte Harzer Roller.

Dresche bedeutet Keile, Prügel oder Senge.

Droschkenkutscher. »Der flucht ja wie 'n Droschkenkutscher«, pflegte man zu sagen, als Vertreter dieses Berufsstandes noch Pferde- oder Kraftdroschken lenkten. 1893, vor Aufkommen der elektrisch betriebenen Straßen-, U- und Hochbahnen und der Automobile, waren an die 10 000 offene Gefährte, Droschken erster und zweiter Klasse, Pferdeomnibusse, Pferdebahnwagen, Torwagen und Kremser durch Berlin zu lenken.

drusseln meint vor sich hin schlummern.

dufte steht für gut, großartig, schön: »Det is 'n dufta Typ.«

dun meint betrunken.

dunnemals liegt lange zurück: Damals war's, um 1970 …

Düppel ist eigentlich ein Dorf in Dänemark, am nordschleswigschen Alsensund. Da aber die preußischen Truppen im deutsch-dänischen Krieg von 1864 mit der Erstürmung der Düppeler Schanzen ihren entscheidenden Sieg errungen hatten, durfte der verdiente Prinz Friedrich Karl ein Jahr später auf der Teltower Feldmark ein Rittergut dieses Namens gründen. Heute gehört D. zu Zehlendorf und ist als Museumsdorf stadtbekannt. Hier am Krummen Fenn wird vorgeführt, wie unsere Ahnen um 1200 gelebt und gearbeitet haben.

Dusel, nicht zu verwechseln mit Dussel. Im D. ist man benommen oder besoffen, oder man hat D., nämlich Glück.

Das kann selbst einem **Dussel** (Dummkopf) gelegentlich passieren.

Dussmann, Kulturkaufhaus in der Friedrichstraße, in dem man bis in die Nacht Bücher, CDs und DVDs erwerben kann.

Dynamo, eigentlich eine Maschine zur Stromerzeugung, vor allem an Fahrrädern. Aus der Sowjetunion als Vereinsbezeichnung in den Sportbetrieb der DDR eingedrungen. Besonders geförderter (um nicht zu sagen, gedopter) Sportclub des Ministeriums des Innern und des Ministeriums für Staatssicherheit der DDR unter dem Patronat des unvergessenen Polizistenmörders und Volksliebhabers Erich Mielke.

E

East Side Gallery. Nicht alles, was nach Graffiti-Schmiererei aussieht, ist auch welche, manches ist auch Kunst und wird staatlich bejaht, wenn auch nicht immer ausreichend bezuschusst. So ein 1,3 Kilometer langer Rest der Vor-Mauer am nördlichen Ufer der Spree (Mühlenstraße zwischen Ostbahnhof und Oberbaumbrücke), der 1990, kurz nach Öffnung der Berliner Mauer, von 118 Künstlern aus Ost und West gestaltet worden ist. Am häufigsten fotografieren die Leute den Bruderkuss zwischen Breschnew und Honecker (Dmitri Wrubel) und den durch die Mauer brechenden Trabbi (Birgit Kinder). 2018 beschloss das Land Berlin, die bemalten Mauerreste zum offiziellen Denk- und Erinnerungsort zu machen.

Een Kiek und een Ei meint, dass zwei Menschen so eng zusammenhängen wie ein Küken und ein Ei.

Ehrenmale, Sowjetische, befinden sich im Treptower Park, in Wilhelmsruh und im Tiergarten.

Eierbatz ist nicht etwa eine Speise wie Rührei, Eierkuchen oder Eierreis, sondern die Bezeichnung für einen Menschen, der irgendwie Mist gebaut und / oder einen geärgert hat, mit dessen Kopf also dasselbe geschehen sein sollte wie mit einem Ei: »Du Eierbatz, du!«

Eierfahrt hat nichts zu tun mit (a) einer Tour in einem Gefährt, dessen Räder unrund sind (»Mensch, die eiern aba!«), oder (b) einer Reise zwecks Verbesserung der Leistungsfähigkeit bestimmter männlicher Organe, sondern (c) mit dem Treptower ↑Eierhäuschen und dem hier wie in anderen Ausflugslokalen an Spree und Dahme einstmals geübten Brauch, die Ruderer, die beim alljährlichen Anrudern im Frühling mit ihrem Boot als Erste am Steg anlegten, mit einer Mandel (15 Stück) Eier zu belohnen.

Eierhäuschen, ein in den 1840er-Jahren am Treptower Ufer der Spree begründetes Etablissement mit Milch- und Eierausschank. Neben dem erhaltenen Alten E. gab es auch ein Großes und ein Kleines Eierhaus, beide in der Nähe des ↑Spreeparks gelegen.

Eierschale heißt ein 1952 in einem Keller am Breitenbachplatz gegründeter und mittlerweile in Dahlem beheimateter legendärer Jazzschuppen der heutigen Pensionärs- und Rentnergeneration, geadelt durch Louis Armstrong, Ella Fitzgerald und Duke Ellington, aber auch der Nachfolger des berühmten ↑Zenner in Treptow.

Einen fahren lassen, eine Wendung, die sich nicht auf einen lieben Menschen bezieht, von dem man Abschied nehmen muss, sondern auf einen Magenwind, den man entfleuchen lässt.

Eisbären finden sich nicht nur in Tierpark und Zoo, sondern auch in der Arena am Ostbahnhof. Einst im Hohenschönhausener Wellblechpalast zu Hause, ist der EHC Eisbären Berlin von einer einstmaligen Ost-Berliner Lachnummer zu einem der stärksten deutschen Eishockeyteams herangewachsen. Längst schwenkt man keine DDR-Fahnen mehr und feuert die Mannschaft mit »Dynamo!«-Rufen an, wie der Club vormals hieß, als sein damaliger Hauptsponsor, Stasi-Chef Erich Mielke, ihn noch ganz besonders lieb hatte. Auch wenn manche Sportsfreunde das Wort »Ausländer« gerne mit dem Zusatz »raus!« verbinden, besteht die E.-Mannschaft zu einem guten Teil aus Kanadiern und Skandinaviern und das Management aus waschechten Wessis. Seh'n Se, det is Berlin! Und der jüngste Eisbär heißt Emil Altvatter, ist fünf Jahre alt und mit einem der Verfasser verwandt.

Eisbein, kalorienarme Speise aus der Berliner Diätküche, die mit Kartoffeln, Erbspüree und Sauerkohl serviert und mit reichlich Bier runtergespült wird. Eisbeene kricht man dabei eher selten durch E.

Eisente, ein altertümlicher Schlitten mit hohem Sitz, im übertragenen Sinne auch eine unsympathische ältere Dame: »Olle Eisente!«

Eiskeller, keineswegs nur ein zu Kühlzwecken benutzter Raum unterhalb eines Gebäudes, sondern auch ein Teil des Bezirks Spandau, der früher als West-Berliner Exklave in der DDR lag, heute aber, wo die Durchreise durch den Kreis Havelland problemlos möglich sein sollte, der Hauptstadt zugehört.

Eisstadion Wilmersdorf, gleichsam Berlins Inzell, direkt am Südteil der Stadtautobahn gelegen. Der meiste Andrang herrscht allerdings nicht bei den Eisschnellläufern, sondern bei den Motorradrennfahrern, wenn die hier beim Eisspeedway antreten. Hauptsächlich aber bevölkern Eislangsamläufer die 400 Meter des inzwischen Horst-Dohm-Eisstadion getauften E. W., und wenn man seine 25 Runden gelaufen ist, hat man immerhin zehn Kilometer hinter sich gebracht.

Elektrische hieß bei unseren Vorfahren die ↑Straßenbahn, wohl zur Unterscheidung von der Pferdebahn. Von unseren Großmüttern hörten wir noch: »Bimm, bimm, die Elektrische kommt – mit dem Kontrolleur, / und wer keinen Groschen hat, der läuft hinterher.« Heute, wo rationalisierungswütige Betriebswirte das Sagen haben, soll man statt Straßenbahn (elf Buchstaben) das für Berlin völlig atypische Wort ↑Tram (vier Buchstaben) benutzen.

Embiedel meint den nichtehelichen männlichen Partner eines weiblichen Wesens:»Kiek ma, det is Shirley ihr Embiedel.«

Emil und die Detektive, 1929 erschienener Roman von Erich Kästner, von dem inzwischen die 152. Auflage käuflich zu erwerben ist und der noch immer den besten Weg darstellt, jungen Menschen vorzuführen, wie es damals war, als auf der Kaiserallee noch die Straßenbahn der Linie 177 fuhr. Emil Tischbein, aus der Provinz anreisend, wird im Zug das Geld geklaut – und nun jagen er und seine Detektive, u. a. der»Professor« und der»kleine Dienstag«, in der Gegend Bundesallee, Trautenaustraße, Prager und Nollendorfplatz einen Herrn mit steifem Hut, der in einem Auto mit der klassischen Berliner Nummer IA 3733 zu fliehen versucht.

Erichs Lampenladen, eine der freundlicheren Bezeichnungen für den ↑Palast der Republik, die sich von den zahlreichen traubenförmig herabhängenden Beleuchtungskörpern herleitete.

Ermelerhaus, ursprünglich in der Breiten Straße 11 gelegenes und x-mal umgebautes Wohn- und Geschäftshaus aus dem späten 18. Jahrhundert, das nach seiner vorletzten gründlichen Restaurierung den Bau des Staatsratsgebäudes behinderte und deshalb abgerissen wurde. Am Märkischen Ufer wiederauf- und zur DDR-Nobelgaststätte mit Raabe-Diele (↑Sperlingsgasse) umgebaut, wo man, wie die spottlustigen Ost-Berliner meinten, leicht ärmler und ärmler werden konnte. Inzwischen Teil eines Hotel- und Bürokomplexes mit Mitarbeiter-Kantine in der falschen Raabe-Diele.

Essig meint einen Reinfall und ist die Verballhornung des jiddischen Wortes *hesek* (Verlust, Schaden). »Mit Kohle war't Essig« bedeutet: Es gab kein Geld.

Etablissement bezeichnete früher dem gehobenen Titel zum Trotz eine Kneipe, meist eine Ausflugsgaststätte. Schilder verkündeten dort häufig: »Der alte Brauch wird nicht gebrochen, / hier könn' Familien Kaffee kochen.« Von Jüngeren wurde dies gern abgewandelt in: »Der alte Brauch wird nich jeknickt, / bei Rejen wird im Saal je…tanzt.«

etepetete ist jemand, der sich zimperlich oder umständlich gebärdet. Über die Wortherkunft streiten sich selbst geborene Franzosen.

Ethnologisches Museum, aus dem kriegszerstörten Völkerkundemuseum hervorgegangene Sammlung von mehr als 500 000 Ethnografika aus aller Welt. Wird ab 2019 das Glanzlicht im ↑Humboldt Forum darstellen. Dann können die lieben Kleinen endlich wieder auf den wertvollen Südsee-Katamaranen rumklettern und die vielen, vielen Holz- und Tonfiguren bestaunen.

Europa-Center. Heute, wo jeder noch so periphere Ort sein eigenes Center (gesprochen »Zenter«) hat, fällt das E. an der Tauentzienstraße kaum noch auf. Bei seiner Eröffnung am 2. April 1965 allerdings war es *die* Sensation: Vor 1500 Ehrengästen übergab Willy Brandt die »Stadt in der Stadt« ihrer Bestimmung, und man sprach von einem neuen Wahrzeichen Berlins. Die Dachterrasse ist meist gesperrt, was gut so ist, denn von hier oben, wo sich der Mercedes-Stern dreht, merkt man erst, wie hässlich Berlin recht eigentlich ist, und neigt dazu sich hinabzustürzen. Drinnen sitzt man dagegen sicher und kann anschließend die »Uhr der fließenden Zeit«

in Augenschein nehmen. Im Keller gibt es eine Kultstätte aus alten West-Berliner Tagen: das Kabarett Die Stachelschweine, heute von der einheimischen Intelligenzija gemieden.

Exerzierplätze, kurz auch **Exer** genannt, gab es nach guter preußischer Tradition überall innerhalb und außerhalb der Stadt, was sich für spätere Bauvorhaben als günstig erwies. Auf einem der letzten E. wurde 1951 der Friedrich-Ludwig-Jahn-Sportpark errichtet. Auch der ↑Pariser Platz, das Messegelände am Funkturm und der ↑Flughafen Tempelhof waren einmal E.

F

Fähren, von sogenannten Übersetzern (nicht zu verwechseln mit Dolmetschern, die früher, als Interpreter gekennzeichnet, an Bahnhöfen gestanden haben sollen) zumeist mit Motorschiffen betriebene Überfahrtsmöglichkeiten ans jenseitige Ufer. Die Hugenotten riefen zu diesem Zweck nach »Monsieur le bootsmann«. Trotz der vielen Brücken im Berliner Stadtgebiet sind F. an etlichen Stellen notwendig, z. B. zwischen Zeuthen und Rauchfangswerder, Grünau und Wendenschloss, Baumschulenweg und Oberschöneweide, Wannsee und Kladow, in Rahnsdorf, Spandau und zu den Havelinseln.

Falscher Fuffziger, kein nachgemachter Geldschein, sondern ein Heuchler.

Falscher Hase, ein Hackbraten, der so geformt sein kann, dass er beim Servieren wie ein richtiger Hase aussieht.

fässt – für fasst – ist ein gängiger Grammatikfehler autochthoner Berliner. Das geht mit der Oma los, die die Kinder ermahnt (»Das fässt du nicht an!«), und setzt sich mit gedruckten Schildern etwa an Marktständen fort: »Was man anfässt, muss man auch kaufen.« Wer's als Zugereister erfasst hat, ist fast schon ein Berliner. Merke auch: Das Berühren von Fijüren mit den Foten is vaboten!

Fatzke, ein dummer und arroganter Wichtigtuer: »Der Fatzke, der!« Etymologische Herleitungen gibt es so manche. So könnte der Begriff aus der Verballhornung von Vasco (da Gama) entstanden sein. Der portugiesische Seefahrer war der Held einer beliebten Bühnenposse im 19. Jahrhundert.

Feez heißt Spaß, Vergnügen oder auch Unsinn: »Mach nich so 'n Feez!«

Fernsehen, 1884 in Berlin erfundene und hier 1935 erstmals in einem regulären Programm an Menschen erprobte Technologie zur Fernübertragung bewegter Bilder, die seltsamerweise von Anfang an auch als Kunstform galt. Von 1952 bis zur Wiedervereinigung wurden in beiden Teilen der Stadt Fernsehprogramme ausgestrahlt (↑Adlershof, ↑SFB).

Fernsehturm, mit echt sozialistischer Zurückhaltung mitten im Stadtgebiet errichteter Betonturm von ursprünglich 365 Meter Höhe, einschließlich Aussichtsplattform und einem drehbaren Café in 207 Meter Höhe. Von den Ost-Berlinern seinerzeit angeblich liebevoll Telespargel getauft, eher als Protzkeule, Renommierpimmel oder wegen des vom Sonnenschein erzeugten Kreuzes und im Angedenken an Ulbricht als St. Walter bekannt.

FEZ, ein von vielen Berlinern zu Unrecht missachtetes Freizeit- und Erholungszentrum mitten in der Wuhlheide.

Film, ebenso wie das Fernsehen in Berlin erfundene Möglichkeit, lebende Bilder aufzuzeichnen. 1895 führten die Brüder Max und Emil Skladanowsky im ↑Wintergarten zum ersten Mal Kurzfilme (u.a. »Das boxende Känguru«) vor. Um die Jahrhundertwende wurde Berlin schnell zur Filmstadt mit Ateliers u.a. in der Friedrich- und Chausseestraße, in Weißensee, später auch in Tempelhof, Johannisthal und Spandau. Die UFA-Ateliers befanden sich unmittelbar vor den Toren Berlins in Babelsberg, dem Standort der heutigen Film- und Medienstadt. Berlin ist ein beliebter Schauplatz für Film- und Fernsehproduktionen geblieben.

Fimmel meint, beispielsweise im Ausruf »Du hast ja 'n Fimmel!«, dass man ein wenig verrückt sei, also einen »Tick« habe.

Flabbe. »Zieh nich so 'ne Flabbe!« bedeutet, die angesprochene Person solle nicht so weinerlich und mit trotzig verzogenem Mund herumlaufen.

Flitzpiepe, abwertend für einen kleingewachsenen und überagilen, aber wenig effizienten Menschen, vor allem männlichen Geschlechts.

Flohmärkte gibt es an den Wochenenden in Berlin an vielerlei Orten. Der älteste und größte findet in der Straße des 17. Juni nahe dem S-Bahnhof Tiergarten statt.

Flöz, ehemals ein Jazzlokal in der Nassauischen Straße. Familie Flöz hingegen ist eine in Berlin beheimatete Theatertruppe, die mit ihren zumeist nonverbalen Maskenspielen international erfolgreich ist und in der Lehderstraße in Weißensee das Studio Flöz betreibt.

Flughafen Johannisthal, der zweite deutsche Flugplatz, lag im Treptower Ortsteil Johannisthal, südlich der S-Bahn zwischen Schöneweide und Adlershof. Nachdem ein 150 Mann starkes Kommando der Schöneberger Eisenbahnpioniere den dortigen Wald mitsamt aller Stubben beseitigt und das Gelände halbwegs planiert hatte, fand hier am 26. September 1909 ein »Konkurrenz-Fliegen der ersten Aviatiker der Welt« statt. Als einziger Deutscher trat Hermann Dorner an, war aber gegen die Weltelite mit Blériot, Rogier und Latham ohne Chance, wobei Letzterer mit seinem Antoinette-Eindecker vom Tempelhofer Feld her eingeschwebt war und dafür wegen groben Unfugs von der Polizei bestraft wurde. 1912 gab es in Johannisthal, der »Geburtsstätte des

deutschen Flugwesens«, 28 Flugzeugfabriken und Flieger-
schulen, 40 Schuppen für 150 Flugzeuge und zwei große
Luftschiffhallen. Heute nimmt der Landschaftspark Johan-
nisthal/Adlershof mit einem Naturschutzgebiet den größten Teil des ehemaligen F. J. ein.

Flughafen Schönefeld, liegt dicht hinter der Stadtgrenze im
Brandenburgischen und wird von den Berlinern im Westteil
der Stadt emotional abgelehnt. Nicht nur, weil man ewig
braucht, um da zu sein – an die 22 Kilometer sind es bis zur
Mitte der Stadt –, sondern auch wegen der Erinnerung an
die DDR-Zeit, wo man mit dem Transitbus vom Funkturm
aus anreisen musste, zehn Mark Visa-Gebühr zu zahlen hatte und sich bei der bewusst in die Länge gezogenen Kon-
trolle durch»die Organe« auch noch dumm kommen lassen
musste. In der Nähe des F. S. (SXF, Sierra X-Ray Foxtrot) soll
angeblich ein neuer Großflughafen (↑BER) entstehen.

Flughafen Tegel, zur Zeit des Kalten Kriegs West-Berlins Tor
zur Welt. Das Abfertigungsgebäude sieht aus wie eine
sechseckige Keksdose, gemessen an Frankfurt und München genießt man es aber wegen seiner Übersichtlichkeit.
Früher gab es auf dem Areal einen Exerzier- und Raketen-
schießplatz, und hier hat Wernher von Braun, der»Vater
des Mondflugs«, als Student erste Miniraketen abzischen
lassen, und das nicht nur zu Silvester. Entstanden ist der
F. T. 1948, als man zur Abwehr der sowjetischen Blockade
neben Tempelhof, Gatow und der Havel einen weiteren Lan-
deplatz brauchte. 19 000 Berliner planierten damals Sand-
dünen und schütteten diverse Bombenrichter zu. Bis 1960
war Tegel ausschließlich französischer Militärflugplatz,
dann nahm die Air France dort ihren Flugbetrieb auf, und

der mondäne Berliner flog mit der »Caravelle«. 1974 wurde der heutige Großflughafen eingeweiht (TXL, Tango X-Ray Lima). Bis zum erhofften Luftkreuz hat er es allerdings nie gebracht, und nun soll er zugunsten des ↑BER geschlossen werden, es sei denn ... Den Volksentscheid für den Weiterbetrieb haben die Tegel-Fans gewonnen, denn erstens liegt der F. T. (offizieller Name: Otto Lilienthal) so bequem mitten in der Stadt, und zweitens: »Ich hab' mich so an dich gewöhnt ...«. Die Mehrheit der Tegel-Befürworter dürfte nicht aus der nördlichen Hälfte Berlins kommen. Denn dort kann man kaum noch ruhig schlafen angesichts der zunehmenden Zahl von Sondergenehmigungen für Nachtflüge.

Flughafen Tempelhof (THF, Tango Hotel Foxtrot) war die eigentliche Flughafenliebe der West-Berliner, und die alte Abflughalle sahen sie als ihre gute Stube an. (»Weeßte noch damals, als ...«) Auf dem Tempelhofer Feld hatte es bei Preußens schon im 18. Jahrhundert einen Exerzier- und Paradeplatz gegeben, und die Berliner Kinder sangen: »Parademarsch, Parademarsch, / der Hauptmann hat 'n Loch im Arsch!« Am 4. September 1909 führte Orville Wright hier seine Doppeldecker-Flugmaschine vor. 1923 begann in Tempelhof die deutsche Verkehrsfliegerei – mit einem Holzschuppen als Abflughalle –, und 1926 wurde hier die Lufthansa gegründet. Dann kamen die Nationalsozialisten, und Ernst Sagebiel klotzte 1936–39 ein kamelfarbenes Flughafengebäude von 1230 Meter Länge hin, den deutschen Zentralflughafen. Der überlebte Krieg, Luftbrücke, den zivilen Luftverkehr der alliiert Lizensierten, die Schließung für den Berlin-Verkehr zugunsten Tegel, eine ruhige Zeit als US Air Force-Basis und 1981 eine Wiedereröffnung. Nach

der endgültigen Stilllegung am 30. Oktober 2008 wurde das
Tempelhofer Feld auf Wunsch der Bevölkerung zu einem
riesigen Freizeitpark umgewidmet. In dem Sagebiel'schen
Riesenbau werden indes Musicals aufgeführt, Modemessen
veranstaltet, Flüchtlinge untergebracht, und sogar das Berliner Polizeipräsidium hat sich hier eingenistet.

Fontane, Theodor, nicht Theodor von Tane, wie man immer
wieder liest, denn in den Adelsstand erhoben hat man
den Neuruppiner Apotheker (1819–98) zu Kaisers Zeiten
nicht, obwohl er es mit Romanen und Novellen wie »Vor
dem Sturm«, »Irrungen, Wirrungen«, »Stine«, »L'Adultera«,
»Effi Briest«, »Cécile«, »Frau Jenny Treibel«, »Der Stechlin«
und »Schach von Wuthenow« großmeisterlich verstanden
hat, der Reichshauptstadt ein einmaliges Denkmal zu setzen. Hier hat er 1833 die Gewerbeschule Karl Friedrich von
Klödens besucht, sich 1848 ein klein wenig als Barrikaden-
kämpfer versucht, bis 1849 als Pharmazeut in verschiede-
nen Apotheken und im Krankenhaus Bethanien gearbeitet
und von 1872 bis zu seinem Lebensende in der Potsdamer
Straße 134c gewohnt. Heute gibt es sechs Fontanestraßen,
einen Fontaneplatz und eine Fontanepromenade in Berlin, dazu das Fontane-Haus im ↑Märkischen Viertel. Viele
Denkmäler sind ihm gesetzt worden, doch das originellste
ist sicher das von Prof. Ferdinand Sauerbruch (1875–1951),
dem großen Berliner Chirurgen, der die von Bindegewebe
erfüllten Lücken zwischen Stirnbein und Scheitelbeinen
nach ihm benannt hat: die Fontanellen.

Frankfurter Allee, eine der ältesten Straßen Berlins und Boulevard des Ostens. Ein zu Beginn des 18. Jahrhunderts angelegter Heerweg nach Lichtenberg und Friedrichsfelde wur-

de, da in Richtung Frankfurt (Oder) aus der Stadt führend, zunächst als Frankfurter Linden, später als Frankfurter Chaussee und ab 1872 als F. A. bezeichnet. Um 1900 gepflastert, reichte die F. A. vom ↑Frankfurter Tor bis zur Lichtenberger Ortsgrenze. 1949 taufte man sie zusammen mit der innerstädtischen Fortsetzung Große Frankfurter Straße in Stalinallee um. 1961 rückbenannte man den östlichen Teil in F. A. und verschönte ihn später mit Plattenbauten, während der westliche Teil zur Karl-Marx-Allee wurde.

Frankfurter Tor, das östliche Berliner Stadttor etwa an der Einmündung der Friedenstraße in die ↑Frankfurter Allee. Seitdem man das F. T. um einen Kilometer nach Osten versetzt hat, befindet sich dort Berlins am häufigsten umbenannter U-Bahnhof, der zweimal Petersburger Straße, zwischendurch Bersarinstraße, F. T. und Rathaus Friedrichshain hieß. Die gegenwärtige Bezeichnung entnehmen Sie bitte den BVG-Fahrplänen (ohne Gewähr). Den Ort selbst erkennen Sie an den nach ihrem Architekten benannten, hoch aufragenden Henselmann'schen Vogelbauern.

Französisches Gymnasium, 1689 in der Stralauer Straße gegründetes Gymnasium für die Kinder der hugenottischen Flüchtlinge, an dem u. a. der Philosoph Jean Sperlette lehrte, der Erfinder des Entschuldigungszettels. 1701 zog das Französische Gymnasium in die Niederlagstraße, 1873 schließlich in ein neues Gebäude zwischen Dorotheenstraße und Reichstagufer. Schüler waren u. a. der Publizist Maximilian Harden, der Philologe Victor Klemperer und der Schriftsteller Kurt Tucholsky. Als Collège Français existiert das Gymnasium noch heute in Tiergarten, die Liedermacher Reinhard Mey und Ulrich Roski gingen dort zur Schule.

Freie Universität (FU), im Kalten Krieg die Antwort des Westens auf die Umwandlung der Humboldt-Universität zu Walter Ulbrichts Kaderschmiede mit dem Muss zum vierfachen »mus«: dem Sozialis-, dem Kommunis-, dem Leninis- und dem Stalinismus. Als die FU am 4. Dezember 1948 im stinkvornehmen Dahlem gegründet wurde, gab es nur ein »mus«: den Kapitalismus. Erster Rektor wurde der Historiker Friedrich Meinecke, und Profs wie Studierende genossen ihre akademische Freiheit. 1954 bekam man von den Amerikanern den Henry-Ford-Bau geschenkt, d. h. ein angemessenes Auditorium Maximum und die Universitätsbibliothek mitsamt Magazinturm. Wer in den 1950er- und 1960er-Jahren an der FU studierte, verstand sich als Geistgeweihter, und mit der APO und Rudi Dutschke schrieb man zumindest deutsche Geschichte. Dann kam die Massenuniversität, über 62 000 Studierende waren es schließlich, und nach Wiedervereinigung und zunehmender Armut des Staates hingen dicke Gewitterwolken über dem Campus. 2016 studierten rund 36 000 hoffnungsvolle junge Menschen an der inzwischen immerhin zu den Eliteuniversitäten zählenden FU.

Freie Volksbühne, ursprünglich 1890 von Sozialdemokraten als Theater für Arbeiter gegründet und 1949, nach Abspaltung der »Volksbühne Berlin« im sowjetischen Sektor, in West-Berlin wiederauferstanden. Zuerst spielte man im Theater am Kurfürstendamm, bis 1963 der Kubenbau von Fritz Bornemann in der Schaperstraße bezogen werden konnte. Erwin Piscator war hier Intendant und Regisseur, und der Höhepunkt war wohl die Uraufführung von Rolf Hochhuths »Der Stellvertreter« am 20. Februar 1963. Von da an ging's bergab, und seit 1992 spielt hier mal dieser, mal jener, und man wartet auf eine neue Blütezeit.

Freiheitsglocke, die mit 10 206 Kilogramm größte Glocke Berlins, hängt im Schöneberger Rathaus und trägt die Inschrift »That this world under God shall have a new birth of freedom«, in der deutschen Übersetzung etwa: Mit dem guten Shell wird diese Welt nie untergehen und der Berliner Dom seine Freiheit und Wiedergeburt erleben. Die »Liberty bell« wurde den Berlinern 1950 von General Clay übergeben und läutet jeden Mittag um zwölf Uhr, sodass die Schöneberger Bauern auf den Feldern und Wiesen ringsum genau wissen, wann High Noon ist und Gary Cooper von Grace Kelly Abschied nimmt.

Fremdsprachen nützen einem in Berlin nicht sonderlich, da man unter Einheimischen oder bei Behörden selten auf jemanden trifft, der wirklich eine beherrscht. Immerhin täuschen die Berliner durch überwiegend fremdsprachliche Aufschriften in Denglisch Internationalität vor. Beliebt ist besonders der falsche Apostroph, z. B. bei »Berni's Bratbude«. Lateinische Texte interpretierten die Berliner von jeher auf ihre Weise; die Inschrift einer Sonnenuhr im Krögel »Mors certa, hora incerta« (Der Tod ist gewiss, seine Stunde ungewiss) wurde mit »Todsicher geht die Uhr ungenau« übersetzt.

Fresse ist zärtliches Berlinerisch und steht für Mund: »Halt die Fresse, Herzchen!« Möglich sind auch die Varianten »Ne jroße Fresse ham« oder »Eens inne Fresse haun«, »Den ha'ik jefressen wie siem Fund Schmierseefe« oder »Ach du meine Fresse!«.

Friedhöfe befanden sich meist außerhalb der Stadtgrenzen, weshalb sich die alten Berliner F. oft als einziges Grün rings um die Innenstadt erstrecken. Erhalten sind der Alte Garnisonfriedhof in der Kleinen Rosenthaler Straße, F. am Prenzlauer Tor und in der Friedenstraße, am Südstern und am Blücherplatz und der sogenannte Musikerfriedhof in der Bergstraße. Vom Invalidenfriedhof mit den Gräbern preußischer Militärs, der auf dem Mauerstreifen in der Scharnhorststraße lag, blieb nur ein Rest erhalten. Todsicher die meisten Bekannten trifft man auf dem ↑Dorotheenstädtischen Friedhof. Vom alten jüdischen Begräbnisplatz in der Großen Hamburger Straße existieren nur noch die Umfassungsmauern und das mehrfach neugestaltete Grab von Moses ↑Mendelssohn. Sehenswert ist der Jüdische Friedhof in der Schönhauser Allee u. a. mit den Gräbern von Meyerbeer, ↑Liebermann und Leopold Ullstein. Seit 1880 befindet sich der größte jüdische Friedhof Deutschlands mit vielen imposanten Grabmälern in Weißensee, wo es auch einen Begräbnisplatz der orthodoxen Gemeinde Adass Jisroel gibt. Der Islamische Friedhof am Columbiadamm besteht seit 1866.

Friedrich(s)-, häufige, »Friddrich« gesprochene Vorsilbe in Berliner Ortsnamen und Straßenbezeichnungen, die auf unterschiedliche, von den Berlinern kaum unterschiedene Friedriche zurückgehen. Während Friedrich der Schöne (1289–1330) nie in Berlin war und Friedrich der Fette (ca. 1424–63) und Friedrich Eisenzahn (1413–71) keine große Bedeutung für die Stadt hatten, beginnt 1415 mit Friedrich VI. von Nürnberg die 500-jährige Hohenzollernherrschaft. Spuren im Berliner Stadtbild hinterlassen haben vor allem Friedrich I., genannt »der schiefe Fritz«, seit 1701 König in Preußen, und sein Enkel Friedrich II., König von Preußen, genannt »der Große« oder »der Alte Fritz«

(1712–86), auf den sich auch das Attribut friderizianisch bezieht und der nach abenteuerlicher Rettung seit 1980 wieder als Denkmal Unter den Linden reitet.

Friedrichsberg, 1771 vom Alten Fritzen gegründete Gärtnerkolonie auf einer Wanderdüne an der Frankfurter Chaussee (Ecke Gürtelstraße), später der gesamte dichtbebaute Stadtteil um die Ringbahn-Station F., seit 1897 ↑Frankfurter Allee. Die Bezeichnung F. ging nach der Erhebung Lichtenbergs zur Stadt verloren.

Friedrichsfelde, bis 1699 Rosenfelde genanntes Dorf östlich von Lichtenberg mit einem Schloss (um 1695 erbaut, 1719 vergrößert), das Friedrich I. seinem in Ungnade gefallenen Generaldirektor der Kurfürstlichen Marine als Eigenbedarf abknöpfte. Im ausgedehnten Schlosspark befindet sich der Berliner ↑Tierpark. Am Nordwestrand des Dorfes liegt seit 1881 der Berliner Zentralfriedhof mit der Gedenkstätte für die Sozialisten und solche, die sich dafür hielten.

Friedrichsgracht, nach holländischem Vorbild entstandene Straße am Ufer des Spreekanals, auch Cölln am Wasser genannt. Um 1964 von den erhaltenen Resten der alten Bebauung befreit, verkürzt und mit Plattenbauten verunziert.

Friedrichshagen, 1753 für 100 Spinnerfamilien gegründetes Dorf östlich von Köpenick. »Zweck der Gründung war die Seidenkultur, die aber nicht reüssierte«, berichtet der Chronist, »ich weiß nicht, wer daran Schuld hatte, der Alte Fritz oder die Seidenraupen.« Der Kriegs- und Domänenrat von Pfeiffer jedenfalls, einer der Stammväter des Berliner Bau- und Grundstücksfilzes, verschaffte sich hier unrechtmäßig 108 Morgen Land und kam dafür als Gefangener auf die Festung Spandau. F. wurde als Domizil naturalistischer Dichter und als Ausflugsort bekannt. Seit 1893 existiert ein großes Berliner Wasserwerk und seit 1926/27 der 8,5 Meter tiefe Tunnel unter der Spree, die man hier zu Fuß unterqueren kann. **Friedrichshain**, ursprünglich die 1846–48 von dem Lenné-Schüler Meyer angelegte städtische Parkanlage mit dem Friedhof der Märzgefallenen von 1848, einem Krankenhaus und dem Märchenbrunnen. Seit 1920 Name des östlichen Innenstadtbezirks, 1933–45 Horst-Wessel-Stadt geheißen, 1938 um Teile Lichtenbergs erweitert und 2001 mit Kreuzberg zusammengetan. Einst ein ruhiger Arbeiter-, Kleinbürger- und Rentnerbezirk, bietet F. heute mehr Kneipen und Szene als der Rest der Stadt (↑RAW, ↑Simon-Dach-Kiez).

Friedrichstadt, ab 1688 vom Kurfürsten Friedrich III., dem nachmaligen Preußenkönig Friedrich I., nach römischem Vorbild errichtete Stadterweiterung südlich der Linden. Von dessen Sohn und Nachfolger, der durch den Spruch »Der Kerl hat Geld, soll bauen!« bekannt wurde, bis zum Rondell am Halleschen Tor, dem heutigen Mehringplatz, ausgedehnt.

Friedrichstadt-Palast, in der ehemaligen ↑Friedrich-Wilhelm-Stadt gelegenes größtes Varietéhaus Europas. 1867 auf sumpfigem Gelände nahe dem Schiffbauerdamm als (auf Schinkel zurückgehende) dreischiffige Markthalle aus Gussstahl eröffnet, wurde der Bau nach der schnellen Pleite 1873 als Zirkus und nach der Jahrhundertwende als Theater genutzt. Hans Poelzig baute es 1919 für Max Reinhardt in das Große Schauspielhaus um, das durch seine eigenwillige, an eine Tropfsteinhöhle erinnernde Innenarchitektur und imposante Inszenierungen bekannt geworden ist. Von den Nationalsozialisten zum »Theater des Volkes« umfunktioniert, diente der F. seit 1945 als Varieté, Box- und Konzertarena, aber auch zu Propagandazwecken und musste 1980 aufgrund des instabilen Baugrundes geschlossen und später abgerissen werden. Dafür entstand bis 1984 auf dem Grundstück einer ehemaligen Kaserne in der Friedrichstraße ein neuer F. mit moderner Bühnentechnik (Zirkusarena, Wasserbecken, Eislauffläche) und umstrittener Architektur (genannt Hauptbahnhof Jerewan).

Friedrichstraße, Straße zwischen dem Halleschen Tor und dem Oranienburger Tor. In den ↑Goldenen Zwanzigern war sie Berlins Vergnügungsmeile mit zahllosen Hotels, Cafés, Kneipen und Vergnügungsstätten. Im Krieg weitgehend zerstört, kämpft die Straße nach ihrem modernen Wiederaufbau (oder gerade deswegen?) um die Anerkennung als Geschäftsboulevard der vornehmen Welt. Besondere Vorsicht ist im westlichen Teil südlich des ↑Checkpoint Charlie geboten, wo sich die Füchse gelegentlich auch am Tage Gute Nacht sagen. Der in der Nähe der Weidendammer Brücke gelegene Bahnhof F. mit dem Grenzübergang von Ost nach West galt von 1961 bis 1990 als Sinnbild für die Teilung der Stadt (↑Tränenpalast).

Friedrichswerder, der Stadt Cölln westlich vorgelagerter sichelförmiger Teil der Befestigungsanlagen, etwa zwischen Zeughaus und Spittelmarkt. 1662 gründete Kurfürst Friedrich Wilhelm hier die neue Stadt F., in der sich zahlreiche Hugenotten ansiedelten, die auch ihr eigenes Rathaus hatten. Vom F. ist wenig übrig geblieben bis auf den Werderschen Markt mit Schinkels wiederaufgebauter Friedrichswerderschen Kirche, die man seit 2012 nur noch von außen besichtigen kann, weil sie durch das Ausheben tiefer Baugruben (zweigeschossige Tiefgaragen für Luxuswohngebäude dicht neben der Kirche) einsturzgefährdet ist.

Friedrich Wilhelm bezeichnet eine eigenhändige Unterschrift und geht zurück auf die Hohenzollernherrscher. Der erste F. W. war von 1640 bis 1688 der Große Kurfürst, sein Enkel F. W. I. wurde als bauwütiger Soldatenkönig und prügelnder Vater unrühmlich bekannt. Zwischen 1786 und 1861 herrschten drei weitere F. W., von denen F. W. II. »der dicke Wilhelm« genannt wurde. Über seinen wortkargen Sohn F. W. III. sagten die Berliner Schusterjungs nach der überstürzten Flucht im Jahre 1806: »Unser Dämel/sitzt in Memel.« Als 1810 seine Gattin Luise starb, bemitleidete ihn Madame Du Titre: »Ach ja, for Ihnen is et ooch nich leicht. Wer nimmt heutzutage schon 'nen ollen Witwer mit sieben kleene Kinderkens.«

Friedrich-Wilhelm-Stadt, nördlich der Spree gelegene, in der ersten Hälfte des 19. Jahrhunderts entstandene Stadterweiterung mit so bemerkenswerten Bauten wie der ↑Charité, dem Leichenschauhaus, der Tierarzneischule und dem ausgedehnten Gelände des ehemaligen Französischen Hospitals an der Friedrichstraße. In der Schumann- und Marienstraße kann man die restaurierte Wohnbebauung aus den Jahren 1830–40 bestaunen.

Frikassee, Gericht aus klein geschnittenem Fleisch, in dem auch weniger edle Zutaten verarbeitet werden können, die man sonst in die Wurst hackt. **Frikassieren** ist aber auch ein Synonym für (blutig) schlagen: »Dir soll der Deibel frikassieren!« In einer Alt-Berliner Kneipe, in der es einmal wöchentlich F. und anschließend regelmäßig eine Keilerei gab, hieß es fortan: »Frikassee mit Schemmelbeene.«

Friseur oder **Frisör** hießen früher mal die Hairstylisten, sofern sie sich nicht als Barbiere ausgaben, die neben dem Rasieren auch für chirurgische Eingriffe zuständig waren.

Frontstadt, westliche Bezeichnung West-Berlins während des Kalten Kriegs: die vorderste Front im Kampf der freien Welt gegen die planetare Bedrohung durch den Kommunismus, wie man das damals so ausdrückte.

Funkausstellung, als Große Deutsche F. im Dezember 1924 erstmalig auf dem späteren Messegelände veranstaltete und bis 1939 jährlich wiederholte Leistungsschau der Funkindustrie. 1961 wiederbelebt (seit 1971 dauerhaft), präsentiert sie seit 2005 als IFA jährlich das Neueste aus der Unterhaltungselektronik und allem, was dazugehört.

Funkhäuser besaß bzw. besitzt Berlin mehrere. Das 1923–31 von der Funk-Stunde Berlin genutzte Vox-Haus am Potsdamer Platz, in dem sich bis 1961 noch zwei Kinos befanden (Sondervorstellung für Ostbesucher für 25 Pfennige ab 8.30 Uhr morgens), fiel 1971 dem Kahlschlag rings um das verödete Grenzgebiet zum Opfer. Das erste wirkliche deutsche Funkhaus wurde 1929–31 von Hans Poelzig an der Masurenallee in der Form eines Schiffsbugs gebaut und diente 1933–45 als Zentrale des Großdeutschen Rundfunks. Von 1945 bis zur britischen Blockade 1952 war es Sitz des sowjetisch lizensierten Berliner Rundfunks und des Deutschlandsenders und ab Oktober 1957 des Senders Freies Berlin, der vorher im ehemaligen Haus der Zahnärzte am Heidelberger Platz residierte, 2003 zog der RBB (Rundfunk Berlin-Brandenburg) hier ein. Der ↑RIAS bezog 1948 einen Verwaltungsbau an der Kufsteiner Straße (heute Hans-Rosenthal-Platz), der DDR-Rundfunk 1952 eine ehemalige Furnierfabrik in der Nalepastraße (Oberschöneweide), die der Bauhaus-Architekt Franz Ehrlich ausbaute und 1953–56 um einen Studiokomplex mit bemerkenswerter Akustik erweiterte, der sich bei Musik- und Hörspielproduzenten anhaltender Beliebtheit erfreut.

Funkturm, auch Langer Lulatsch genannter Stahlgitterturm von 147 Meter Höhe. Er wurde 1924–26 von Heinrich Straumer als Antennenträger auf Porzellanfüßen errichtet und zweckmäßigerweise in 55 Meter Höhe mit einem Restaurant versehen, in dem bei der Funkausstellung 1935 einmal ein Brand wütete.

futschikato heißt verloren oder kaputt sein. In Berlin ist erschreckend vieles futschikato.

Futterluke meint den Mund, insbesondere den von Kindern, den dieselben zum Behufe der Nahrungszufuhr partout nicht öffnen wollen: »Sperr endlich deine Futterluke auf!«

Futurium, ein für Berliner Verhältnisse sehr moderner, 2017 fertiggestellter Bau am Humboldthafen, dessen Eröffnung als Haus der Zukunft für 2019 geplant ist. Federführender Gesellschafter ist das Bundesministerium für Bildung und Forschung, beteiligt sind zahlreiche Wissenschaftsorganisationen und Akademien. Wie sagt der Berliner? »Na, denn forsch ma schön!«

Futuro 13 heißt ein elliptisches, Ufo-ähnliches Kunststoffgebilde von acht Meter Durchmesser, das, dank einer beherzten Requisiteurin aufgespürt und restauriert, nunmehr am Spreeufer auf dem Rundfunkgelände Nalepastraße niedergegangen ist. Die 50 Jahre alte bewohnbare Rundhütte des finnischen Architekten Matti Suuronen diente einst im ↑Spreepark als Parkfunkstudio, ist innen original erhalten und nicht nur für Fans von »Star Trek« sehenswert.

G

G, ein Buchstabe, den es im Berlinerischen jah nich jibt, weshalb die foljenden Bejriffe vorne mit ein Jott jesprochen werden. In der Wortmitte wird »g« – abgesehen von Wörtern französischer Herkunft wie Garage oder Kledage – fast zum »r«, weshalb »sagen« in Berlinischen Texten als »saren« oder »sajen« auftaucht. Ein »g« am Ende wird zu »ch« mit seinen unterschiedlichen Aussprachemöglichkeiten: »Weech« (Weg) oder »Tach« (Tag).

Gärten der Welt, bis 2017 Erholungspark Marzahn genannt und eines der schönsten Ausflugsziele in der Stadt, mit der U-Bahn (Linie 5, Station Kienberg) bequem zu erreichen und hoffentlich noch lange nach der IGA 2017, die hier und auf dem angrenzenden Gelände stattfand, auch von einer reizvollen Gondelbahn aus sichtbar.

GASAG, monopolistischer Berliner Gaslieferant, dessen erste »Anstalt« schon 1847 errichtet worden ist – von der englischen Imperial Continental Gas Association. Inzwischen beliefert das privatisierte Unternehmen seine Kunden mit sowjetischem Erdgas und – nach eigenen Angaben – atomfreiem Strom.

Gashahn. »Den Gashahn aufdrehen« meint, freiwillig aus dem Leben zu scheiden. Bis in die 1980er-Jahre wurde diese Methode häufig gewählt. Mit dem heute gebräuchlichen Erdgas ist das nicht mehr möglich, mit ihm lassen sich nur noch ganze Wohnungen oder Häuser in die Luft sprengen.

Gasometer, mit der Umstellung auf Erdgas aus dem Stadtbild weitgehend verschwundener Riesenbehälter zur Aufbewahrung von Leuchtgas, teilweise mit Ziegelbauten umkleidet. Im Februar 1929 explodierte an der Sellerstraße ein G. Die G. an der Greifswalder Straße wurden 1984 für den Bau des Thälmannparks gesprengt. Im G. nahe der Schöneberger ↑Roten Insel befindet sich seit 2009 ein der Reichstagskuppel nachempfundener Raum, der u. a. für TV-Talkshows genutzt wird.

Gassenhauer, Hits unserer Altvordern, die ab 1820 mit den Volksstücken der Berliner Theater bekannt wurden. Die G. waren häufig Parodien auf bekannte Lieder oder Couplets: »Mutter, der Mann mit 'n Koks is da« nach Millöckers »Gasparone« oder »Denkste denn ...« zum Armeemarsch Nr. 113.

gebumfidelt fühlt sich jemand, dem man schmeichelt.

Gedächtniskirche. In der einschlägigen Werbung heißt es, die Berliner würden zu ihrer bekanntesten Kirche wegen ihres kriegsversehrten Turmes Hohler Zahn sagen, doch wir haben noch keinen autochthonen Berliner dies tun hören – ganz abgesehen davon, dass man hierzulande nur eine Gedächniskirche kennt, ohne »t«. An sich heißt das Gebäude Kaiser-Wilhelm-Gedächtniskirche, aber an den denkt man außerhalb des Hauses Hohenzollern nicht einmal mehr in fröhlicher Runde, denn es singt kaum noch jemand: »Wir wollen unsern alten Kaiser Wilhelm wiederham, / aba den mit'm Bart, mit'm langen Bart ...« Damit war zweifellos Wilhelm I. gemeint. Ihn zu ehren, gab sein Enkel Wilhelm II. den Auftrag zum möglichst repräsentativen Kirchenbau. Also ließ Schwechten, Franz, das Gotteshaus neoromanisch errichten, mit hohem Turm und vier Ecktürmen ganz im Geiste Walt Disneys. 1943 zerstören die Alliierten mit ihren Bomben die G., und zwar am Totensonntag, was ein sicheres

Stilgefühl beweist. Ganz kaputt war das Gemäuer nicht, aber zwölf Jahre nach Kriegsende wollten die Berliner Abrissbarbaren (↑Abriss) endlich Tabula rasa machen. Doch da begannen die Berliner zu rasen, retteten die G. und freuten sich über den An- und Neubau von Egon Eiermann (der Mann heißt wirklich so!). Bläulich schimmert es durch den verglasten Beton eines flachen Oktogons, und das Ganze ist nach einer neuerlichen Renovierung wirklich schön geworden.

Geisterbahnhöfe haben nichts mit Spuk und bösen Geistern zu tun, meinen auch nicht die Höfe, wo Geisterbahnen repariert werden, sondern in Berlin die Stationen der U- und S-Bahn, die zu Mauerzeiten für die Ost-Berliner verschlossen und verboten waren, jedoch von den westlichen Zügen durchfahren wurden, ohne Halt natürlich. Gespenstisch standen dort Wachposten herum, und gruselig war es schon. Wenn man als Westler in einem Zug saß, dachte man ganz automatisch: »Wat passiert denn nu, wenn wa hier liejenbleiben, werden wa da alle durch de Mangel jedreht?« Geheimnisträgern aus dem Westen war es daher verboten, auf den Transit-U- und -S-Bahn-Linien unter dem Osten hindurchzufahren. Solche G. waren Stadion der Weltjugend, Nordbahnhof, Oranienburger Tor, Französische Straße und Stadtmitte auf der U6, Bernauer Straße, Rosenthaler Platz, Weinmeisterstraße, Alexanderplatz (nicht für die beiden Ost-Berliner Linien), Jannowitzbrücke und Heinrich-Heine-Straße auf der U8 sowie Nordbahnhof, Oranienburger Straße, Unter den Linden und Potsdamer Platz auf der Nord-Süd-S-Bahn. Da nur am Bahnhof Friedrichstraße angehalten wurde, waren die Fahrzeiten entsprechend kürzer als heute (der echte Berliner sagt natürlich: ↑als wie heute). So brauchte man von

Alt-Tegel nach Alt-Mariendorf zu Zeiten der Geisterbahnhöfe nur 37 Minuten, heute sind es hingegen 39. Na bitte: »Als wa die Maua noch hatten, war allet ville bessa hier.«

Gemäldegalerie, 1998 eröffnetes Museum mit Kupferstichkabinett und Kunstbibliothek, in dem endlich wieder die Kunstschätze aus Ost und West vereinigt sind. Die G. wurde 1992–98 von den Architekten Hilmer & Sattler und Albrecht auf dem Kulturforum gebaut.

Gendarmenmarkt, »Schandarmenmarkt« nicht etwa wegen der dort vorherrschenden Polizei, sondern nach dem Füsilier-Regiment Gens d'armes benannt, dessen Pferdeställe den Friedrichstädtischen Markt umstanden. Die spätere Umbauung bzw. deren Rekonstruktion fiel zwar höher, aber nicht durchweg schöner als die Ställe aus. Dennoch vermag sie die prächtige Wirkung des Platzes mit dem ↑Schauspielhaus, dem Deutschen und dem Französischen ↑Dom kaum zu beeinträchtigen. Am G. befindet sich die legendäre Weinstube von Lutter und Wegner, in der E. T. A. Hoffmann mit seinen Freunden zu zechen pflegte.

Genitiv, im Berlinerischen nicht vorkommender Kasus. Statt »dessen« heißt es »dem« oder »den sein«, und Cindys Tante ist demzufolge »Cindy ihre Tante«.

Gerichte meint nicht die Berliner Küche, obwohl es auch da strafbar zugehen kann, sondern die Amts-, Arbeits-, Landes-, Sozial- und sonstigen Gerichtsgebäude, von denen es in Berlin in jedem Bezirk mindestens eines – oft verbunden mit einem Gefängnis – gibt. Aufgrund ihrer Stilmischung bemerkenswerte Gerichtsbauten befinden sich z. B. in Moabit (Kriminalgericht) und in der Littenstraße (Stadtgericht) nahe dem ↑Allex. Im ehemaligen Kammergericht am Kleistpark war der Alliierte Kontrollrat tätig. Viele Bauten stammen von Paul Thoemer und Rudolf Mönnich, dem man in Lichtenberg sogar eine Straße widmete, die eigenartigerweise Wönnichstraße heißt.

Gerichtslaube, das älteste Berliner Gericht, früher an der Ecke Spandauer/Rathausstraße gelegen und, wie es sich für einen historischen Bau in Berlin geziemt, mehrfach umgebaut und nach der Errichtung des Roten Rathauses abgerissen und im Park von Babelsberg wiederaufgebaut. Eine zweite Rekonstruktion steht im ↑Nikolaiviertel und wird als Gaststätte genutzt.

Gertraudenbrücke, eine der ältesten Berliner Brücken, der Heiligen Gertraude, Schutzpatronin gegen Mäuse und ↑Ratten, gewidmet und mit ihrem Denkmal geschmückt.

Gesangsverein. »Mein lieber Herr Gesang(s)verein!« ist ein Ausruf, der höchstes Erstaunen zum Ausdruck bringen soll.

Geschonneck, Erwin, in Ostpreußen geborener und in der Berliner Ackerstraße aufgewachsener Schauspieler (1906 bis 2008), den die Vertreibung durch die Nationalsozialisten, Emigration und KZ nicht davon abbringen konnten, auf der Bühne des ↑Berliner Ensembles und in zahlreichen Filmen (u. a. »Karbid und Sauerampfer«, »Jakob der Lügner«) sein komisches Talent zu entfalten.

Geseire, unnötiges, jammerndes Geschwätz: »Mach bloß nich so 'n Jeseire!«

Gesundbrunnen gehörte früher zum Wedding und ist heute ein eigener Ortsteil von Mitte. Ursprünglich war es der Name für eine eisenhaltige Quelle, die der Hofapotheker Dr. Heinrich Wilhelm Behm 1758 zum Kuren herrichtete, und zwar nicht an der Behmstraße, sondern auf dem Grundstück

Badstraße 39. 1882 versiegte zwar der gesunde Brunnen, aber mit dem 1998 eröffneten Einkaufscenter am U- und S-Bahnhof Gesundbrunnen sprudelt seit Neuestem etwas anderes: der Geldsegen für seine Betreiber. Dichtebie (kein Druckfehler, sondern typisch berlinisch) befand sich früher der Hertha-Platz.

Getue ist etwas, das der Berliner gar nicht liebt, wie es auch in einem Lied der ↑Insulaner zum Ausdruck kommt: »Der Berliner verliert die Ruhe nicht / Der Berliner liebt keen Jetue nich ...« Eine filmreife Schickeria wie in Hamburg, München oder Düsseldorf war hier nie zu finden, man hatte wat jejen Anjeba, gegen alles Prätentiöse. Gegen G. war Berlin seit den kargen Preußenzeiten irgendwie immun. Aber die Zeiten ändern sich ...

Gladow-Bande, 1947–49 in ganz Berlin aktive Gangsterbande unter Führung des 17-jährigen Werner Gladow, die mehrere Morde, Raubüberfälle und Einbrüche verübte. Zum Umfeld der Bande gehörte pikanterweise auch der Scharfrichtergehilfe Gustav Völpel. Gladow wurde, obwohl zum Zeitpunkt der Straftaten noch nicht volljährig, zum Tode verurteilt und 1950 hingerichtet.

Glaßbrenner, Adolf, legendärer Journalist, Humorist und Satiriker, 1810 in Berlin geboren und 1876 auch hier, wie es sich gehört, gestorben. Hat meisterhaft Berliner Typen charakterisiert wie z. B. die Markthökerin und den Droschkenkutscher, ist aber vor allem mit der Figur des Eckenstehers Nante in die Berliner Geschichte eingegangen.

Gleisdreieck ist (a) ein Lyrikband von Günter Grass, 1960 erschienen, (b) eine dreieckige Gleisanlage, die das Wenden von Schienenfahrzeugen ohne Drehscheibe ermöglicht, und (c) ein herausgehobener Umsteigebahnhof im Berliner U-Bahn-Netz. Die Linie 2 (rot in der Netzspinne) kommt als Hochbahn daher und die Linie 1 (grün) als Nochhöherbahn, sodass ihre Mittelbahnsteige rechtwinklig übereinanderliegen und sich die Gleise zwar kreuzen, aber nicht berühren. Obwohl von den Jüngeren eigentlich keiner mehr weiß, dass es hier einmal ein spektakuläres Unglück gegeben hat, wird vielen beim Wort G. noch immer ein wenig mulmig. Am 26. September 1908, als das G. noch kein Turmbahnhof war, sondern der Version (b) entsprach, geschah es, dass ein Hochbahnzug nach Überfahren eines Haltesignals einem anderen in die Flanke fuhr und ein Wagen in den Hof des Kraftwerks Trebbiner Straße hinunterstürzte. 18 Tote waren zu beklagen, und im Anschluss daran wurde das G. umgebaut, sodass es jetzt kein Dreieck mehr ist, sondern ein Kreuz und damit eigentlich Gleiskreuz heißen müsste.

Glienicker Brücke, Verbindung zwischen Berlin (Ortsteil Wannsee bzw. Klein-Glienicke) und Potsdam (Berliner Vorstadt) bzw. bis 1990 Grenze zwischen DDR und West-Berlin. Sie spannt sich über die hier schmale Havel hinweg, trug während der deutschen Teilung den zynischen Namen »Brücke der Einheit« und genoss als »Bridge of Spies« immer dann weltweites Interesse, wenn Ost und West auf ihr Spione austauschten.

Gloria-Palast, längst verstorbenes Filmtheater am Anfang des Ku'damms zwischen Gedächtniskirche und Joachimsthaler Straße, das nichts mit Preußens Gloria zu tun hatte. Hier wurde beispielsweise Josef von Sternbergs »Der blaue Engel« mit Emil Jannings und ↑Marlene Dietrich uraufgeführt.

Goldbroiler wurden früher im Osten Grillhähnchen genannt, im Westen eher als Gummiadler bekannt. Nach dem Ende der DDR neben Sättigungsbeilagen, Plasten und Elasten westliches Lieblingssynonym für die untergehende DDR-Sprachkultur.

Goldelse, die seit 1873 auf der ↑Siegessäule postierte weibliche Figur. Die dralle Dame wiegt 35 Tonnen und stand bis 1938 auf dem heutigen ↑Platz der Republik. Joldelse hieß auch die Wirtin der (echten) Raabe-Diele in der ↑Sperlingsgasse.

Goldene Zwanziger, nur von denen so genannt, die nicht dabei waren. Die Hochzeit der Berliner Kultur und Subkultur, der Literatur und Presse, des Theaters, Kabaretts und was den Leuten sonst noch Spaß machte, wenn sie es sich leisten konnten.

Gontard, Carl von (1731–91), Berliner Baumeister, der die Königskolonnaden am ↑Allex (heute im Schöneberger Kleistpark) und die Domtürme auf dem ↑Gendarmenmarkt gebaut hat. Der berühmteste seiner elf Söhne war der Platzmajor Carl Friedrich Ludwig von Gontard, den die Preußen 1806 als einzigen Militär samt allen Waffen in der von Napoleons Truppen eingenommenen Stadt zurückließen, wofür man ihn 1829 zum Ehrenbürger Berlins ernannte.

Göre, ein einzelnes Kind, auch »det Jöhr« genannt.

Görli, kein zärtlicher Begriff für ein heranwachsendes Mädchen, sondern die nicht weniger liebevolle Abkürzung für den Görlitzer Park, eine grüne Fläche mit bunt blühendem Drogenhandel auf dem Gelände des ehemaligen Görlitzer Bahnhofs mitten in Kreuzberg.

Gotteshäuser prägen das Stadtbild vor allem in Form christlicher ↑Kirchen. Es gibt aber auch buddhistische Tempel, islamische Moscheen, jüdische Synagogen und bald sogar ein Haus, das alle vereint (↑House of One). Von den ehemals zahlreichen Synagogen sind nach dem Pogrom im November 1938, nach Kriegszerstörungen und großzügigem ↑Abriss in West und Ost nur wenige wiederaufgebaut worden (↑Neue Synagoge).

Graffiti sind in Berlin morgens überall da zu finden, wo es am Abend zuvor saubere Flächen gegeben hat. Die einen halten G. für Kunst und / oder für einen legitimen Protest Jugendlicher gegen die Gesellschaft (»Macht dreckig, was euch wie den letzten Dreck behandelt!«), die anderen für kriminelle Schmierereien. Die Idee, die Sprüher in bewachten Arbeitseinsätzen alles säubern zu lassen, wird selten oder nie realisiert. Schwärzt ein Sprayer jedoch selber seine Werke, wie der Street-Art-Künstler Blu an der Cuvry-Brache in Kreuzberg, isses ooch wieda nich recht.

Grammatik, dem echten Berliner ein Buch mit sieben Siegeln. Dennoch regiert nicht etwa der Zufall die Kasus – gewählt wird in Zweifelsfällen stets der falsche. Die Frage, ob es »wegen des Wetters« oder »wegen dem Wetter« heißt, ficht den Berliner ohnehin nicht an. Er sagt: »Wejen dit Wetter«. Auch »ihm« und »ihn« mischt er auf seine Weise. »Mir« und »mich« verwechselt er nicht etwa, sondern sagt konsequent »mir« (angeblich außer sonntags, wenn er vornehm tut und ausschließlich »mich« verwendet). »Pass uff, Onkel, der Hund beißt dir!« – »Dich, mein Junge, dich!« – »Mir nich. Mir kennta ja.« Aus »Willys Schwester« wird in Berlin »Willy seine Schwester«, und sollte die ein Kind bekommen, fahndet man nach dem Kindesvater: »Den, der die das jemacht hat, den kriejen wa ooch noch!« Findet sich indes ein anderer Liebhaber, rät man ihm: »Na, denn nimm se du se dir se doch.«

Grass, Günter, Deutschlands heiliggesprochener Nobelpreisträger für Literatur (»Die Blechtrommel«), 1927 in Danzig geboren und 2015 in Lübeck gestorben, soll seit 1960 irgendwie auch in Berlin ansässig gewesen sein, und zwar in Friedenau, wo man ihn selten bis nie auf öffentlichen Straßen und Plätzen sichtete. Da seine letzten, umfänglichen Werke mitunter schwer verdaulich ausfielen, führen manche Leser ihre Grasstritis auf ihn zurück.

Graues Kloster, ehemaliges Franziskanerkloster in Berlins Mitte, gab dem ältesten und traditionsreichsten Gymnasium der Stadt, das 1574 in ihm eingerichtet wurde, den Namen. Schüler waren dort u. a. ↑Schadow, Schleiermacher, ↑Schinkel und Bismarck. Das Gymnasium zum G. K. wurde im Zweiten Weltkrieg zerstört und ist heute mit der Grunerstraße überbaut. Es wurde in der DDR-Zeit aus ideologischen Gründen umbenannt, der Name wurde einer Schule in Schmargendorf übertragen.

Griebsch kommt nicht von Griebe (ausgebratener Fettwürfel, auch Lippenherpes), sondern ist der Berliner Ausdruck für das Kerngehäuse eines Apfels.

Grillen sind (a) Heuschrecken, die es in Berlin relativ selten gibt, die aber früher unter der Bezeichnung »Heimchen« (Acheta domestica) öfter hinterm Herd zu finden waren, und (b) schrullige Gedanken und Einfälle (»Er hat nichts als wie Grillen im Kopf«). Wir meinen aber nicht diese oder jene Grillen, sondern *das* Grillen, insbesondere jenes, das sich in den öffentlichen Parks abspielt. Spätestens ab Himmelfahrt ziehen nahezu alle Berliner jeglicher Herkunft in den Tiergarten und andere Grünanlagen und zünden dort ihre Feuer an, um bis zu zwölf Hammel gleichzeitig zu grillen. In den darauffolgenden Tagen und Wochen wird dann verstärkt über grillfreie Zonen diskutiert. Der Berliner Kultursenator verleiht seit 1994 für die beste literarische Arbeit zum Thema multikulturelles Grillen den »Goldenen Grillparzer«, benannt nach dem Wiener Dichter Franz Grillparzer (1791–1872), dessen Werk »König Ottokars Glück und Ende« man fälschlicherweise mit »König Ottokars gegrillte Ente« aus dem Österreichischen übersetzt hatte.

Grips-Theater, Kultstätte eher fortschrittlicher Berliner: kreativ, sanft, voller Empathie gegenüber Minderheiten und Subkulturen, tolerant, dezidiert antifaschistisch, pro ÖPNV (öffentlicher Personennahverkehr) und kontra MIV (motorisierter Individualverkehr). Gegen das G. kann man so wenig sein wie früher in der DDR gegen den Frieden. Das G. hat sich mit dem Musical ↑»Linie 1« in die Weltspitze gespielt. Aussteigen: U-Bahnhof Hansaplatz.

Gropiusstadt, 1962–75 erbaute Trabantenstadt für 40000 Menschen im Süden ↑Neuköllns. Die Pläne für den inzwischen eigenen Ortsteil stammen von Walter Gropius, einem der Bauhaus-Begründer.

Großer Stern, ein großer runder Platz im ↑Tiergarten, wo nicht nur die Altonaer Straße, der Spreeweg, die Straße des 17. Juni und die Hofjägerallee zusammenstoßen, sondern auch viele Autos. In seiner Mitte steht die ↑Siegessäule mit der ↑Goldelse, und die Berliner freuen sich, nach so vielen Kotsäulen auch einmal eine andere sehen zu dürfen. Früher sang man: »Die kleine Bank am Großen Stern, / die hab' ich lieb, die hab' ich gern.«

Großkotz, Menschensorte, die leider nicht nur in Berlin vorkommt, hier aber oft aus Wanne-Eickel oder Baden-Baden stammt.

Großmann, Carl, »die Bestie vom Schlesischen Bahnhof«, brachte zwischen 1918 und 1921 in der Umgebung des heutigen Ostbahnhofs wahrscheinlich mindestens 23, eventuell um die 100 Frauen um, gab aber nur drei Mordtaten zu. Dass er Teile seiner Opfer am eigenen Wurststand feilbot, ist nicht erwiesen.

Grünau, Köpenicker Ortsteil, von den Berlinern »Grünau« (mit betontem n) ausgesprochen, obwohl es eigentlich, da es um eine grüne Au(e) geht, »Grünau« heißen müsste. Wie auch immer, G., westlich des Müggelbergmassivs an der Dahme gelegen, ist weltbekannt geworden, seit der Kaiser bei dem nach ihm benannten Wetter die Regatten auf dem Langen See beehrte und es später auf derselben Strecke die Ruder-, Kanadier- und Kajakrennen der Olympischen Spiele von 1936 gab. Vom Bahnhof Grünau kommend (S 46, S 8 und S 85), kann man nach kurzem Fußweg das Ufer erreichen und sich mit einer Fähre nach Wendenschloss übersetzen lassen, um von dort aus auf die Müggelberge, zum Müggelsee oder nach Krampenburg zu wandern, von wo einen eine andere Fähre nach Schmöckwitz bringt. Rückkehr mit der 68 – der früheren 86 und noch früheren »Uferbahn« – nach Grünau, wo es in der Regattastraße 191 sogar ein Wassersportmuseum geben soll.

Grundeis. »Mir jeht der Arsch uff Grundeis!«, ruft jemand aus, der in argen Nöten ist.

Grunewald ist (a) mit 30 Quadratkilometern der größte Berliner Forst, der sich zwischen der Heerstraße im Norden, dem

S-Bahnhof Nikolassee im Süden, der Havel im Westen und den Urbanisationen Zehlendorf, Dahlem, Schmargendorf und Eichkamp im Osten erstreckt, und (b) eine mit kleinen Seen gespickte Villenkolonie zwischen Bismarckplatz, Roseneck und Avus, die den Ruf besitzt, Berlins allererste Adresse zu sein. »Im Grunewald, im Grunewald ist Holzauktion …«, sangen unsere Großmütter und dokumentierten damit dessen drastische Reduzierung zur Gründerzeit. Ältere West-Berliner zucken zusammen, wenn sie das Wort G. vernehmen: Zu Mauerzeiten hatten sie kaum einen anderen Wald und empfanden für die Ausflüge dorthin etwa so viel Begeisterung wie ein Knacki beim täglichen Hofgang.

Grunewaldturm, 55 Meter hoch, ist nach Plänen Franz Schwechtens aus rotem Backstein im altmärkischen Stil erbaut worden, und zwar auf dem 79 Meter hohen Karlsberg, was laut Taschenrechner insgesamt 134 Meter ergibt. Hat man die 204 Stufen hinauf zu seiner Plattform erklommen, ist man wirklich platt, einmal in Hinblick auf die Kondition, zum anderen von der Aussicht, die man hier hat – 105 Meter über der Havel. Bis 1948 war das noch der Kaiser-Wilhelm-Turm, dann obsiegte offenbar auch in West-Berlin zeitweilig antimonarchistisches Gedankengut.

Grüne Woche ist nicht die sieben Tage dauernde Jahresvollversammlung einer politischen Partei, sondern seit 1926 eine Institution, die Berlin unter dem Namen »Fressa« jedes Jahr im Februar beschäftigt: die Präsentation landwirtschaftlicher Produkte und lebender Nutztiere in den Ausstellungshallen unter dem ↑Funkturm mit alljährlicher BUND-Demo gegen die Massentierhaltung. Die erste G.W. nach dem Krieg gab es wieder 1951.

Gullitaucher, abwertende Bezeichnung für Arbeitskräfte, denen früher die Instandhaltung der Berliner Kanalisation oblag und die man tagtäglich in die Öffnungen (Gullis) hinabgleiten sah. Da sie wenig verdienten und nicht eben edel dufteten, waren sie das Synonym für die niedrigste Arbeiterschicht, zu der man nie im Leben selber gehören wollte.

Gulpopo, Bezeichnung für Gulasch, mitunter auch als **Gularsch** bezeichnet.

Gummigutti heißt eigentlich **Jummijutti** und meint eine klebrige, gummiartige Masse, die nicht mit Berliner Currywurst zu verwechseln ist.

Gürteltier ist kein Säuger, der in Süd- und Mittelamerika in selbst gegrabenen Höhlen lebt und im Berliner Zoo zu Ruhm und Ehre gekommen ist, sondern das Ludwig-Erhard-Haus in der Fasanenstraße, erbaut 1998 von dem britischen Architekten Nicholas Grimshaw, vermutlich aber auch noch von einigen Maurern und Bauhilfsarbeitern aus anderen Ländern. Besucher der Stadt, seht ihr dieses auffallende Gebäude, so seid ihr weder am Botanischen Garten noch am Aquarium angekommen, sondern an einer Weihestätte der Berliner Wirtschaft. Mit ihren charakteristischen Bögen und den gewölbten Flächen dazwischen erinnert sie an ein G., aber auch an die permanente Mahnung von Ludwig Erhard (einem nicht ganz vergessenen Wirtschaftsminister und kurzzeitigen Bundeskanzler), den Gürtel enger zu schnallen.

H

Hackepeter, unter Zusatz von Zwiebeln und Gewürzen roh genossenes gehacktes (eigentlich durchgedrehtes) Schweinefleisch, andernorts als Mett bezeichnet, was der Berliner nicht versteht, denn Mettwurst besteht in Berlin nicht aus H. Die Redewendung »Aus dir mach ick Hackepeter!« ist eine freundlich gemeinte Drohung.

Hackesche Höfe, ein sich vom ↑Hackeschen Markt bis zur Sophienstraße erstreckendes Bauensemble von 1906 um acht Wohn- und Gewerbehöfe mit Kino, Varieté, Galerien, Kneipen und Läden, das angeblich der größte Hofkomplex seiner Art in Europa ist. Sehenswert ist August Endells Jugendstilfassade im Eingangshof.

Hackescher Markt, unregelmäßig geformter, nicht nach dem Hackepeter, sondern nach dem Stadtkommandanten von Ha(a)cke benannter Platz in der ehemaligen Spandauer Vorstadt, mit verwirrendem Straßenbahnverkehr, einem prachtvollen alten S-Bahnhof und den berühmten ↑Hackeschen Höfen.

Hahn-Meitner-Institut, nicht etwa nach einem herausragenden Hahn namens Meitner benannter Bauernhof am Stölpchensee, sondern der langjährige Name eines Forschungsinstituts, das seit 2008 Helmholtz-Zentrum für Materialien und Energie heißt. Mit der alten Bezeichnung wurden Otto Hahn, der nicht die Deutschen, sondern die Atome gespalten hat, und Lise Meitner, die dafür die theoretische Erklärung lieferte, geehrt. Im H. werden Kerne erforscht, zum Leidwesen der geängstigten Anwohner aber nicht die von

Äpfeln und Birnen, sondern die des Atoms – mithilfe des 5-MW-Forschungsreaktors BER II und BESSY II, des zweitgrößten Schwerionenbeschleunigers Deutschlands. Sollte mal ein Flugzeug in den ungeschützten Reaktor krachen, werden die auch heute schon strahlenden Bewohner von Wannsee, Kohlhasenbrück, Griebnitzsee, Babelsberg und Klein Glienicke uns beschleunigt voranleuchten.

halblang. »Nu mach ma halblang!« bedeutet: Übertreib nicht. Manchmal auch mit »hallweje« (halbwegs) verwechselt.

Halensee ist am südwestlichen Ende des Kurfürstendamms zu suchen, um den Rathenauplatz herum, und meint sowohl den See, auf dem am 4. Februar 1897 Deutschlands erstes Eishockeyspiel stattfand und in dem man nackt wie auch bekleidet baden kann, als auch den Ortsteil, in dem es früher Europas größten Lunapark gegeben hat.

Hamburger Bahnhof, kein von McDonald's gesponserter Haltepunkt der Deutschen Bahn, sondern Berlins erster Fern- und Kopfbahnhof, 1847 in der Invalidenstraße erbaut, nach Eröffnung des Lehrter Bahnhofs stillgelegt und 1904 zum Verkehrsmuseum umfunktioniert. Nach dem Krieg war das schöne klassizistische Bahnhofsensemble, obwohl in West-Berlin gelegen, von West-Berlinern nicht betretbar, da die Reichsbahn mit ihren Liegenschaften von den Alliierten der DDR überstellt worden war. Heute beherbergt der H. B. als Museum für Gegenwart die »Sammlung Marx«, zusammengetragen nicht von Karl, sondern von Erich, einem Liebhaber zeitgenössischer Kunst (Joseph Beuys, Roy Lichtenstein, Gerhard Richter, Anselm Kiefer u. a.).

Hämeken, eener, der 'n Kreuz hat wie der Bückling zwischen de Ooren – eben ein schmächtiger Mensch.

Hansaviertel. Hansa 07 ist ein altbekannter Kreuzberger Fuß-ballverein, aber nicht der Bauherr des H., einer Ansamm-lung von Hochhäusern nordwestlich der Siegessäule, die 1955–60 als Mustersiedlung für die Internationale Bauaus-stellung (Interbau) errichtet worden ist. Stararchitekten aus aller Herren Länder haben hier nicht nur ein Viertel, sondern ein Ganzes geschaffen, das als »Schaufenster zum Osten« gesehen werden wollte.

Happenpappen, etwas zu essen, aber mehr als ein Happen. »Du bist wohl 'n Happen dämlich« spielt hingegen eher auf geistige Mängel an.

Hasenheide, (a) eine breit angelegte Allee zwischen Hermann-platz und Südstern und (b) ein Volkspark nördlich des Tem-pelhofer Felds, der 1838 von Peter Joseph Lenné angelegt worden ist. Die dichten Gebüsche und nahe gelegene Amü-sierstätten wie die Neue Welt mögen manchen virilen Mann zu dem Liedchen »Im Wald und auf der Heide, / da such ich meine Freude« angeregt haben. Ganz anders der Franzosen-fresser und Turnvater Friedrich Ludwig Jahn (1778–1852), der in der H. aus Angsthasen harte deutsche Männer machen wollte und hier die Wiege der Turnbewegung hinstellte. Millionen von Schülern, die sich seinetwegen beim Schul-turnen an Reck, Stangen, Ringen und Barren abgequält haben, möchten ihm deswegen noch heute liebend gern in den Hintern treten. Ein Trümmerberg, die Rixdorfer Höhe, lässt die H. heute bis auf 67,9 Meter Höhe ansteigen, und man kann von oben runterrodeln, falls mal Schnee liegt.

Haste mal 'ne Mark?, aus naheliegenden Gründen obsolet ge-wordene Frage eher jugendlicher Schnorrer an gutwillig wir-kende Mitmenschen. Das vom Berliner Senat unterstützte

Umschulungsprogramm auf »Haste mal 'n Euro?« verpuffte anscheinend wirkungslos.

HAU den Lukas hieß ein Apparat zum Messen der Kräfte auf Berlins Rummelplätzen. Das H. (Hebbel am Ufer) 1–3 bezeichnet heute die drei Spielstätten des Hebbel-Theaters, wo Sie innovative Aufführungen in den Bereichen Tanz, Schauspiel und Performance Art erleben können.

Hauptbahnhof. Einen solchen, der den Namen sogar verdient, besitzt Berlin seit 2006. Hat eben ein bisschen gedauert, bis alle Spuren des einstigen ↑Lehrter Bahnhofs einschließlich des Lehrter Stadtbahnhofs beseitigt und durch einen von Meinhard von Gerkan entworfenen (und von Mehdorn dachgekürzten) Repräsentativbau ersetzt wurden. Weshalb man allerdings die Rundumbebauung Leuten überließ, die ihr Handwerk bei der Firma Lego erlernt zu haben scheinen, bleibt eines der Geheimnisse der Berliner Stadtplanung.

Hausbesetzer. Am 26. November 1979 besetzten Mitglieder der Bürgerinitiative SO 36 drei leerstehende Wohnungen in der Kreuzberger Cuvrystraße. Sie wollten sie wieder instand setzen (»Instandbesetzung«) und damit den Abriss der Mietshäuser verhindern, wie ihre Aktion generell gegen die »Entmietungspolitik« des Senats gerichtet war: Manche Eigentümer ließen Häuser so lange leer stehen und vergammeln, bis die Abrissgenehmigung erteilt wurde und an ihrer Stelle Spekulanten Neubauten hochziehen konnten, deren Wohnungen sich für viel mehr Geld vermieten ließen, als beim preisgebundenen Altbau möglich war. Bis Juni 1981 waren 165 Häuser besetzt, und mochte das auch illegal sein, so hielten es angesichts der Wohnungsnot immer mehr Berliner für legitim. Innensenator Heinrich Lummer (CDU) dagegen sah die Hausbesetzer vornehmlich als Kriminelle und ließ die besetzten Häuser räumen. Bei einer solchen Aktion kam im September 1981 der 18-jährige Klaus-Jürgen Rattay ums Leben, als er bei einem Polizeieinsatz an der Ecke Potsdamer/Bülowstraße von einem BVG-Bus erfasst wurde. Nach dem Fall der Berliner Mauer wurden vor allem im Osten neue Hausbesetzungen vorgenommen. Im November 1990 kam es bei der Räumung von 13 Häusern in der Mainzer Straße (Friedrichshain) zu einem der größten Polizeieinsätze in der neueren Berliner Geschichte. Die Straßenschlacht führte zu einem Bruch der regierenden rot-grünen Koalition unter Walter Momper (SPD). Wie man mit den H. in der nahe gelegenen Rigaer Straße und den immer wieder aufflackernden Auseinandersetzungen mit der Polizei umgehen wird, sagt ein alter Berliner Spruch: »Nischt jenauet weeß man nich …«

Haus der Kulturen der Welt, früher als ↑Kongresshalle bekannt, heute der Tempel der Berliner Kulturszene. In wechselnden Ausstellungen wird gezeigt, was das Wesen fremder Ethnien ausmacht. (Die früher übliche Wendung »fremde Völker«, die ein bisschen nach »Völkischem Beobachter« klingt, ist in Berlin nicht mehr mehrheitsfähig.) Notabene: Haben Sie eine Swatch und eine Rolex bei sich auf dem Nachttisch liegen, also zwei Kultuhren, sind Sie noch nicht berechtigt, den Namen Haus der Kulturen zu führen.

Hausvogtey, das königliche Hofgericht mit angeschlossenem Gefängnis, ursprünglich in der Unterwasserstraße gelegen und 1750 auf das als Krähenmarkt oder Schinkenplatz bezeichnete »Quarree« verlegt, das heute noch den Namen Hausvogteiplatz führt.

Havel war nicht nur ein tschechischer Dramatiker, Dissident und Staatspräsident (Václav H., 1936–2011), sondern ist auch ein 334 Kilometer langer rechter Nebenfluss der Elbe, einstmals Siedlungsgebiet der Heveller. Die H. (gesprochen »Hafel« und nicht »Hawel«), die erst von Norden nach Süden fließt und dann umgekehrt, erreicht bei Hennigsdorf Berlin, füllt den ↑Tegeler See mit ihrem Wasser, windet sich durch Spandau, vereint sich mit der ↑Spree, wird vor den Grunewaldhügeln so breit, dass nicht ganz so gute Schwimmer bei ihrer Durchquerung gleich zweimal ertrinken, und verlässt die Stadt an der ↑Glienicker Brücke, angereichert nicht nur mit Eindrücken. Eigentlich müsste sie ab Spandau Spree heißen, da diese der bedeutendere der beiden Flüsse ist.

Hechtsuppe. »Et zieht hier wie Hechtsuppe« stammt vom jiddischen *hech supha* (Sturmwind). Der **Hecht** an sich ist ein Draufgänger oder meint den Tabakqualm in einem verräucherten Raum.

Heckmeck ist etwas, das der Berliner neudeutsch »nicht ab kann«: ein nutzloses Durcheinander oder überflüssiges Getue oder Gesumse.

Heidekrautbahn. Wer war Heide Kraut, werden Sie sich fragen, und wie und wo in aller Welt hat man einer Frau Gelegenheit gegeben, eine Eisenbahn zu bauen? Wenn schon, müsste die Dame Heide Schorf (bayerisch: die Schorf Heide) und nicht Heide Kraut heißen. Wie auch immer, wir haben nur herausgefunden, dass man im Volke die Niederbarnimer Eisenbahn so nannte und nennt, eröffnet am 21. Mai 1901, Nord-Berlin und die Schorfheide miteinander verbindend. Von Wilhelmsruh ging es nach Liebenwalde (36 Kilometer), wobei von Basdorf der Hauptzweig mit der Zwischendurchstation Wandlitzsee nach Groß Schönebeck führte (24 Kilometer). Auf Teilen der Strecke fahren heute Regionalbahnzüge, auf anderen, die eigentlich stillgelegt sind, gibt es Fahrten einer Museumsbahn. Der dem Mauerbau zum Opfer gefallene Kleinbahnhof Wilhelmsruh soll ans Märkische Viertel angeschlossen und wiederaufgebaut werden. Sitzt man in der S 1 heute stadtauswärts in Fahrtrichtung rechts, sieht man die große freie Fläche, auf der er einmal gestanden hat – und vielleicht wieder stehen wird, wenn wir alle die unterstützen, die sich darum bemühen.

Heini, auch **Waldheini**, eine negativ bewertete männliche Person.

Held, Martin, Held des Berliner Theaters in den Jahren, als dieses noch stadttragend war. In Berlin 1908 geboren und 1992 hier gestorben, zog er die West-Berliner jahrzehntelang ins Schiller- und ins Schlossparktheater. In vielen Filmen ist er für die Ewigkeit festgehalten worden, u. a. als Kriegsgerichtsrat in Wolfgang Staudtes »Rosen für den Staatsanwalt« – einer bissigen Satire auf die Justiz in der Adenauer-Ära, in der auch die Ost-Berliner M. H. bewundern durften.

Hellersdorf, Gutsvorwerk mit zwei unansehnlichen Scheunen an der nordöstlichen Stadtgrenze, das kein Berliner kannte, bevor daraus eine der größten Plattensiedlungen der DDR und unter Einbeziehung von Marzahn, Bies-, Kauls- und Mahlsdorf ein neuer Bezirk wurde.

Heringsbändiger, Fisch- oder Gemischtwarenhändler, Kleinkaufmann. Bekanntester H. war zweifellos der Pferdehändler Hans Kohlhase (↑Kohlhasenbrück) aus der Brüderstraße, den Heinrich von Kleist durch die Novelle »Michael Kohlhaas« weltberühmt machte.

Hermannplatz, wichtigster Platz im Bezirk ↑Neukölln, obwohl das Karstadt-Gebäude, das ihm das Gepräge gibt, schon auf Kreuzberger Boden steht. Mit der ↑Hasenheide, der Urbanstraße und dem Kottbusser Damm, die von West, Nordwest und Nord auf ihn zulaufen, und der Hermannstraße, der ↑Karl-Marx-Straße und der ↑Sonnenallee, die süd- und südostwärts von ihm abgehen, ganz zu schweigen von der kleineren Weserstraße, ist der H. Dreh- und Angelpunkt des Berliner Südens. Die U-Bahn-Linien 7 und 8 kreuzen sich hier in einem unterirdischen Turmbahnhof, der insbesondere mit seiner unteren Halle (140 Meter Länge und 7,5 Meter Höhe) ein architektonisches Prachtstück ist, ein Meisterwerk von Alfred Grenander, dem legendären Berliner U-Bahn-Bauer. 1926 ist der Bahnhof eröffnet worden, und die Sensation war damals der direkte unterirdische Zugang zum Kaufhaus. Gesponsert war das alles natürlich von Karstadt. Umgestiegen werden konnte in den 1930er-Jahren in x Straßenbahnlinien. Das Gewusel auf dem Platz ist aber heute nicht geringer. Die einen freuen sich am munteren Treiben und am »Tanzenden Paar«, einer Skulptur von Joachim Schmettau, die anderen an ihrer fetten Beute oder dem niedergeschlagenen Gegner, denn bei der Kripo gilt der Hermannplatz als ein Schwerpunkt krimineller Aktivitäten.

Hertha BSC, (a) Berliner Fußballverein, (b) Maßstab für die Befindlichkeit der Berliner, soweit sie nicht glühende Anhänger von ↑Union sind, (c) Synonym für Hassliebe. Die Mehrzahl der Berliner war total am Boden zerstört, als H. in der Regional- bzw. der Zweiten Bundesliga kickte und damit das Berliner Motto »Wir sind die Größten« derart schmerzlich konterkarierte, dass man den Verein so zu verfluchen und zu hassen begann, als hätte die große Liebe einen grundlos verlassen. Ja, man kann es Leidenschaft nennen, was da im Spiele ist, und jedes Hertha-Tor wirkt wie ein Höhepunkt beim Liebesakt. Zweimal war Hertha Deutscher Meister: 1930 mit einem 5:4 gegen Holstein Kiel und 1931 mit einem 3:2 gegen 1860 München. Hervorragender Spieler der damaligen Truppe war Hanne Sobek. Da der Verein früher am ↑Gesundbrunnen spielte, wo es einen speziellen Hertha-Platz gab – ein Stadion, das abgerissen wurde und Wohnhäusern wich –, nannte man die Hertha-Spieler »die Männer von der Plumpe«. Heute bemühen die Sportjournalisten meist die Bezeichnungen »die launische Diva« oder »die alte Dame Hertha«. Letztere bezieht sich darauf, dass der Verein am 25. Juli 1892 auf einem Dampfer namens »Hertha« gegründet worden ist (der 2017 aufgemöbelt nach Berlin zurückkehrte). Des Öfteren vom Untergang bedroht, so im Mai 1966, als man vom DFB wegen Lizenzerschleichung und anderer Delikte aus der Ersten Bundesliga ausgeschlossen wurde, ist der Verein immer gut für einen kleinen Skandal. Heiß diskutiert wird, ob der Verein sich ein neues Stadion bauen oder das ↑Olympiastadion für die Zwecke von H. umgebaut werden sollte.

Herz, Körperteil, das dem Berliner in kritischen Situationen puppert oder in die Hose rutscht.

Herzzentrum, 1986 im Universitätsklinikum Rudolf Virchow im Wedding, das heute zur ↑Charité gehört, eröffnet, gewann es unter der Leitung von Prof. Roland Hetzer Weltgeltung.

Hochbahn, Teile der Berliner U-Bahn, die nicht im Tunnel, im Einschnitt oder auf einem Damm verlaufen: die Abschnitte

der U1 (grün) zwischen Kurfürstenstraße / Gleisdreieck und
Warschauer Straße (erbaut von Siemens und größtenteils
1902 eröffnet) und der U2 (rot) zwischen Wittenberg- / Nol-
lendorfplatz und Gleisdreieck / Potsdamer Platz (1902) sowie zwischen Senefelder Platz / Eberswalder Straße und
Schönhauser Allee / Vinetastraße (größtenteils 1913 eröffnet). Damit gibt es in Berlin 13 echte Hochbahnhöfe: Nollendorfplatz, Bülowstraße, Gleisdreieck, Mendelssohn-
Bartholdy-Park, Eberswalder Straße, Schönhauser Allee,
Möckernbrücke, Hallesches Tor, Prinzenstraße, Kottbusser
Tor, Görlitzer Bahnhof, Schlesisches Tor und Warschauer
Straße. Gemäß der alten Berliner Redensart »Komm'n Se
rin – können Se rauskucken« können wir also nur empfehlen: Fahren Sie Hochbahn, dann können Sie auf Berlin he-
rabsehen – was insbesondere am Gleisdreieck (Blick auf den
Potsdamer Platz) oder auf der Oberbaumbrücke sehr reizvoll
ist. Wer die Angstlust liebt, nehme die U1 von Gleisdreieck
bis Hallesches Tor, dann hat er in Fahrtrichtung rechts tief
unter sich immer den Landwehrkanal vor Augen und kann
erschauernd vor sich hin murmeln: »Was ist, wenn der Zug
nun runterfällt?« Nebenbei: Gab es neben der H. auch eine
Flachbahn in Berlin? »Sie Witzbold, Sie!« Gemach, gemach,
es gab sie! Und zwar war das die Bezeichnung für die von
der Hochbahngesellschaft betriebene Straßenbahnlinie,
mit der die Fahrgäste vom östlichen Endpunkt der H., Warschauer Brücke, in Richtung Centralviehhof und Lichtenberg weitertransportiert wurden.

Höchste Eisenbahn meint nicht die Fernbahn auf den Stadt-
bahnviadukten, sondern soll als Ausruf anwesende Kom-
munikationspartner davon überzeugen, dass man es eilig

hat. Zu verdanken haben wir diese Wendung einem schussligen Briefträger in einem Sketch Adolf Glaßbrenners von 1847 (»Heiratsantrag in der Niederwallstraße«), in dem der Mann bei den künftigen Schwiegereltern um die Hand seiner Braut anhält, aber bald wieder enteilen muss, weil der nächste Postzug im Anrollen ist. Statt »Es ist höchste Zeit, die Eisenbahn kommt!« ruft er: »Es ist die höchste Eisenbahn ...«

Hoge, Jimmy, eigentl. Günter Hoge (1940–2017), der Eingang in dieses Lexikon fand, damit wenigstens *ein* Ost-Berliner Fußballer vertreten ist. Einer der Autoren behauptet, schon 1949/50 auf der Straße in einer Mannschaft mit ihm gespielt zu haben. Schon damals fiel »der kleine Jünta« aus der Nummer 21 durch Dribbelstärke und Schnelligkeit, aber auch durch seine eigenwillige Art auf, die ihn später bei Trainern, Funktionären und schließlich bei der Stasi in Ungnade fallen ließ. In seinen Glanzzeiten war er der Publikumsliebling bei ↑Union und brachte es bis zum Nationalspieler der DDR.

Hohenschönhausen, böswillig als Hohenschöngrünkohl verunglimpftes Dorf mit ehemals großem Stasi-Areal (Gedenkstätte H.) und noch größerem Neubaugebiet, seit 2001 verwaltungstechnisch mit Lichtenberg vereint.

Hoppegarten gehört zwar nicht zu Berlin, wohl aber an Renntagen den Berlinern, wenn dort auf der Galopprennbahn die Pferdchen hoppen.

Hottengrund, ein herrliches Wort – doch was soll es bedeuten? Ist es eine Gegend, wo die Jugend früher gejazzt, also gehottet hat? Ist hier ein Mann mit Vornamen Horst, berlinisch Hotte, heimisch gewesen (»Olle Hotte'n sein Grund«)?

Nein, die Bezeichnung für die ausgedehnte Senke nördlich des Luisenbergs im Spandauer Ortsteil Kladow soll entweder von Hütegrund oder Hüttengrund abgeleitet sein, weil hier Hütten zum Unterstellen des Weideviehs standen. Zu Zeiten der alliierten Schutzmächte boten die Montgomery Barracks den Engländern Unterkunft, bevor sie in Hottengrund-Kaserne und schließlich in Blücher-Kaserne umbenannt wurden.

House of One, schönes Beispiel dafür, dass Berlin durch neue Ideen ständig seine Einmaligkeit zu beweisen versucht. Auf dem Platz der zerstörten und abgetragenen Petrikirche im alten Cölln entsteht ein Haus für drei Religionen. Juden, Christen und Muslime bauen gemeinsam eine Synagoge, eine Kirche und eine Moschee unter einem Dach.

Hufeisensiedlung, die bekannteste Großsiedlung der 1920er-Jahre (mit 1024 Wohnungen) in ↑Britz. Nach Plänen von Bruno Taut und Martin Wagner entstand 1925–27 der Kern aus einem hufeisenförmigen Baublock um den Lowise-Reuter-Ring herum. In der Mitte liegt ein Teich, und das Ganze öffnet sich hin zur Fritz-Reuter-Allee, wie hier ringsum alles an den mecklenburgischen »Kein Hüsung«-Dichter (1810–74) erinnern soll, z. B. die Onkel-Bräsig- und die Durchläuchtingstraße.

Hugenotten, ab 1685 nach Berlin und in die Mark Brandenburg eingewanderte protestantische Franzosen (und Schweizer), die über Jahrhunderte die karge preußische Kultur und Wirtschaft prägten und belebten. Um 1700 war fast jeder fünfte aller Einwohner Berlins Hugenotte. Die H. besaßen bis 1809 eine eigene Rechtsprechung und begannen sich erst in dritter Generation völlig zu assimilieren. Ihr Einfluss auf die Sprache, das öffentliche Leben und die Mode ist auch im 21. Jahrhundert noch spürbar.

Hugo meint nicht den gleichnamigen Drink oder, wie die Gebildeten unter den Lesern vermuten werden, den französischen Schriftsteller (Victor H., 1802–85), sondern die Träger des deutschen Vornamens, denen man offenbar übernatürliche Kräfte zutraut, wenn man im Sinne von »Dein Wille geschehe« ausruft: »Das walte Hugo!« Der sprichwörtliche H. ist nun wiederum nicht zu verwechseln mit »Hühner-Hugo«, Berlins erster und legendärer Hühnerbraterei in der Brandenburgischen Straße nahe dem Ku'damm, der den eingängigen Slogan »Oft kopiert, nie erreicht« erfand. Unerreicht war in Ost-Berlin auch der einzige und private »Hühner-Gustl« in der Grünberger Straße, dessen Qualität die späteren Goldbroiler-Stuben nie erreichten.

Humboldt Forum, hinter der Schlossfassadenkopie angesiedeltes Multizweckunternehmen, dessen vielseitige Nutzbarkeit sich hoffentlich erweisen wird, obwohl es laut »Süddeutscher Zeitung« gegründet wurde »auf einem schwindelerregenden Geflecht politischer Interessen«. Die Eröffnung ist für Ende 2019 geplant – aber nach den Erfahrungen mit anderen Großprojekten wie dem ↑BER werden die Autoren dafür ganz sicher nicht die Hand ins Feuer legen.

Humboldthain, nach dem Friedrichshain der zweitälteste Volkspark Berlins (angelegt 1869–76), nach dem Zweiten Weltkrieg ergänzt durch die Humboldthöhe (85 Meter), die entstand, als man die Hochbunker nahe der S-Bahn nicht sprengen konnte und teilweise zuschüttete. Immer wieder dringen von Indiana Jones befruchtete Abenteurer in das

Innere der verbergten Bunker vor und verbreiten Schauer-
liches, während man von der Plattform aus Berlins Norden
bestaunt und sich Bergsteiger an den Betonwänden ab-
mühen, ihre Grenzen zu finden. Fragt man sich hingegen,
welche Dame denn die schöne große Brosche auf dem Bunkerberg vergessen hat, ist dies ein Irrtum: Es handelt sich
um das symbolhafte Mahnmal »Wiedervereinigung« von
Arnold Schatz aus dem Jahre 1967.

Humboldtschlösschen, ein schlichter, von der Straße aus kaum
auszumachender und für die örtliche Kulturverbreitung wenig genutzter klassizistischer Schinkel-Bau in Tegel, auch
als Schloss Tegel bekannt. Das H. ist seit 1766 im Besitze
der Familie von Humboldt, die im Park ihre Grabstätte hat,
dicht am märkischen Traubeneichenmischwald und der
rund 400 Jahre alten Alexander-von-Humboldt-Eiche. Achtung bei Gewittern!

Humboldt-Universität, im umgebauten und erweiterten ehemaligen Palais des Prinzen Heinrich am Forum Fridericianum
gegenüber der Staatsoper sowie in etwa 174 Nebengebäuden
residierende älteste und drittgrößte Berliner Universität.
1809 von Wilhelm von Humboldt als Berliner Universität gegründet, 1828 in Friedrich-Wilhelm-Universität umbenannt,
trägt sie seit 1949 den Namen ihres Gründers, den man heute
am Eingang des Hauptgebäudes Unter den Linden in Stein
bewundern kann, nebst seinem Bruder Alexander (der sinnigerweise rechts sitzt, also Richtung ↑Allex).

Hund. »Een dicka Hund« ist keine an der Leine geführte Speck-
walze der Gattung Canis familiaris, sondern ein bemerkenswerter, zumeist unangenehmer Vorfall, bei dem unter Um-
ständen »der Hund inne Fanne varrickt« wird.

Hundekacke, in Berlin gehäuft vorkommender Fußweg- und Rasenbelag. Jedes Aufbegehren dagegen wird mit Ächtung des Querulanten und Meldung an den Tierschutzverein geahndet. Die Straßenreinigung überrascht von Zeit zu Zeit mit unkonventionellen Vorschlägen zur Beseitigung der H., von denen sich bisher keiner als wirksam erwiesen hat. Die Berliner treten noch immer oft und jerne in't Jlück.

Hungerharke meint das ↑Luftbrückendenkmal mit seinen drei 20 Meter hohen Bögen, die wie die Zinken einer Harke in den Himmel ragen und die drei in den freien Westen führenden Luftkorridore symbolisieren sollen.

Huppdohle, kein hüpfendes Federvieh, sondern eine Tänzerin, vornehmlich in einer Revue.

I

I bewahre ist ein berlinerischer Ausruf der Ablehnung oder Verneinung.

ICC, keine neue Variante des Schnellverkehrs der Deutschen Bundesbahn (Inter City Crash), sondern der Name des 1979 neben dem ↑Funkturm gelandeten Raumschiffs. Die Abkürzung steht für Internationales Congress Centrum Berlin, müsste laut Duden ja eigentlich IKZ heißen, aber dieses Kürzel kam den Namensgebern wohl zu piefig vor. Der Panzerkreuzer Charlottenburg, wie das I. angeblich auch genannt wurde, ist 320 Meter lang und 80 Meter breit, aluminiumverkleidet und weist 80 Räume und 2 Hauptsäle mit 2000 und 5000 Plätzen auf und steht seit einiger Zeit weitgehend nutzlos in der Gegend rum, ist es doch genauso asbestverseucht, wie es der ↑Palast der Republik war. Obwohl es im Gegensatz zum Palast nicht überdies auch noch ideologieverseucht ist, wird es wohl ein ähnliches Schicksal wie dieser erleiden. Es sei denn, ein Investor erwirbt es und sorgt auch für die Wiederaufstellung der Monumentalskulptur »Ecbatane – Der Mensch baut seine Stadt«, die jedem, der sie einmal gesehen hat, unvergesslich bleiben wird.

ILA ist weder der etwas unrichtig gesungene Refrain eines Schlagers (»Ella, elle l'a«) noch der Kosename des ersten russischen Metropoliten Ilarion von Kiew, der vermutlich als Politkommissar den Bau der Moskauer Metro in Auftrag gab, sondern steht für die Internationale Luft- und Raumfahrtausstellung, die seit 1992 alle zwei Jahre auf dem ↑Flughafen Schönefeld stattfindet und zum Mekka der deutschen Aviatiker geworden ist. Man ist dabei, Farnborough den zweiten Platz in Europa streitig zu machen, muss aber akzeptieren, dass Le Bourget weltweit die Nummer eins bleiben wird. Wo sich allerdings der 2018 annoncierte Veranstaltungsort ExpoCenter Airport befindet, können wir Ihnen nicht verraten. Immerhin versprach das Programm atemberaubende Fortschritte – wie wir sie ja vom ↑BER längst gewöhnt sind.

in ist die berlinische Fassung der Vorsilbe ein: »Wenn de frieha een injeseeft (betrogen) hast, ham se dir möchlicherweise injespunnt (eingesperrt).« Lang, lang ist's her …

Industrie gab's früher mal in Berlin. Immerhin fertigt BMW in Spandau immer noch Motorräder.

Insterburg & Co., Berliner Komikerband (Ingo Insterburg, Karl Dall, Peter Ehlebracht und Jürgen Barz), die nach den ersten Auftritten im »Reichskabarett« (in das sich beileibe keine Reichsbürger verlaufen haben) in den 1970er-Jahren die neue deutsche Blödelkultur begründete, dieses herrliche und in systemtheoretischer Gesamtschau so unentbehrliche Gegengewicht zur deutschen Humorlosigkeit.

Insulaner, Sammelbezeichnung für alle West-Berliner, die im Kalten Krieg gut subventioniert auf einer Insel im roten Meer des Kommunismus lebten und nie die Ruhe verloren, und außerdem ein Trümmerberg von 75 Meter Höhe am Rande des Schöneberger Südgeländes (S 2 und S 25 Bahnhof Priesterweg) mit Sternwarte, Planetarium und Sommerbad.

Insulaner, Die, legendäres Kabarett zur Stärkung des Durchhaltewillens der West-Berliner Bevölkerung zu Zeiten der Blockade (1948/49) und des Chruschtschow-Ultimatums (1958). Von Günter Neumann 1948 ins Leben gerufen, hatte sich das Kabarett in den 1960er-Jahren bereits selbst über-

lebt. Trotzdem sind den älteren Berlinern Ensemblemit-
glieder wie Tatjana Sais, Walter Gross (als »Funzionär«),
Agnes Windeck und Bruno Fritz (als »Pollowetzer«) so lieb
geworden, dass sie Tränen in den Augen haben, wenn diese
Namen fallen. Wurden die I. live im ↑RIAS übertragen, saß
die gesamte Familie im Wohnzimmer und lauschte. »Der
Insulaner verliert die Ruhe nich/Der Insulaner liebt keen
Jetue nich./Der Insulaner hofft unbeirrt,/Dass seine Insel
wieder 'n schönes Festland wird.« Un so isset ja nu ooch
jekomm'n – Jott sei Dank und dank die Insulana.

intus heißt drin und bezieht sich meistens auf den Alkohol im
Magen: »Wenn eener einjes intus hat, kommts irjendwann
ooch wieda raus.«

Invalidensiedlung, die 1937 in Frohnau entstandene Fortsetzung des »Hospitals für lahme Kriegsleut«, das Friedrich II.
1748 in der Innenstadt begründet hatte (»Laeso et invicto
militi« – Dem verwundeten, doch unbesiegten Krieger).
50 einheitlich gestaltete Klinkerhäuser sind es, und über jedem Eingang befinden sich Reliefs, die an die Schlachten
des Alten Fritz erinnern.

J

jachtern heißt keuchend atmen: »Man hat sich ehm den janzen Tach abjejachtert.«

Jagdschloss Glienicke. Als der Große Kurfürst im Jahre 1682 seinen Baumeister Charles Philippe Dieussart fragte, was er denn tun könne, damit die Bürger 330 Jahre später ein Sozialpädagogisches Fortbildungsinstitut Berlin-Brandenburg (SFBB) einrichten könnten, schlug der vor, im Glienicker Park zwischen Potsdam und Berlin ein Jagdschloss zu errichten. Und so geschah es. Das J. G. aber bitte nicht mit dem nahe gelegenen Schloss Glienicke verwechseln, das Prinz Carl anderthalb Jahrhunderte später als »Traum von Italien« Schinkel erbauen ließ.

Jagdschloss Grunewald. Was für den kleinen Mann seine Laube (West) oder Datsche (Ost), ist für den Fürsten sein kleines Schloss irgendwo im Grünen. Wo wir einfachen Wanderer aus dem Volke heute höchstens mal einen Kothaufen in die Landschaft setzen, setzten die Herrscher früherer Zeiten ihre Jagdschlösser hin. Das im Berliner ↑Grunewald wurde 1542 von Caspar Theyß und seinem Maurerkollektiv errichtet und später von Rochus zu Lynar ergänzt und ist heute der einzige Renaissancebau, den Berlin noch aus der Zeit von Kurfürst Joachim II. hat. Gesammelte Gemälde kann man sich dort ansehen, und gleich nebenan gibt es ein Jagdmuseum und für den hungrigen Gast eine schöne Jastronomie.

Jannowitzbrücke, ursprünglich eine 296 Fuß lange hölzerne Zugbrücke, die ein Herr Jannowitz »auf Aktien« erbaut hat. Vorher musste man sich für drei Pfennige Fährgeld übersetzen lassen. Dass man ihr den Ehrennamen **Janovenbrücke** gegeben hat, war wohl nicht gänzlich falsch. *Ganew* kommt aus dem Jiddischen und bedeutet Dieb.

Jauersche, an sich warme Würstchen, benannt nach der schlesischen Kreisstadt Jauer, im Alltag aber der Ausdruck für Wurstfinger:»Nimm deine Jauerschen vom Tisch!«

Jettchen Gebert, Hauptfigur in den 1906 und 1908 erschienenen Romanbestsellern »Jettchen Gebert« und »Henriette Jacoby« (so heißt die Dame nach ihrer Heirat) von Georg Hermann (eigentl. G. H. Borchardt, 1871–1943, ermordet im KZ Birkenau), in dem meisterhaft das biedermeierliche Berlin und das Leben einer jüdischen Familie beschrieben wird.

jetze stammt aus dem Altdeutschen und Sächsischen (*itze*) und gilt für manchen als untrüglicher Indikator dafür, ob jemand aus West- oder aber aus Ost-Berlin bzw. der Ex-DDR ringsum kommt. Man braucht weder einen heimlichen Blick in den Ausweis eines anderen Menschen noch lange Gespräche oder Fragebögen, sondern muss nur darauf achten, ob er »jetzt« (West) oder »jetze« (Ost) sagt.

jiepern kann es einen nach Verschiedenem:»Ick hab vleicht een Jieper uff 'ne Ssijarette!«

jj war angeblich ein Kürzel für ein kurz nach Erfindung des Motorflugs in Berlin entstandenes Kommando:»Jib Jas!«

Johannesstift. Da Stift in Berlin nicht nur einen kleinen Nagel und das bekannte, entgegen seinem Namen absolut bleifreie Schreibwerkzeug meint, sondern auch einen Lehrling, könnte man denken, dass hier einem Azubi namens Johannes ein Denkmal gesetzt worden ist, vielleicht weil er rechtzeitig stiften ging. Doch gemeint ist das ev. J. (ev. steht für evangelisch und nicht für ewiglich), von Johann Hinrich

Wichern 1858 in Berlin-Moabit gegründet und 1910 wegen des Westhafenbaus nach Hakenfelde an den Rand des Spandauer Forstes verlegt. Es bildet Diakone und Fürsorger aus und widmet sich der Pflege alter, kranker und behinderter Menschen und ist eine Berliner Institution – wenn man von ihm spricht, geschieht das stets mit Hochachtung.

Jott, der wichtigste Berliner Buchstabe: »Jeh mit Jott, denn jehste nich alleene.«

jraulen tut sich der Berliner, »wenn et so richtich jraulich« (gruselig) ist.

Jüdenhof. Der Große Jüdenhof war eine mittelalterliche Wohnanlage jüdischer Familien und nach deren Vertreibung aus Berlin ab 1523 von Handwerkern bewohnt. Im Krieg weitgehend zerstört, wurden die Reste zugunsten eines Parkplatzes am Neuen Stadthaus beseitigt. Der J. soll aber wiedererstehen ...

Jüdisches Museum, größtes Museum zur Geschichte des Judentums in Europa. Es besteht aus einem barocken Palais, das zuvor das Stadtmuseum beherbergte, und einem Neubau von 2001, dessen genialen Grundriss sich Daniel Libeskind ausgedacht hat. Nach der Umgestaltung soll die Dauerausstellung ab 2019 wieder zugänglich sein.

Juhnke, Harald, bedarf keiner weiteren Kommentierung, da alle ihn, seine Schauspielkunst und seine alkoholischen Kapriolen kannten. Geboren ist er am 10. Juni 1929 in der Frauenklinik Charlottenburg, aufgewachsen im Wedding und gestorben am 1. April 2005 in Rüdersdorf.

Juliusturm, 30 Meter hoher Wachtturm auf der Spandauer ↑Zitadelle und deren ältestes Bauwerk (um 1250 errichtet). Ist auch ein Synonym für zurückgelegtes Geld, da hier die

fünf Milliarden Franc aufbewahrt wurden, die Frankreich
nach dem verlorenen Krieg von 1870/71 als Reparation an
das Deutsche Reich zu zahlen hatte (der »Reichskriegs-
schatz«). Wer unter ausgeprägter Höhenangst leidet, für
den ist der Aufstieg hinauf zu den Schinkel'schen Zinnen
des Juliusturms – immer an der Wand entlang und dann auf
einer Art Hängebrücke quer über den Abgrund im Innern
hinweg – der sichere Tod. Es wird von Menschen berichtet,
die es zwar hinaufgeschafft hatten, dann aber ... Nicht umsonst heißt das ganze Ensemble ja auch Zitterdelle.

Jum, nicht etwa die berlinische Aussprache des Moskauer
Kaufhauses GUM, sondern stimmhaft »Shumm« gesprochen, bezeichnet der Begriff den beneidenswerten Zustand
mittelschwerer Trunkenheit: »Der is aba heute wieda schön
im Jum!«

Jungfernbrücke, Berlins malerischste hölzerne Brücke, eine
sogenannte Sinusoiden-Zugbrücke von 1788, die von der
Friedrichsgracht nahe der Sperlingsgasse über den westlichen Spreearm führt: vom ehemaligen Staatsratsgebäude
zum ehemaligen Zentralkomitee der ehemaligen SED. Wo
die ehemaligen Jungfern hergekommen sein sollen, ist umstritten und bleibt ein Berliner Geheimnis.

Justizvollzugsanstalt Tegel, größte geschlossene Haftanstalt für
männliche Gefangene in Deutschland, 2016 waren es über
800 Strafgefangene (auch Knackis genannt) bei 670 Mitar-
beiterinnen und Mitarbeitern. Sechs Teilanstalten gibt es,
und insgesamt nimmt die J.T. die Fläche von 14 Fußballfel-
dern ein. Die Gefangenenzeitschrift heißt »Der Lichtblick«,
und seit einiger Zeit ist Tegel nicht mehr so stark in den
Schlagzeilen vertreten wie ↑Plötzensee. Zu den prominen-

testen Insassen gehörten der Hauptmann von Köpenick, Franz ↑Biberkopf, der spätere Friedensnobelpreisträger Carl von Ossietzky, während der NS-Herrschaft der katholische Priester Bernhard Lichtenberg und der Theologe Dietrich Bonhoeffer. Auch der Berliner Kommunarde Kunzelmann saß hier seine Strafe ab, ebenso wie Arno Funke, der als pfiffiger Kaufhauserpresser Dagobert viel PR für Berlin gemacht hat, ohne dass es ihm die Stadt jemals so richtig gedankt hätte.

jwd ist »janz weit draußen« (vor der Stadt) und meint: am Arsch der Welt.

K

Kabarett, eine Kunstform, die in Berlin erfunden worden sein könnte und hier erstmals in Deutschland an und vor Zuschauern erprobt wurde. Aus dem Berliner Tingeltangel und dem literarischen K. Ernst von Wolzogens, der im Januar 1901 in der Alexanderstraße 40 sein »Überbrettl« eröffnete, entstand innerhalb kürzester Zeit eine Subkultur, die in Berlin heute noch lebendig ist (↑BKA, Die ↑Distel).

kabbeln. Wer sich kabbelt, streitet sich auf nicht allzu ernsthafte Weise.

Kabuff, ein enger Raum, auch **Kabuchte** oder **Kabuse** genannt. Ein **Kabäuschen** kann sowohl ein Klosett als auch eine Theaterkasse sein.

Kackstelzen, berlinisch für (dünne) Beine, mit denen jemand wie auf Stelzen durch die Hundekacke auf den Bürgersteigen läuft.

KaDeWe. Kauft Claire Grube eine Armbanduhr der Marke Tick-Tack-Tuck für 49 Euro bei Kuno & Böse in der Karl-Marx-Straße und ihre Freundin Anna Bolika die gleiche Uhr zum nämlichen Preis im Kaufhaus des Westens (KaDeWe), dann sind das, wenn sie sich beim nächsten Geburtstag treffen, zwei ganz verschiedene Produkte, denn wenn Anna auf die Frage »Wo hasten die her?« mit »Na, aus'm KaDeWe!« antwortet, dann schätzen die Umsitzenden deren Wert glatt auf knapp 500 Euro und begleiten die Vorführung mit einem anerkennend-neidischen »Oh ...«. Das eben macht das Image dieses Kaufhauses aus, das nach Plänen von Johann Emil Schaudt am Tauentzien erbaut und

1907 eröffnet worden, im Krieg zerstört und am 3. Juli 1950 wieder in Betrieb gegangen ist. Insbesondere die Lebensmittelabteilung unterm Dach gilt als einzigartig und trägt am meisten zum Mythos dieses Hauses bei, das inzwischen einer italienischen Kaufhauskette gehört, die sich in thailändischem Besitz befindet (Änderungen vorbehalten), und das im Augenblick und in den nächsten Jahren gründlich umgestaltet wird. Merke: Nüscht is so beständich als wie die Vaänderung.

Kahn meint das Bett: »Ick jeh in' Kahn«. In weniger angenehmen Fällen bezeichnet K. aber auch ein Gefängnis.

Kaleika, etwas Ähnliches wie ↑Heckmeck, auf jeden Fall mit unnötigem Aufwand oder Geräusch verbunden: »Mach bloß nich so 'n Kaleika!«

Kalmus, eigentlich das in flachem Wasser wachsende Schilfrohr, in Berlin aber bekannt durch die Redewendung »Uff dem Kalmus piepen wa nich«, was heißt, dass man sich auf eine bestimmte Sache nicht einlassen will. Obwohl an der Humboldt-Universität eine Habilitationsschrift zu diesem Thema in Vorbereitung ist und wir deren Ergebnis nicht vorwegnehmen wollen, meinen wir unter Bezugnahme auf eine Strophe aus einem Gedicht von Theodor Storm, dass sich Kinder früher aus dem K. Pfeifen gefertigt haben: »... und schnitzt Pfeifen sich aus Kälberrohr.«

Kameruner, im Sinne der Political Correctness unzulässige Gebäckbezeichnung. Vor allem die ältere Generation der Berliner hat es nicht leicht, sich an vorschriftsmäßige Bezeichnungen für Amerikaner, Mohrenköpfe oder Negerküsse zu gewöhnen. Nur Liebesknochen darf man noch sagen, obwohl der eigentlich Eclair heißt.

Karl-Marx-Allee, vom ↑Allex zum neuen ↑Frankfurter Tor und zurück führende mehrspurige Rennstrecke mit breiten Bürgersteigen und Blockrandbebauung im Stil vorgeblicher Marx-Nachfahren. Nur die beiden unauffälligen Laubenganghäuser gegenüber dem Kosmos-Kino wurden 1949 nach Entwürfen von Hans Scharoun gebaut. Die K. ist 1961 aus der Teilung der damaligen ↑Stalinallee entstanden, von manchen Berlinern deshalb auch Halb-und-halb-Allee oder Rue de Blamage genannt.

Karl-Marx-Straße, eine der wichtigsten Straßen Neuköllns, die, obwohl sie im amerikanischen Sektor lag, erstaunlicherweise auch in Zeiten des Kalten Kriegs nicht umbenannt wurde. Am ↑Hermannplatz beginnend, zieht sie sich fast drei Kilometer nach Süden und bietet an Anmerkungswürdigkeiten: Albert-Schweitzer-Schule (an der einer der Verfasser dieses Lexikons 1957 mit der Traumnote von 3,1 sein Abitur machen durfte), Amtsgericht, Rathaus, C & A, ehemalige Post, Passage, Saalbau mit dem Volkstheater Heimathafen Neukölln, Magdalenenkirche und S-Bahnhof Neukölln (Südring).

Karlshorst, seit 1895 mit höchstem kaiserlichem Wohlwollen auf der Friedrichsfelder Feldmark entstandene Villenkolonie mit Trabrennbahn, einer drehbaren Luftschiffhalle von Siemens-Schuckert und einem provisorischen Rennbahnhofsgebäude. Am 8. Mai 1945 war K. Ort der (aus protokollarischen Gründen wiederholten) Unterzeichnung der bedingungslosen Kapitulation NS-Deutschlands. 1945–94 Sitz der wichtigsten sowjetischen Behörden in Deutschland, später in der DDR, wurde es deshalb auch als Berliner Kreml oder Klein-Moskau bezeichnet. Vom Sperrgebiet in K. fuhr in den ersten Nachkriegsjahren eine eigentlich den Sowjets vorbehaltene Straßenbahnlinie nach ↑Wendenschloss, der sogenannte Machorka-Express.

Karneval der Kulturen, großes Straßenfest in Kreuzberg, wo Musikgruppen aus aller Damen und Herren Länder durch die Straßen ziehen und multikulturelle Orgasmen auslösen, verstanden als ideologisches Gegenstück zum Karneval der Rhein-Main-Region wie auch der deutschen Volksmusik à la Oberkrainer. Is uff alle Fälle een Ivent, zu dem Se unbedingt ma jehn'n sollten.

Karree, Geviert oder Häusergeviert. Früher, als die Menschen abends noch nicht um die Häuser zogen, jing der Berliner mal um sein Karree, an dessen vier Ecken sich gewöhnlich vier Kneipen befanden.

Kartoffeln abgießen, umgangssprachlich für Harn lassen: »Ick jeh ma schnell de Katoffeln abjießen!«

Kaschemme, die unterste Abart einer Kneipe, tiefer geht's nimmer.

Kasernen, angesichts der Soldatenliebe der preußischen Herrscher in Berlin verbreitete Form des öffentlichen Wohnungsbaus. Zu ihrer Entstehungszeit stellten K. dennoch einen Fortschritt dar: Vorher hockten die Soldaten den Berlinern als lästige Einquartierung auf der Pelle. Im Zweiten Weltkrieg sind gerechterweise auch viele K. zerstört worden, eine erhaltene und besonders schöne steht am Mehringdamm (↑Dragoner-Areal) und dient als Finanzamt.

katholisch waren die Berliner nur, wenn sie kein Geld hatten. Ansonsten bedeutete k. so viel wie falsch oder heuchlerisch, aber auch wütend: »Et is zum kathol'sch wer'n!« Der ↑Schlesische Bahnhof, auf dem die – überwiegend katholischen –

Zuwanderer aus Polen und Schlesien anreisten, hieß auch der Kathol'sche Bahnhoff.

Kaulsdorf, ein Dorf weit im Osten der Stadt, in dem der Berliner Apotheker Achard 1784 weltweit zum ersten Mal Rübenzucker und in der DDR-Zeit der Sohn des einstigen Hoflieferanten des Zaren, Sergei Apollonowitsch Schilkin, nach Papas streng gehütetem Rezept Wodka produzierten.

Keks steht für Kopf und Gehirn. »Du hast ja 'nen weichen Keks« bedeutet also nicht, dass man seinen Gesprächspartner über die geringe Härte seines Gebäckes informieren möchte, sondern soll ihm seine geistige Beschränktheit signalisieren, und »Det jeht mir aba langsam uff'n Keks« deutet an, dass man sich genervt fühlt.

kess heißt so viel wie flott oder dreist und bezeichnet Eigenschaften, die bei den überaus bescheidenen Berlinern nun einmal sehr selten sind.

Keule. Wurden wir in unserer Jugend gefragt: »Haste meine Keule gesehen?«, so war das kein rechtsradikaler Brandenburger, der auf der Suche nach seinem Baseballschläger war, um den nächsten missliebigen Mitbürger niederzuschlagen, sondern ein ganz harmloser Zeitgenosse, der nach seinem Bruder fahndete.

Keuzen ist die euphemistische Verballhornung jener Tätigkeit, die man hochsprachlich auch als Kotzen bezeichnet.

kiebig zu sein ist eine der in Berlin seltenen Eigenschaften: aufsässig oder frech. »Nu wer'n Se ma nich kiebich, Männeken!«

Kien. »Berliner Jungens, die sind helle, / Berliner Jungs sind auf dem Kien«, sangen anno dunnemals die Schöneberger Sängerknaben. Auf dem K. ist, wer wachsam auf den eigenen Vorteil achtet.

Kienäppel sammeln. Nach dem Krieg waren die Berliner Wälder wie leergefegt, denn Brennbares war absolute Mangelware, und man zog mit Kind und Kegel hinaus, um K. und Kleinholz zu sammeln (oder aufzulesen, wie es amtlich hieß). Manchmal brauchte man dazu einen amtlichen »Leseschein«. Kienäppel sind »Äpfel«, die auf den in und um Berlin verbreiteten Kiefern wachsen. Die absolute Krönung der Selbstversorgung mit nichtfossilen Brennstoffen war die Erlaubnis, in einem der Berliner Forsten einen Stubben roden zu dürfen.

kiesetig ist jemand, der am Essen herummäkelt. Könnte es eventuell auch an der Gastronomie liegen?

Kiez, hat anders als in Hamburg in Berlin keinen anstößigen Beiklang. Von der ursprünglichen Fischersiedlung abgeleitet, meint es lediglich das vertraute Wohnviertel. Jeder Berliner wohnt in seinem K. oder Dreh. K. war auch der Name von Ortsteilen in Köpenick und Lichtenberg.

Kille kille Pankow, kille kille hopsasa. »Jedes Wort ein Gehirnschlag!«, urteilte der Theaterkritiker Alfred Kerr über diese literarisch bemerkenswerte Refrainzeile eines Gassenhauers von 1898, die auf Vergnügungen im nordöstlichen Berliner Bezirk ↑Pankow hinweist, den ein längst dahingegangener Bundeskanzler stets »Pankoff« aussprach und für den Regierungssitz der DDR in Sibirien hielt. In Wahrheit wohnten die Bonzen im Pankower Städtchen, bevor sie nach Wandlitz entfleuchten (↑Niederschönhausen).

Kind und Kegel, mit denen zieht der Berliner traditionsgemäß am Wochenende »in't Jrüne«. Kegel waren die außerehelich geborenen Nachkommen – und die gab es in der Garnisonsstadt Berlin reichlich.

Kinkerlitzchen klingt deutsch, obwohl es aus dem Französischen stammen soll: *quincaille* heißt Flitterkram oder Flausen, und genau das ist mit K. gemeint.

Kintopp, ein Begriff, der sich vom Besitzer des ersten Kinematografentheaters am Kottbuser Damm Alfred Topp ableitet. Der Name wurde bald auf alle Kintöppe der Stadt angewendet und gilt noch heute als abwertendes Synonym für billige Filmware oder für Ereignisse, die den darin geschilderten entsprechen.

Kirchen. Am liebsten geht der Berliner in die Kirche, wo die Gesangbücher Henkel haben. Dennoch besitzt Berlin dank der Gottesfurcht seiner Einwohner auch echte K. in kaum überschaubarer Zahl, darunter auch russisch-orthodoxe K., von den ↑Gotteshäusern der anderen Weltreligionen ganz zu schweigen. Von den christlichen K. sind neben den zahlreichen alten Dorfkirchen, von denen es über 30 gibt, besonders bemerkenswert die Nikolaikirche als ältester Sakralbau Berlins, in deren Rekonstruktion immerhin noch die originalen Feldsteinmauern aus der Entstehungszeit stecken, die fast ebenso alte Marienkirche mit dem Totentanz aus der Pestzeit und die gut versteckte Heilig-Geist-Kapelle in der Spandauer Straße. In der Klosterstraße stehen die Ruine der Klosterkirche und die Parochialkirche von 1703, in deren Grabgewölben zahlreiche alte Särge ruhen. Den schönsten und einstmals höchsten Turm hat die 1712 gebaute Sophienkirche in der Nähe des Hackeschen Marktes. Auch Schinkel hinterließ in Berlin mehrere K. Die weitaus meisten K. stammen jedoch aus der Zeit um 1900 und verdanken ihren Bau der unermüdlich tätigen Kaiserin Auguste Victoria, Kirchenjuste genannt. Selbstverständlich gibt es in Berlin

auch moderne K. Ein Unikum stellt die architektonisch un-
auffällige neuapostolische Kapelle am Lichtenberger Müns-
terlandplatz dar, die wohl einzige Kirche der Welt, die ein
kommunistischer Geheimdienst (anstelle des in der Normannenstraße abgerissenen Baus von 1930) errichten ließ.
Kiwief bedeutet im Französischen einfach nur »Wer da?«.
»Auf'n Kiwief« ist der Berliner immer: aufmerksam und auf
dem Posten.

Kladderadatsch. Das Geräusch einer herunterfallenden Sup-
penterrine diente seit 1848 als Titel eines Berliner Witzblat-
tes. Gemeint war der erhoffte Zusammensturz des preußischen Regimes, zu dem es jedoch nicht kam. Da standen die
Berliner wieder mal da mit dem »janzen Kladderadatsch«.

Kladow, eine Ortsbezeichnung, die 1267 entstanden sein soll,
als sich Arnold von Bredow im Walddreieck zwischen dem
Sacrower See, dem Glienicker See und der Havel zuerst ver-
ritt, dann aber auf Hildegard stieß, nicht die von Bingen,
sondern die aus Spandau, vom Kloster der Benediktinerin-
nen. Es geschah nicht, was sie jetzt denken mögen (vgl. das
Ende dieses Artikels). Vielmehr beließ es Bredow bei der
Frage, ob es da lang, wohin er mit dem Finger zeigte, wohl
nach Sacrow ginge. »Kla, do« (klar, du) war die Antwort,
und der Ritter beschloss, an dieser Stelle eine Siedlung zu
errichten. Und da die vier Beine seines Pferdes 46 Abdrücke
hinterließen, wurde das Dorf mit 46 Hufen ausgestattet. So
nachzulesen im Landbuch Karls IV. vom Jahre 1375. Entgegen der Planung von 1936 hat K. die U-Bahn-Linie F III noch
immer nicht erhalten (und wird es wohl auch nie), und man
muss mit dem Auto oder dem Bus von Spandau aus anreisen, wenn man es nicht vorzieht, mit dem Dampfer oder

über Potsdam zu fahren. Alte Wohnhäuser sind hier zu besichtigen, und auch die Dorfkirche ist hübsch anzuschauen. Die BVG-Fähre bringt einen mit einem normalen Fahrschein nach Wannsee und zur S-Bahn hinüber, es sei denn, es gibt Nebel oder Eisgang auf der Havel. Die vorgelagerte Insel Imchen hat man zum Naturschutzgebiet erklärt, sodass die Vögel dort ungestört das tun können, was ihnen den Namen gegeben hat.

Klammerbeutel, von manchen Eltern anstelle der Puderdose zur Kinderpflege verwendet, hinterlässt er mitunter Spuren am Intellekt:»Dir ham se woll mit 'n Klammerbeutel jepudert?«

klamüsern mussten die Autoren janz schön, nachdenken nämlich, um jeden Begriff bedarfsgerecht dem Leser auseinanderzuklamüsern, was ungefähr das Gleiche meint wie **auseinanderpolken** oder **auseinanderposamentieren:** erklären.

klar ist in Berlin alles wie dicke Tinte, wie Kloßbrühe oder wie Klärchen. Dieser weibliche Vorname, der einem Ballhaus in der Auguststraße den Namen gab, steht auch für die Sonne:»Klärchen meint et heute jut mit uns.« Allet klar? Na klar!

kleben. Eene kleben heißt eine Ohrfeige verabreichen.

Kleedasche, vornehm **Kledage** geschrieben, meint Kleidung. Gingen die Damen früher auf die Toilette, mussten sie die janze K. hochheben.

Kleistgrab, am Südufer des Kleinen Wannsees gelegen, trägt eine Inschrift aus»Prinz von Homburg«:»Nun, o Unsterblichkeit, bist du ganz mein.« Am 21. November 1811 hat sich Heinrich von Kleist hier erschossen. Nicht mit einer Pistole, sondern mit seiner Geliebten Henriette Vogel. Der Kleistpark hingegen ist woanders gelegen, nämlich an der Pots-

damer Straße in Schöneberg, wo im pompösen Kammergericht auch der Alliierte Kontrollrat gesessen hat.

Klietsch, das feucht gebliebene Innere eines nicht durchgeba-
ckenen Kuchens, eben eines Klietschkuchens.

klötern bezeichnet nicht nur ein klapperndes Geräusch,
sondern auch ein scheinbar unmotiviertes Sich-Nähern:
»Kommste schon wieda anjeklötert?«

Knäste. Der bekannteste Berliner Knast ist zweifellos die ↑Jus-
tizvollzugsanstalt Tegel, aber wer in den Bau muss, kann
auch mit anderen temporären Aufenthaltsorten rechnen:
als Untersuchungshäftling mit ↑Moabit, als Frau mit Lichtenberg, Neukölln oder Pankow, als männlicher Verurteil-
ter mit Plötzensee, der ↑Plötze, Berlins zeitweise belieb-
testem Abwesenheitsknast, als Freigänger mit Hakenfelde
oder Düppel. Der weltweit bekannteste Berliner Knast war
das Spandauer Festungsgefängnis, in dem die NS-Kriegs-
verbrecher verwahrt und in monatlichem Wechsel von den
Alliierten bewacht wurden. Nach dem Tod des letzten Insassen, des Hitler-Stellvertreters Rudolf Heß, wurde es 1987
abgerissen.

Knautschke, in West-Berliner Inselzeiten das eigentliche Wap-
pentier der Stadt: ein Exemplar der Gattung Nil- oder Fluss-
pferd (Hippopotamidae), das 1943 im Berliner ↑Zoo geboren
wurde und mit seinem zerknautschten Gesicht zum Liebling
der Massen avancierte. K., der den Bombenkrieg überlebt
hatte, stand für das West-Berliner »Wir sind nicht totzukrie-
gen«. Seine Bräute Olga und Grete kamen allerdings auch in
den Zeiten des kältesten Kriegs aus Leipzig. Als K. 1988 nach
einem Kampf mit seinem Sohn und Rivalen Nante starb,
trauerten Hunderttausende um den 35-fachen Vater.

Knef, Hildegard, Schauspielerin und Berliner Stadtheilige (»Hildchen«), seitdem sie in ihren Chansons verkündet hatte, Heimweh nach dem Kurfürstendamm und noch einen Koffer in Berlin zu haben, woselbst sie allerdings nicht geboren worden war, sondern am 28. Dezember 1925 in Ulm. Ihre Biografie »Der geschenkte Gaul« (1970) ist ebenso wichtig für ein umfassendes Berlin-Verständnis wie ihre Filme »Die Mörder sind unter uns« (1946) und »Jeder stirbt für sich allein« (1976). Sie starb am 1. Februar 2002 – und Berlin trauerte um sie.

Kneipe. Wenn Sie bis hierher vorgedrungen sind und nicht mal wissen, was das ist, haben Sie das Geld für dieses Buch umsonst ausgegeben. »Hätt'n Se't lieba bein Kneipjé vasoffen!«

Knief entstammt derselben Wurzel wie das englische *knife* (Messer), meint aber ein Schneidegerät minderer Sorte: »Det is ja 'n richtja Käseknief!«

Knobelbecher, auch **Trudelbecher**, (lederner) Becher zum Würfeln. K. sind aber auch die Stiefel des Militärs, und ein Trudelbecher ist ursprünglich ein fahrbarer Betonmischer.

Knobelsdorff, Georg Wenzeslaus von (1699–1753), Oberintendant der Schlösser und Gärten in Berlin. Von ihm stammen die Pläne für den ↑Tiergarten und das Opernhaus Unter den Linden (↑Staatsoper) sowie für die Schlösser Rheinsberg und Sanssouci.

Knobloch, Heinz, 1926 in Dresden geborener Schriftsteller, Feuilletonist und exzellenter Kenner der Berliner Geschichte. 2003 in Berlin verstorben und in Pankow mit einer Grünanlage geehrt.

Knorpel, der Adamsapfel. »Een hintan Knorpel jießen« bedeutet (Alkohol) trinken.

knülle, eigentlich **knille**, bedeutet abgearbeitet oder besoffen sein. »Du hast ja 'ne Knille« meldet hingegen Zweifel am Geisteszustand des anderen an.

Knut steht für ein Schicksal, das nicht nur ↑Wilmersdorfer Witwen noch heute zu Tränenströmen rührt, war der kleine Eisbär doch vom Tage seiner Geburt im Dezember 2006 bis zu seinem frühen Tod im März 2011 der erklärte Liebling aller Besucher des ↑Zoos. Als 2008 sein Pflegevater Thomas Dörflein vorzeitig starb, hätten dem die Berlinerinnen mindestens ein Staatsbegräbnis gegönnt.

Koblanks, waschechte Berliner Familie aus einem Roman der Kaiserzeit, in dem Erdmann Graeser (1870–1937, aufgewachsen zwischen Nollendorfplatz und Bülowbogen) das facettenreiche Leben des Bierfahrers Ferdinand Koblank und seiner Anverwandten vor uns ausbreitet. »Die Koblanks« fand eine Fortsetzung in »Koblanks Kinder« und wurde mit Günter Pfitzmann verfilmt. Zujereiste: Sofort koofen!

Koffer, Behältnis, das seit Hildegard ↑Knefs Durchhalte-Chanson »Ich hab' noch einen Koffer in Berlin« in unserer Stadt Kultstatus genießt. Hieß es aber im Kino, zu Hause oder in der Bahn »Da hat einer einen Koffer stehen lassen!«, dachte früher noch niemand an einen Terroranschlag, man ergriff aber dennoch stehenden Fußes die Flucht, denn als K. wurde ein mutwillig oder in höchster Not abgelassener Magenwind von gewaltiger Gestankeskraft bezeichnet.

Kohlhasenbrück, Zehlendorfer Ortslage am Griebnitzsee, wo die Brücke über den Teltowkanal zu finden ist, erinnert an den Kaufmann Hans Kohlhase (↑Heringsbändiger), der 1532 im Kiez auf der Fischerinsel mit Speck, Honig und Heringen handelte und auf dem Wege zur Leipziger Messe von den

Mannen des Günther von Zaschwitz seiner beiden Klepper beraubt wurde. Was dann geschah, ist nicht bei Jochen Klepper im »Kahn der fröhlichen Leute« nachzulesen, sondern bei Heinrich von Kleist. Als ihm sein Landesherr Joachim II. nicht helfen will, überkommt ihn – den Kohlhase, nicht den Kleist – die große Wut, und er überfällt einen kurfürstlichen Silbertransport. Beim heutigen K. soll er den Schatz in der Bäke, dem Vorläufergewässer des Teltowkanals, versenkt haben. Dort harrt er noch immer darauf, gefunden zu werden.

Kokolores meint Quatsch, Unsinn, unnützes Gerede, Plunder. Die Differenzierung zwischen ↑Heckmeck, ↑Menkenke und K. wird dem Auswärtigen nur mit Mühe gelingen: »Et is ehm nich allens der jleiche Kokolores.«

Koks, Brennstoff, auch in Form von Rum mit einem Stück Zucker und einer Kaffeebohne genossen. »Jraf Koks vonne Jasanstalt« ist ein besonders vornehmer Mensch, der meistens auch K. (Unsinn) redet. Sollte er aber **koksen**, setzt er sich nicht etwa unter Drogen, sondern schläft – oder kotzt.

Kollo, Walter. 1913 wurde seine Operette »Wie einst im Mai« im Berliner Theater welturaufgeführt, und damit avancierte K. (1878–1940) zum Operettenkönig, ein Titel, den er sich allerdings mit Paul ↑Lincke und Jean Gilbert teilen muss.

Kollwitz, Käthe, hatte in der kassenärztlichen Praxis ihres Mannes in Prenzlauer Berg das Elend Tag für Tag vor Augen – die früh gealterten Fabrikarbeiter, die abgehärmten Frauen, die hohlwangigen Kinder – und hielt es in Zeichnungen, Radierungen, Lithografien und Holzschnitten fest. Von 1867 bis 1945 lebte sie in der heutigen Kollwitzstraße, und dass sie von der DDR als Nationalheilige vereinnahmt wurde, hat ihr im Westen erheblich geschadet. Das Käthe-Kollwitz-Museum in der Fasanenstraße wird zum Spandauer Damm umziehen, und am Kollwitzplatz im Osten gibt es keine sozialistischen Verhältnisse mehr, sondern nur noch schwäbische.

Kolonnaden führten im 18. und 19. Jahrhundert über die Festungsgräben und störten später den großstädtischen Verkehr. Sie wurden deshalb abgerissen und teils versetzt. Erhalten sind die Mohren- und Königskolonnaden sowie eine Teilkopie der Spittelkolonnaden.

Komische Oper, früher an der Weidendammer Brücke gelegenes Operetten- und Revuetheater, das 1946 im einstigen Metropol-Theater in der Behrenstraße neu gegründet wurde und dort unter der Leitung von Walter Felsenstein Weltruhm erlangte. Das Gebäude wurde 1966/67 vollständig erneuert und umgebaut, wobei der neobarocke Zuschauerraum unverändert blieb. Eine weitere Rekonstruktion ist notwendig und angedroht.

Kommode. »Liebste mir, oda ick zahack da de Kommode.« Dieser Spruch bezieht sich jedoch nicht auf die K. genannte Königliche Bibliothek am Bebelplatz, die 1775–80 erbaut und 1965–69 wiederhergestellt wurde. Sie heißt so aufgrund ihrer barock geschwungenen Fassade.

Kommune I meint die Sechseinhalb-Zimmer-Wohnung in der Charlottenburger Kaiser-Friedrich-Straße, in der Kommunarden und -dinnen wie Rainer Langhans, Fritz Teufel, Dieter Kunzelmann und Uschi Obermaier, politisch orientiert an Che Guevara u. Ä., alternative Lebens- und Verhaltensformen proben wollten: freie Liebe, absolute Gleichberechtigung von Mann und Frau, antiautoritäre Kindererziehung und Abkehr von rigiden bürgerlichen Normen. Welch Schock und Trauma für die Bürger! Wenn auch verkappt egozentrisch und in vielem verlogen, hat die K. I den Wertewandel in Berlin (und der Bundesrepublik) in erheblichem Maße beschleunigt und dem Leben der nachwachsenden Generation neue Horizonte eröffnet: raus aus den verkrusteten Nach- und Vorkriegsstrukturen. Andererseits ist sie auch Ursache für das Misstrauen, das man in anderen deutschen Gauen Berlin gegenüber hegt und pflegt, denn die Stadt ist seit der 68er-Revolte schon anders als alle anderen.

Komplexannahme, in der DDR mangels ausgebildeter Psychiater eingerichtete Annahmestelle für schmutzige Wäsche, reparaturbedürftige Schuhe u. a.

Kongresshalle. »Du hast ja 'n Dach ab!« konnte man der K. 1980 zurufen, als ihres teilweise eingestürzt war. Im Volksmund soll sie Schwangere Auster heißen, aber kein Berliner nennt sie wirklich so, auch der Name ↑Haus der Kulturen der Welt, unter dem sie seit 1989 firmiert, will keinem älteren Menschen so recht über die Lippen gehen. Die K., 1957 zur Internationalen Bauausstellung (IBA) an den Rand des Tiergartens auf 1000 Betonpfähle gepflanzt, ist ein hochherziges Geschenk der USA an das Land Berlin. Im Auditorium haben 1200 Menschen Platz.

Konnopke, Ost-Berlins legendäre Currywurst-Kultstätte unter dem ↑Magistratsregenschirm an der Eberswalder Straße.

Kookaburra heißt ein Comedyclub in einer ehemaligen Bankfiliale an der unteren Schönhauser Allee, Ecke Lottumstraße.

Köpenick, neben Spandau eine weitere mittelalterliche Gründung in Berlins Umgebung, die sich Groß-Berlin 1920 als Bezirk einverleibte. K. liegt auf einer Insel im Zusammenfluss von Dahme und Spree, besitzt ein Schloss und ein Rathaus, das der Hauptmann von K. bekannt machte. Der mehrfach vorbestrafte Schustergeselle Wilhelm Voigt verhaftete 1906 in Hauptmannsuniform den Bürgermeister und entkam mit der Stadtkasse. Diese Köpenickiade, von Carl Zuckmayer dramatisiert, blieb durch die Verfilmungen mit Heinz Rühmann und Harald Juhnke vor dem Vergessen bewahrt.

koscher ist ein jiddischer Begriff und bezeichnet Nahrungsmittel, die den jüdischen Speisegesetzen entsprechen. Im allgemeinen Sprachgebrauch meint es, dass etwas einwandfrei ist.

Kottbusser Tor, kurz auch **Kotti**, eigentlich ein Platz in ↑Kreuzberg, unterfahren von der U8, zerschnitten vom stählernen Viadukt der U1, von dem sternförmig sechs Straßen abgehen: Dresdner, Adalbert-, Kottbusser, Admiral-, Skalitzer und Reichenberger Straße. Das K. T. meint aber auch das umliegende Stadtviertel mit dem heruntergekommenen NKZ (Neues Kottbusser Zentrum), das nicht von ungefähr den Ruf hat, ein krimineller Brennpunkt zu sein. Das Publikum ist reichlich durchmischt, sodass hier alle, die mit Berlin noch nicht vertraut sind, ihren ersten Urbanitätsorgasmus kriegen können. Die Germanisten haben hingegen anderes im Sinn und fragen sich: Das Hallesche Tor führte früher nach Halle, das Oranienburger nach Oranienburg – wohin aber führte die Straße vom K. T., denn in der näheren Umgebung gibt es keine Stadt mit Namen Kottbuss? Wäre die sich ähnlich schreibende menschliche Ansiedlung hinterm Spreewald gemeint, müsste es Cottbuser Tor heißen, analog zur Lebuser Straße in Friedrichshain, die nach Lebus an der Oder so heißt. (Nebenbei: In Hellersdorf an der U5 nach Hönow gibt es einen Cottbusser Platz …)

KPM ist die Königliche Porzellan-Manufaktur, gegründet vom großen Friedrich und nach mancherlei Fährnissen immer noch in Tiergarten zu Hause.

Kraftwerk Klingenberg, einst Berlins größte Dreckschleuder. 1925/26 von Klingenberg und Issel für die AEG erbautes Großkraftwerk mit Kohlestaubfeuerung und acht Stahlschornsteinen, die 1965 durch zwei Betonschornsteine ersetzt wurden. Seitdem im permanenten Umbau befindlich, dient das gut erhaltene Industriedenkmal jetzt als Heizkraftwerk.

Kraftwerk Reuter-West meint nicht die Power, mit der Ernst ↑Reuter für die Freiheit West-Berlins gekämpft hat, sondern die nach ihm benannte und auf dem großen Industrieareal zwischen Nonnendammallee und Spree gelegene Anlage zur Erzeugung elektrischer Energie mittels auf dem Wasserwege angelieferter Steinkohle. Von den »Zoffjets« nach dem Kriege demontiert, konnte es am 1. Dezember 1949 wieder in Betrieb genommen werden, nachdem ein Großteil der Technik (1400 Tonnen) während der Berlin-Blockade über die Luftbrücke eingeflogen worden war.

Krampenburg, Landzunge zwischen dem Langen See und der Großen Krampe (gegenüber von Schmöckwitz und auf dem Landweg über Müggelheim erreichbar), auf der sich früher ein burgförmiges Ausflugslokal befand.

Kranzler, ein Name, der allen Uralt-Berlinern auf der Zunge zergeht wie ein Baiser. Vom Wiener Zuckerbäcker und preußischen Hofkonditor Johann Georg Kranzler 1825 Unter den Linden gegründetes Café, in der gegenwärtigen Sparfassung (Neues Kranzler-Eck) an der Ecke Kurfürstendamm / Joachimsthaler Straße zu finden.

Krematorien gibt es in Ruhleben und Baumschulenweg. Der berlinerischen Aufforderung »Ran an 'n Sarch un mitjewehnt« zum Trotz besucht man sie nur in dringenden Fällen. Bei der Auswahl von sogenannten Erdmöbeln, die dort mitverbrannt werden, sollte man den Rat eines erfahrenen Berliner Tischlermeisters beherzigen: »Und ick sare Ihn', kieferne Särje sind doch die jesündesten!«

Kremser, von dem Berliner Fuhrunternehmer Kremser um 1825 eingeführte mehrsitzige Pferdewagen (Verlobungsjondel), die man auch heute noch für Gruppenfahrten mieten kann, wobei zu Beginn der Reise häufig die Getränke mehr Platz wegnehmen als die K.-Insassen. Da solche Fahrten vorrangig am Himmelfahrtstag (Vatertag) veranstaltet werden, leitet sich daraus der Begriff Himmelfahrtskommando ab.

Kreuzberg ist (a) ein Berliner Teilbezirk, (b) eine der größten türkischen Gemeinden außerhalb der Türkei und (c) der Mythos einer glücklichen Gegengesellschaft zum bürgerlichen Berlin, einst gekennzeichnet durch das bewusst einfache, solidarische, lustbetonte, spontane, kommerziell und handwerklich möglichst autonome, auf Selbstverwirklichung und Kreativität zielende, postmaterialistische, hierarchiefreie, niemanden ausgrenzende, das Establishment ablehnende, an Naturvölkern wie den Yanomami-, Zuñi- und Hopi-Indianern orientierte und auf jeden Fall intensive Leben. Doch mittlerweile hat die Gentrifizierung auch das 2001 mit dem Szenebezirk Friedrichshain zusammengelegte K., das einst die größte Zahl von Hartz-IV-Empfängern hatte, erfasst, und der bei Konservativen einst so verpönte Ortsteil verliert mehr und mehr seine Funktion des Freilandversuchs alternativen Lebens. Faszinierend bleibt er allemal. Reiseführermäßig sei angemerkt, dass K. 1920 als künstliches Gebilde aus der südlichen Friedrichstadt, Teilen der Luisenstadt und der Tempelhofer Vorstadt entstanden und nach dem 66 Meter hohen Berg im Viktoriapark schräg gegenüber dem Tempelhofer Feld benannt ist. Und wat jibt et Besonderet an Bauwerke? Den fürchterlich verbauten Mehringplatz am Hochbahnhof Hallesches Tor (Linie 1), den ↑Landwehrkanal, das ↑Deutsche Technikmuseum, den Ruinenrest des ↑Anhalters Bahnhofs, den ↑Martin-Gropius-Bau mit immer stark beachteten Ausstellungen, die Ausstellung Topografie des Terrors, die ↑Bundesdruckerei, das ↑Jüdische Museum, die ↑Amerika-Gedenkbibliothek, das Künstlerhaus Bethanien am Mariannenplatz, den Hochbahnhof Schlesisches Tor und die Oberbaumbrücke.

Kreuzberger Nächte sind lang und verdanken ihre Verherrlichung einem Lied der Gebrüder Blattschuss. Nicht zuletzt hat ↑Kreuzberg dadurch bundesweit einen gewissen Kultstatus erreicht.

Kriminalität kommt in Berlin kaum vor, von ein paar Dutzend Einbrüchen, Raubüberfällen, Vergewaltigungen, rechtsradikalen Ausschreitungen und gelegentlichen Morden einmal abgesehen. Wie ehrlich und gesetzestreu die Berliner sind, wird schon durch die begrenzte Anzahl der ↑Gerichte und ↑Knäste bestätigt, die nach Ansicht echter Berliner durchweg als Gästehäuser für Zugereiste dienen. Mehr möchten die Verfasser zu diesem Punkt nicht sagen, vielmehr verweisen sie auf ihre Kriminalromane, die in Berlin spielen. An Stoff hat es ihnen bisher nicht gemangelt.

Krücke, mit bürgerlichem Namen Reinhold Franz Habisch (1889–1964), aber wegen seiner Gehstützen K. genannt, war jahrzehntelang Ehrengast und Sahnehäubchen der Berliner Sechstagerennen und pfiff den Sportpalastwalzer wie kein Zweiter vom Heuboden herab. Von dort aus sammelte er mithilfe einer Blechbüchse, die er an einem Bindfaden zur Ehrenloge herabließ, Geld fürs Freibier. Gefürchtet waren seine Sprüche, so etwa:»Borg mir mal deinen Kopp, ick will meene Schwiegermutter erschrecken!« Liebend gern wäre er selber Radrennfahrer geworden, geriet aber mit 16 unter eine Straßenbahn. Max Schmeling hat ihm nach seinem Weltmeisterschaftssieg 3000 Mark geschenkt, mit denen sich K. in der Kommandantenstraße einen Zigarrenladen einrichten konnte. Auch in zwei Filmen hat er mitgespielt (»Um eine Nasenlänge« mit Siegfried Arno und »Trenck, der Pandur« mit Hans Albers). Begraben ist er auf dem St.-Thomas-Friedhof in der Hermannstraße.

Kruke, die irdene Wärmflasche, die längst nicht so komisch ist wie manche Menschen:»Der is vlleicht 'ne komische Kruke!« K. macht, wer sich aus nichtigen Gründen dem Schutz der Wärmflasche anvertraut, um nicht zu arbeiten. In Berlin gilt:»Kruke machen is nich!«

Krumme Lanke, langgestreckter und bananenförmig gebogener See am südöstlichen Rande des ↑Grunewalds mit eigenem, wenn auch 800 Meter entferntem U-Bahnhof (Endstation der Linie 3), der in Berlin als Synonym für die im Freien ausgeübte Liebe steht:»Und denn saß ick mit der Emma uff de Banke …« Wobei es nicht blieb, wie man aus dem neun Monate später standesamtlich beurkundeten Ereignis schließen kann. Der Schlachtensee gleich nebenan hinter der Alten Fischerhütte ist nicht derart auffällig geworden, dafür aber von Walter Leistikow künstlerisch wertvoll gemalt worden.

Küche, in Berlin eher ein Raum in der Wohnung als ein kulinarisches Programm. Berliner Spezialitäten sind ↑Bulette, ↑Eisbein, ↑Frikassee, Erbsensuppe, Rote Rüben, Weißer Käse und vor allem Kartoffeln, u. a. als Bratkartoffeln, Kartoffelsalat, -suppe oder -puffer. Als Gewürze sind Pfeffer und Salz, gelegentlich Kümmel oder Majoran bekannt. Zu den fiktiven Erzeugnissen der Berliner K. darf man »Junge Hunde mit Schoten«, »Elefantenarsch mit Birn'«, »einjeleechtet Treppenjeländer« oder »een Topp in andern, mit 'n Lappen dazwischen, dettit nich klappert« zählen. Selbst die Bitte: »Nu brat ma eena 'n Schtorch, aba die Beene recht knusprich« ist selten ernst gemeint. Döner sowie ↑Bockwurst und ↑Currywurst zählen nicht zur Berliner K. Man isst sie nur auf der Straße.

Ku'damm, unter Gebildeten **Kurfürstendamm**, liegt in der Imagewertung der Berliner Straßen immer noch erheblich vor der Konkurrenz, die da Unter den Linden und Friedrichstraße heißt. Dass die Berliner ihre Prachtstraße nun K. nennen, was arg nach Rindvieh klingt, liegt nicht nur an der allgemeinen Abkürzungswut, sondern hat auch etwas mit ihrem arteigenen Hang zur Diminuierung (Verkleinerung) zu tun. Unprätentiös ist man: »Ham Se 't nich 'ne Numma kleena?« Also keine Assoziation mit der Avenue de Champs-Élysées, sondern mit einem Damm, über den man die Kühe treibt. 3,5 Kilometer ist er lang, zieht sich von der ↑Gedächtniskirche zum Rathenauplatz hinterm S-Bahnhof Halensee und ist ursprünglich der Damm gewesen, auf dem die

Kurfürsten durch sumpfige Wiesen vom Stadtschloss zum
↑Jagdschloss Grunewald ritten. Die lange geplante U-Bahn
unter ihm gibt es immer noch nicht, an der Uhlandstraße
ist Schluss damit. Deutschlands eiserner Kanzler, dem gewisse Heringe ihren Vornamen verdanken, gab Order, den
Weg zu einer 53 Meter breiten Prachtstraße auszubauen.
Von den prunkvollen Fassaden haben den Krieg nicht viele
überstanden, anguckenswert ist besonders das Eckhaus an
der Leibnizstraße, das sogenannte Iduna-Haus. Und wat jibt
et sonst noch zu sehen außer die villen Läden, Restaurants
und 'n paar übrich jebliebne Kinos? U. a. das reduzierte Café
↑Kranzler an der Joachimsthaler Straße, das Hotel Bristol
Kempinski an der Fasanenstraße, das Maison de France
an der Uhlandstraße und die ↑Schaubühne am Lehniner
Platz. Der K.-Bummel bietet dem bürgerlichen Menschen
ein bisschen von dem, woran es Berlin ansonsten ein wenig
mangelt: der Leichtigkeit des Seins. Die »Szene« findet diese
woanders und den K. eher spießig und uncool.

Ku'damm-Karree, Gebäudekomplex zwischen Kurfürstendamm, Knesebeck-, Lietzenburger und Uhlandstraße, der
1971–74 nach Plänen von Sigrid Kressmann-Zschach errichtet wurde und im davon geplagten Berlin ein weiterer
Bauskandal geworden wäre, wenn man nicht 1975 die Fach-
hochschule für Verwaltung und Rechtspflege und die Ver-
waltungsakademie dort hineingesteckt hätte (die aber nach
der Wiedervereinigung in die Ex-Stasi-Bezirksverwaltung
Berlin in Friedrichsfelde verbannt wurden). 23 Stockwerke
hat das Hochhaus über dem Atomschutzbunker, flankiert
vom Theater und der Komödie am Kurfürstendamm, und
war durchzogen von langen Einkaufspassagen und vielen

kleineren Restaurants. Mit Senatszustimmung inzwischen zum mehrfach verkauften Spekulationsobjekt obskurer Investoren herabgewürdigt, wird das Haus umgebaut und seines Theaters beraubt. Vorläufige Ersatzbühne wie stets und für alle Zwecke: das ↑Schillertheater.

Kuhkaff, abwertend für eine stinklangweilige menschliche Ansiedlung, in Richtung »Drecknest« gehend. Berlin selber allerdings kann keines sein, denn recht eigentlich existiert es ja gar nicht, glaubt man Ernst Bloch (1885–1977), philosophierte er doch folgendermaßen: »Berlin ist nicht, es wird immer nur.« Na hoffentlich!

Kuhle Wampe ist (a) der Name eines Zeltplatzes bei ↑Krampenburg und (b) der Titel eines zeitweise verbotenen und nur in zensierter Fassung zugelassenen Films (»Kuhle Wampe oder Wem gehört die Welt«), der 1932 nach einem Drehbuch von Bert ↑Brecht entstanden ist und als Klassiker der deutschen proletarischen Filmkunst vor 1933 gilt (mit Liedern von Hanns Eisler, gesungen von Ernst Busch). Der Mechaniker Fritz und die Fabrikarbeiterin Anni, mit ihrer Familie in Berlin exmittiert, leben mit vielen anderen Arbeitslosen zusammen in der großen Zeltsiedlung K. W. am Müggelsee. Die Schlusssequenz spielt in einem S-Bahn-Abteil.

Kulturbrauerei. Wenn man »Da braut sich was zusammen« sagt, klingt das bedrohlich, nur wo sich Kultur zusammenbraut, da soll das anders sein. Die K. in der Schönhauser Allee 36–39, Eingang Knaackstraße, war früher einmal die Produktionsstätte des Schultheiss-Biers in einem herrlichen alten Gemäuer, 1891 erdacht vom selben Menschen, dem wir auch die ↑Gedächtniskirche verdanken: Herrn Franz Schwechten. Im Guten wie im Schwechten wird hier

Leuten, die durchaus selber lesen könnten, etwas vorge-
lesen, führt man sich nicht nur selber auf, sondern auch
Theaterstücke, stellt aus, sieht sich Fülme an, feiert Partys
und veranstaltet Konzerte. (Am Rande: Bilden Sie einmal
einen Satz mit »Konzert« und »Feldmütze«. Janz einfach:
Kohn zerrt seine Olle durch'n Saal und fällt mit se. Sehn'n
Se, det is Berliner Humor.)

Kulturforum. Früher hatten die Berliner nur ihren Kulturbeu-
tel mit Zahnbürste, Zahnpasta, Rasierzeug und Seife, heute
haben sie ein Kulturforum mit ↑Philharmonie, Kammermusiksaal, Kunstgewerbemuseum, Neuer ↑Gemäldegale-
rie, Kupferstichkabinett, ↑Nationalgalerie und Staatsbibliothek. Zwischen Landwehrkanal und Tiergarten liegt es,
gleich östlich vom Potsdamer Platz, und ist ein El Dorado
aller kulturbeflissenen Ein- und Ausheimischen, während
das »ungeliebte Juwel der Berliner Kultur« den ortsansässi-
gen Al-Bundy-Familien und allen, die es ein wenig deftiger
mögen, glatt am Arsch vorbeigeht, wobei anzumerken ist,
dass der Begriff der Kultur im Allgemeinen weiter gefasst
wird als hier am Forum und auch Fußball, Modelleisen-
bahnbau und dergleichen umfasst. Auch ein Subkulturfo-
rum wäre nicht schlecht.

Kurier, Der, meint nicht den Boten des Zaren, sondern eine
längst eingegangene CDU-nahe West-Berliner Tageszeitung, nicht zu verwechseln mit dem »Berliner Kurier«, der
meistenteils in den Ostbezirken gelesen wird.

Kute meint ein Loch oder eine Kuhle. **Inkuten** ist das (heimliche) Einbehalten von Dingen oder Geld.

Kutte kennt sich aus, langjährige ↑RIAS-Sendereihe (ab 1967)
nach einer Idee von Hans Rosenthal, in der sich der Journa-

list Horst Kintscher mit dem Berliner Heimatforscher und Original Kurt Pomplun (1910–77) über alles unterhielt, was die Wurzeln der Stadt betrifft. Wer das nachlesen möchte, greife zu Pompluns Büchern, die im Literaturverzeichnis aufgelistet sind. Sie sind ein absolutes Muss für alle, die mitreden wollen.

L

Laban, lang aufgeschossener und schlaksiger junger Mann, der in der Regel nicht weiß, dass er diese Bezeichnung der Bibel verdankt, wo es im 29. Kapitel des 1. Buch Mose heißt: »Kennt ihr auch Laban, den Sohn Nahors?« L. war der Schwiegervater Jakobs, offenbar von bedeutender Körpergröße, vielleicht aber bezieht sich das »lang« nur darauf, dass er immer so lange gelabant bzw. gelabert hat.

labern ist überflüssiges Reden, »Mein Vata kann de Laberwurscht nich vatrarn« hingegen ein Sprachscherz zum Wort Kandelaber.

Lackaffe, abwertende Bezeichnung für einen übermäßig bis lachhaft elegant gekleideten männlichen Menschen, der eben aussieht wie frisch lackiert und sich dabei affig benimmt.

lackmeiern meint betrügen. Ein Jelack- oder auch Jeblassmeierter ist demzufolge nicht der frisch lackierte oder erblasste Herr Meier, sondern einer, den man auf gut Berlinerisch anjeschissen hat.

Lamäng soll angeblich »Hand« bedeuten: »Karo aus de Lamäng« ist ein Karohandspiel beim Skat. Wenn man etwas aus der L. macht, dann macht man es sofort und ohne Vorbereitung.

Landsberger, nicht ein weithin unbekannter Nachfolger Lenins, gab aber der L. Allee (die mal L. Straße, mal L. Chaussee, mal Leninallee hieß und seit 1992 wieder wie vor 1950 heißen darf) ihren Namen. Über die gelangt man u.a. nach Marzahn und Altlandsberg, wo Friedrich I. mal residieren wollte.

Landwehrkanal, zieht sich auf einer Länge von 10,3 Kilometern von Charlottenburg bis zum Schlesischen Tor und kann am besten per Dampfer erfahren werden. »Et schwimmt eene Leiche im Landwehrkanal, / Lang se mir mal her, / Aber knautsch se nich so sehr.« Das konnten die Berliner ganz arglos singen, bis im März 1919 an seinem Ufer, an der Cornelius-Brücke, die Leiche der im Januar ermordeten Rosa Luxemburg aufgefunden wurde.

Lange Nacht der Museen, von Berlin aus in die Welt übergeschwappter Kultur-Quickie der besonderen Art. Schnell rein und wieder raus. Man ist doch nicht so bekloppt und steht minutenlang still und versunken vor einem Kunstwerk! Nee, erst die Menge in der Langen Nacht macht's. Prosecco zwischen Sauriern und Otto Dix. Weiter, Tempo, Tempo, mit extra Zubringerbussen zum nächsten Event. Deutsches Historisches Museum, Guggenheim, Pergamon-Museum mit Ischtar-Tor, Kunstgewerbe-, U- und S-Bahn-Museum und was es sonst noch alles gibt. 35 000 Menschen besuchten 2018 in einer Nacht 80 Museen und 800 Events – und alles auf ein Ticket!

Latichte ist die Laterne. »Jeh mir aus de Latichte« meint: Geh mir aus dem Licht.

Latschen, offene Hausschuhe, Pantoffeln, in denen man so richtig latschen kann. »Eene jelatscht« kann man auch von einem Latsch oder Lulatsch kriejen: eine Ohrfeige von einem großgewachsenen jungen Menschen.

Laubenpieper, ursprünglich Anhänger des Leipziger Arztes Dr. Schreber, der um 1850 fast so bekannt war wie heute Dr. Oetker, jedoch nicht den Pudding, sondern den Schrebergarten erfand – ein handtuchbreites Stück Land, auf dem sich mit wenig Mitteln eine Laube getreu dem Motto »Wer Jott vatraut und Bretta klaut, der hat 'ne billje Laube« errichten lässt. Noch heute gibt es auch im inneren Stadtgebiet und zwischen den S-Bahn-Gleisen Kleingartenkolonien, in denen die Pflanzordnung, der Verhaltenskodex und das Vereinsleben strenger reglementiert sind als im offenen Strafvollzug. Dass Berliner L. auch den Mittelstreifen der Autobahn nutzen würden, ist ein Gerücht.

Laus (Anoplura, Siphunculata), trat früher in ärmeren Wohngebieten häufiger auf als in reichen. Die L. hat den Sprachschatz der Berliner erheblich bereichert. So heißt der Kamm auch Lauseharke, wenn einem eine L. über die Leber gelaufen ist, hat man schlechte Laune, und wer keine L. auf der Naht hat, dem fehlt das nötige Kleingeld. Rief aber die Oma früher »Du Lausejunge, du!«, dann war das liebevoll gemeint, und man freute sich. Der Lauseplatz ist einfach nur der Lausitzer Platz in Kreuzberg.

LCB ist keine chemische Verbindung wie etwa das FCKW, sondern eine alte Fabrikantenvilla am Großen Wannsee, die von Walter Höllerer zu einer Kathedrale der Hochliteratur gemacht wurde. Auserwählte können sich dort staatlich gesponsert in der Herstellung dichterischer Produkte vervollkommnen und etwas ↑abhalten – nicht ihre Kinder etwa, sondern ihre Lesungen. Obwohl das LCB nichts mit der großen Berliner Musikerfamilie ↑Kollo zu tun hat, heißt es Colloquium (Literarisches Colloquium Berlin), was einmal mehr an der Kompetenz der Berliner Kulturbehörden zweifeln lässt.

Lebe glücklich, lebe froh / Wie der Mops im Paletot, alter Berliner Kinderreim, wobei der Mops ein dicker Hund ist und der Paletot ein Überrock. Man kann aber auch sagen: Lebe glücklich, lebe froh/Wie der König Salomo,/Als er uff'n Baume saß/und verfaulte Äppel fraß.

Lehrter Bahnhof, monumentaler Neurenaissancebau, 1871 am Humboldthafen gegenüber der Charité errichtet und einer der elf Berliner Kopfbahnhöfe, die es nicht mehr gibt. Der Lehrter Fernbahnhof wurde 1957–59 peu à peu abgerissen, der denkmalgeschützte und 1987 für 8,8 Millionen Euro rekonstruierte Lehrter Stadtbahnhof erst 2002, denn hier entstand der repräsentative neue Berliner ↑Hauptbahnhof nach Plänen von Meinhard von Gerkan und Einsparungen von Mehdorn, mit 14 Gleisen Europas größter Turmbahnhof.

Leierkasten, anderenorts als Drehorgel bekanntes Gerät, das in Berlin auf Straßen und Höfen als Musikinstrument gespielt und anerkannt wurde. Besonders bekannt sind die Drehorgeln der Firma Bacigalupo in der Schönhauser Allee.

Leine. »Mensch, zieh Leine!« meint: Hau ab!

Leipziger Straße, zwischen Spittelmarkt und dem achteckigen Leipziger Platz gelegene, mit zahlreichen Schikanen und wechselnder Randbebauung versehene Hindernisrennstrecke für Kraftfahrer. Die L. S. war früher eine belebte und beliebte Einkaufsstraße, was sie heute an ihrem Westende wieder zu werden versucht (Mall of Berlin).

Lemkes sel. Wwe, eine herrliche Romanfolge aus dem Berlin der Gründerjahre von Erdmann Graeser (1870–1937), die zur Pflichtlektüre für jeden gehört, der die Stadt verstehen will. Weil dem so ist und der Mann volksnah und verständlich schreiben konnte (↑»Koblanks«, »Eisrieke« und »Lotte Glimmer«), taucht er in Literaturübersichten und Nachschlagewerken nicht mehr auf. Seine Schuld, dass er uns keinen Gedichtzyklus mit dem Titel »Wenn die Wässer trocken werden« hinterlassen hat (1. Auflage: 13 Exemplare) – dann täte er es selbstverständlich. So können wir nur mit Tante Marie ein Lied aus dem Teil »Zur unterirdischen Tante« anstimmen: »Weene nich, et is vajebens, / Jede Träne dieses Lebens / Fließet in een Kellaloch, / Deene Keile kriste doch!«

Lenin, weit gereister russischer Revolutionär, der eigentlich Uljanow hieß und die im November 1917 stattgefundene Oktoberrevolution anzettelte. L. hielt sich um 1895 auch in Berlin auf, woran früher eine Tafel in der Frankfurter Allee erinnerte. Sein Standbild aus rotem Granit gehörte zu den umstrittenen ↑Denkmälern und wurde 1992 unter erheblichem Kostenaufwand vom heutigen Platz der Vereinten Nationen entfernt, der trotzdem immer noch wie der Leninplatz aussieht.

Lenné-Dreieck, steht für ein Stück Berliner Geschichte direkt aus dem Tollhaus. Im Juni 1988 hatten an die 300 West-Berliner Jugendliche (Umweltschützer, Alternative, Punks und Autonome) ein vier Hektar großes Stück Niemandsland zwischen Ost und West besetzt, das sogenannte L. im südlichen Tiergarten, wo heute das Sony Center in den Himmel ragt. Das Dreieck zwischen Lenné- und Bellevuestraße gehörte rechtlich zum Ostsektor, war aber aus strategischen Gründen westlich der Mauer verblieben und konnte sich so seit 1961 zum schönsten Biotop entfalten. Ab 1. Juli 1988 sollte es nun im Rahmen eines Gebietstausches an West-Berlin fallen, dessen Senat darauf seine stark umstrittene Westtangente errichten wollte. Kaum hatten die DDR-Grenzer am 26. Mai den Zaun vor dem Areal abgerissen, errichteten die West-Berliner Besetzer hier ihre Zelte und Hütten. Beete

wurden angelegt, und langsam wuchs ein richtiges Wehr-
dorf heran, versorgt von einer »Volxküche«. Zum Schutz vor
»Faschos und Bullen« legte man Schützengräben an. Das
L. wurde zu einer so großen Attraktion, dass der Senat aus
CDU und FDP sich bemüßigt sah, Gegenmaßnahmen zu
ergreifen. Zunächst wurde das Gelände eingezäunt, und
alsbald kam es zu kleinen Scharmützeln zwischen Polizei
und Polit-Campern, die langsam, aber sicher eskalierten:
Brandflaschen, Zwillen, Feuerwerkskörper einer- und Trä-
nengas andererseits kamen zum Einsatz. Am 1. Juli, sobald
das L. völkerrechtlich zum Westen gehören würde, würde
der Großangriff zur Räumung erfolgen, das war allen klar.
Und richtig, mit neun Hundertschaften rückte die helden-
hafte Polizei an. Gepanzerte Fahrzeuge, Mannschaftswa-
gen, Wasserwerfer, Kampfanzüge – der staatliche Goliath
war in Hochform. Was aber machten die Besetzer? Sie klet-
terten über die Mauer – und die DDR-Soldaten, die ansonsten jeden Grenzverletzer er- oder mindestens anschossen,
leisteten freundliche Hilfestellung. Die illegal Eingereisten
bekamen in Ost-Berlin ein schönes Frühstück und wurden truppweise über die Diplomatenschleuse am Bahnhof
Friedrichstraße nach West-Berlin zurückgeleitet. In der
DDR bleiben wollte keiner ...

Leopoldplatz, Bahnhof zum Umsteigen von der U6 in die U9
(umgekehrt soll das auch möglich sein, obwohl die Stau-
gefahr auf den Treppen dies fraglich erscheinen lässt) oder
zum Besuch des Rathauses Wedding, von Karstadt oder der
Nazarethkirche, zwischen 1881 und 1883 nach Plänen von
Karl Friedrich ↑Schinkel erbaut.

Leselust, Name der Buchhandlung am S-Bahnhof Waidmannslust, obwohl der Waidmann mit Lust eher Fährten als Bücher gelesen haben dürfte.

Letzte Instanz, alte Gaststätte, die in der Waisenstraße mit dem Rücken an den Resten der alten Stadtmauer klebt. Da die Berliner ihrer Justiz schon immer ein gesundes Misstrauen entgegenbrachten (Adolf Glaßbrenner: »Gerechtigkeit ist ein schön' Ding, aber es gibt auch Justiz«), verlegten sie die allerletzte Instanz vom nahen Stadtgericht lieber an diesen sympathischen Ort.

Leydicke, legendäre Alt-Berliner Kneipe und Destillerie in der Mansteinstraße 4, Nähe Dennewitzplatz, wo Lucie Leydickes Nachfahr selbstfabrizierte Liköre ausschenkt, nostalgische Konzerte veranstaltet und die Gäste mit munteren Reden bedenkt. Aus der ebenfalls selbstfabrizierten Werbung: »Da gibt's keinen Einwand / auch Leydicke Weinbrand / lässt schlagen die Herzen noch höher.«

Lichtenberg, immerhin zwölf Jahre lang eine selbstständige Stadt an der östlichen Weichbildgrenze Berlins, rechts und links der Frankfurter Allee. Stand früher wegen der Nähe des Schlachthofs und später als Adresse des Ministeriums für Staatssicherheit in keinem guten Geruch. Nach mehrfachen Gebietsverlusten ist L. seit der (vorerst) letzten Gebietsreform mit ↑Hohenschönhausen vereint. Allerdings hat sich der Name Hohenschönlichtenberg noch nicht durchgesetzt.

Lichtenberg 47, 1947 auf dem Sportplatz in der Normannenstraße (seit 1950 Hans-Zoschke-Stadion) gegründeter Nachfolgeverein von Lichtenberg Nord mit Orje Schweiger im Tor und Kelle und Münchow im Sturm. Der Ost-Berliner Verfasser erinnert sich genau daran – er ist dabei gewesen!

Lido meint nicht den zu Venedig gehörenden, sondern *das* L., seit 1951 an der Ecke Cuvry-/Schlesische Straße in SO 36 gelegen, einen der ersten Kino-Neubauten nach dem Krieg im Westen Berlins. Hier hat der Ost-Berliner Lexikon-Verfasser vom billigsten Western über den ersten 3-D-Film bis zur »Benny Goodman Story« so ziemlich alles gesehen, was ihm der volkseigene Progress Filmvertrieb vorenthielt. Erstaunlicherweise steht der Bau, der zeitweise der Schaubühne als Probebühne diente, noch immer und erfreut sich eines regen Kulturlebens.

Liebermann, Max, ist, wie es sich gehört, nicht nur in Berlin geboren worden (am 20. Juli 1847), sondern auch hier gestorben (am 8. Februar 1935). Unsterblich hat ihn nicht nur sein berühmter Ausspruch gemacht, dass er, sähe er die Nazis, gar nicht so viel essen könne, wie er kotzen möchte, sondern auch seine impressionistische Malkunst. 1884 kehrte er, nachdem er Berlin eines Kunstskandals wegen verlassen hatte, in seine Heimatstadt zurück und erwarb am ↑Pariser Platz ein Haus, das sowohl Wohnung als auch Atelier wurde. 1898 gründete er mit Walter Leistikow zusammen die Berliner Secession. Im Mai 1933 trat er, inzwischen bekanntester Maler Berlins, aus der ↑Akademie der Künste aus, deren Präsident er zwölf Jahre lang gewesen war – nun abgestempelt als »entartet«.

Lietzensee, in Charlottenburg beiderseits der Kantstraße gelegenes Gewässer, das im Krieg abgedeckt war, um den alliierten Bomberpiloten durch sein Geschimmere keine unerwünschte Orientierungshilfe zu geben, und nachher durch Richard Heys stilbildenden Kriminalroman »Ein Mord am Lietzensee« bundesweit bekannt geworden ist.

Lincke, Paul, Komponist der unsterblichen Nationalhymne »Das ist die Berliner Luft, Luft, Luft …« aus seiner Operette »Frau Luna«, uraufgeführt 1899 im Apollo-Theater. 1866 in Berlin geboren (wo sonst?), aufgestiegen zum Operettenkönig, setzten ihm die Kreuzberger nach seinem Tode (1946 in Clausthal-Zellerfeld) ein Denkmal, indem sie die Straße am Landwehrkanal, zwischen Kottbusser Damm und Ratiborstraße, Paul-Lincke-Ufer tauften. Der »feine Paul«, wie man ihn nannte, wäre sich wohl ein wenig komisch vorgekommen, wenn er den herumlungernden Schnorrern am Kotti mit seinen Glacéhandschuhen 'n Euro gegeben hätte.

Linie 1 ist (a) ein Teil des Berliner U-Bahn-Netzes, die Verbindung zwischen den Stationen Uhlandstraße am Ku'damm und Warschauer Straße in Friedrichshain, Fahrzeit gerade mal 20 Minuten, mit Durchquerung von noblen Stadtvierteln und recht heruntergekommenen Quartieren, und (b) der Titel eines Musicals des ↑Grips-Theaters von Volker Ludwig und Birger Heymann (Musik), das seine Würze aus ebendieser konflikthaltigen Mischung bezieht und nach seiner Uraufführung am 30. April 1986 zum Welterfolg wurde. Damals allerdings, vor der Wiedervereinigung, verkehrte die L. 1 zwischen den Bahnhöfen Ruhleben und Schlesisches Tor. »Von Stöhneberg bis Stempelhof / von Krankwitz bis Morbit / Sing ich dein Lied, Berlin / Sing ich dein Lied.«

Literatur. Laut offizieller Bestandsaufnahme der Akademie der Künste gab es um 1995 in Berlin 349 lebende Dichter und -innen, von den ungezählten toten einmal abgesehen, die viel berühmter waren, als es die lebenden sind. György Konrád, langjähriger Präsident dieser Akademie, der es demzufolge wissen muss, konstatiert allerdings: »Die Zahl der Schriftsteller nimmt schneller zu als die der Leser.« Die Liste der in den ↑Goldenen Zwanzigern in Berlin beheimateten Schriftsteller reicht von Gottfried Benn über Bertolt ↑Brecht, Alfred Döblin, Erich Kästner, Else Lasker-Schüler, Heinrich Mann, Theodor Pli(e)vier, Erich-Maria Remarque, Ludwig Renn, Joachim Ringelnatz und Kurt ↑Tucholsky bis zu Carl Zuckmayer und Arnold Zweig, von denen nur zwei aus Berlin stammten. Wen Sie von den gegenwärtig schätzungsweise 8349 Berliner Autoren kennen, stellen Sie bitte selber fest. Doch Vorsicht:»Viele unserer Schriftsteller gefallen sich in einem verworrenen Stil.« (Friedrich II.) Da in Berlin über 200 Verlage existieren, hat auch so mancher halbbegabte Autor, selbst wenn er keinen Blog von einem Schreibblock zu unterscheiden vermag, beste Chancen, veröffentlicht zu werden. Dass die hehre Akademie Slam-Poetik, Kriminalromane und Berlin-Lexika nicht zur L. zählt, demotiviert uns keineswegs.

Literaturhaus, Stadtvilla in der Fasanenstraße 23, dicht am Kurfürstendamm, in der seit 1986 Literaten raten können, warum ↑Tucholsky einmal gesagt hat, dass nichts scheußlicher sei, als wenn Literaten Literaten Literaten nennen.

Litfaßsäulen, Anschlagsäulen von erheblichem Umfang aus Blech, deren erste der Buchdrucker und Verleger Ernst Theodor Amandus Litfaß am 5. Dezember 1854»zwecks unentgeltlicher Aufnahme der Plakate öffentlicher Behörden und gewerbsmäßiger Veröffentlichung von Privatanzeigen« auf fiskalischem Straßenterrain errichten ließ und die bald zu Wahrzeichen Berlins aufstiegen. L. sollten anfangs mit öffentlichen Bedürfnisanstalten kombiniert werden, was die Berliner zu der an den (wenig später im Duell getöteten)

Polizeipräsidenten Hinckeldey gerichteten Bitte veranlass-
te: »Ach lieber Papa Hinckeldey/mach uns für unsre Pinke-
lei/doch bitte einen Winkel frei.«

Littiti drückt Zweifel an der geistigen Vollkommenheit eines
Menschen aus: »Die hat ja 'n kleenen Littiti!«

Loden meint in Berlin außer dem filzigen Stoff auch lange
Haare: »Der mit seine langen Loden.«

Lokus, der Ort oder besser das Örtchen, auch Klo genannt (von
Klosett). Vornehme Berliner sagen: »Ick jeh ma bei Tante
Meiern 'n Ei lejen.«

Lorke, vom Sachsen als Bliehmchengaffee bezeichnet, meint
eine dünne Plärre oder Plürre – dünnen Kaffee.

Lortzing, Albert (1801–1851), neben Giacomo Meyerbeer und
dem in Hamburg geborenen Felix Mendelssohn Bartholdy
der einzige ernst zu nehmende Berliner Komponist, der
nach langen Wanderjahren ein halbes Jahr vor seinem Tode
einen schlecht bezahlten Job als Kapellmeister in der Stadt
fand. Ist es ein Wunder, dass keine seiner Opern in Berlin
spielt?

Loveparade, groß angelegter Feldversuch der Bundesanstalt
für Gartenbau (BGB) im Berliner Tiergarten, um herauszu-
finden, wie viel Liter menschlichen Urins ein Quadratmeter
Erde aufnehmen kann. Zu diesem Zwecke lockte man unter
dem Deckmantel, es handle sich um eine politische Veranstaltung, etwa eine Million ebenso tanzwütiger wie sound-
süchtiger junger Menschen, genannt Raver, nach Berlin. Dr.
Motte, so das Pseudonym des Veranstalters, rief die Jugend
der Welt, und alle flatterten zum Licht. Die Technomaniacs
wälzten sich zwischen Brandenburger Tor und Siegessäule
die Straße des 17. Juni entlang und gaben sich entfesselt.

Die Bässe wummerten, die Adern waren vollgepumpt mit Adrenalin, die Welt und alles darüber hinaus erschien megageil, und der Große Tiergarten musste wieder einmal als Donnerbalken der Nation und Müllhalde herhalten. Nach Schätzungen des Bundes für Umwelt und Natur (BUND) sind 750 000 Liter Urin im Boden versickert, und die Berge hinterlassenen Mülls erreichten ein Gewicht von 200 Tonnen. Immerhin war der damalige Law-and-Order-harte Innensenator glücklich über diese Art von Jugend, die keine Steine auf seine Polizisten und keine Molotowcocktails in Supermärkte warf. »One World – One Future«, so das Motto der L. 1998, in der Übersetzung der 19-jährigen Raverin Katja K. aus Brechhausen an der Runze: »Ohne Welt – ohne Futter«. Aber vielleicht gab es Katja K. gar nicht, weil sie zu den 400 000 Menschen gehörte, die den Unterschied ausmachten zwischen dem, was die Veranstalter an Teilnehmern zählten (1 000 000), und den Angaben der Polizei (600 000). Nachdem die L. ihre Anerkennung als politische Veranstaltung verloren hatte, versank sie mehr und mehr im Kommerz und fand 2006 letztmalig in Berlin statt. Mehrere westdeutsche Städte drängten sich um die Nachfolge – mit dem bekannten tragischen Ergebnis der letzten L. 2010 in Duisburg.

Lübars, am Rande des Tegeler Fließes gelegen, hat von den vielen Dörfern, die in Berlin aufgegangen sind, als beinahe einziges seinen früheren Charakter weithin erhalten. Auf dem Dorfanger steht das klassische märkische Ensemble: Dorfkirche, Dorfschule und Spritzenhaus. Daneben gibt es zahlreiche einstöckige Bauernhäuser sowie das Gasthaus »Zum lustigen Finken« und den »Alten Dorfkrug«. Auf einer ehemaligen Müllkippe erstreckt sich der Freizeitpark L., sogar mit einer Rodelbahn versehen.

Luft, Friedrich (1911–90), Theater- und Filmkritiker, wurde mit seiner Schlussfloskel »Nächste Woche, gleiche Stelle, gleiche Welle« von gleich nach dem Krieg bis zu seinem Tode jeden Sonntag um 11.45 Uhr per ↑RIAS verbal in den Äther geschossen, als »Stimme der Kritik« zu einer Berliner Legende.

Luftbrückendenkmal, auch ↑Hungerharke genannt, steht auf dem Platz vor dem einstigen Flughafen Tempelhof und erinnert an die Berlin-Blockade. Die U6 bringt Sie hin: Bahnhof ↑Platz der Luftbrücke.

Luisenstadt, südöstlicher Teil des alten Berlin, zwischen Spree und Landwehrkanal gelegen. Ab 1685 von Hugenotten, Waldensern, Wallonen und Schweizern besiedelte Vorstadt vor dem Köpenicker Tor, die sich ab 1802 nach der Königin Luise benennen durfte. Die L. wurde 1920 zwischen den Bezirken Mitte und Kreuzberg und damit 1945 zwischen Ost und West geteilt. Aus unerfindlichen Gründen wurde die L. bei der Bezirksreform nicht zum Regierungsbezirk geschlagen und bleibt weiterhin geteilt.

Luisenstädtischer Kanal, zur Verschönerung der Stadt und zur Hebung des Schiffsverkehrs 1848–52 von Lenné im Rahmen eines Arbeitsbeschaffungsprogramms (ABM) recht unzweckmäßig angelegter Kanal zwischen Landwehrkanal und Schillingbrücke, der sich in der Folgezeit als übelriechende Fehlinvestition erwies und deshalb 80 Jahre später von ABM-Kräften wieder zugeschippt wurde. Abermals 70 Jahre später buddelten ABM-Kräfte der übernächsten Generation die Kanalfundamente zwecks Verschönerung

der Stadt wieder aus. Mal sehen, was den Behörden als
Nächstes einfällt. Motto: Wir ham den Kanal noch lange
nich voll ...

Lustgarten, nicht etwa Treffpunkt und Kultstätte postmo-
derner Genussmenschen und Grabstätte des großen Philosophen Orgasmus von Rotterdam (1569–1606), sondern
das Fleckchen Berlin zwischen ↑Dom, ↑Altem Museum
und Karl-Liebknecht-Straße, das der Große Kurfürst seit
1645 als Botanischen und Küchengarten genutzt hat. Die
Lust am Gärtnern und nicht an der Gärtnerin soll es also
gewesen sein ... Jedenfalls wurden hier Deutschlands erste Kartoffeln angebaut. Unter dem Soldatenkönig war der
L. selbstverständlich ein Exerzierplatz. 1835 durch Peter
Joseph Lenné neu gestaltet, 1935 gepflastert und immer
wieder als Stätte von Propagandaveranstaltungen ge- und
missbraucht. Heinz ↑Knobloch hat dem L. mit »Berlins alte
Mitte« ein Denkmal gesetzt.

M

M meint nicht die ehemalige Währung der DDR oder die Abkürzung des französischen Wortes für Herr, sondern »Mörder«. Ein »M« wird einem Triebtäter von einem Bettler mit Kreide als Kainszeichen auf die Schulter geschlagen, sodass ihn eine ganze Stadt, Berlin nämlich, jagen kann. Voran die Unterwelt mit Gustaf Gründgens an der Spitze, die ihre Geschäfte gefährdet sieht. M ist Peter Lorre, und Fritz Langs »M – Eine Stadt sucht einen Mörder« ein Film von 1931, der so einmalig ist, dass einem alle leidtun, die heutzutage das Rad immer wieder neu erfinden müssen. Gemessen an Otto Wernicke als Leiter der Mordkommission, sehen die heutigen »Tatort«-Kommissare ziemlich alt aus, besonders die Berliner.

Mache. Wenn man jemand in die M. nimmt, dann heißt das, dass man ihn nachhaltig beeinflussen will, bei Kindern möglicherweise auch unter Anwendung von Zuchtmitteln früherer Jahrhunderte, gemäß dem üblen Motto: »Leichte Schläge auf den Hinterkopf erhöhen das Denkvermögen!«

machen tun wa, wat wa könn: Wir machen Feuer, Krach, den Vereinsvorsitzenden oder denselben zur Sau, da machen wa uns janüscht draus, und wenn es sein muss, machen wa ooch aus de Stadt wech. Et macht sich ehm't in Berlin, ooch wenn mancha nich mehr lange macht – macht nischt, lejen wa'n erst ma uff det unjemachte Bette. Hauptsache, et hat keena injemacht. Nu mach schon! Und keene unnötjen Machinationen, wir ham ja schließlich keene ↑Macke!

Macke meint einen (geistigen) Fehler oder auch einen (technischen) Schaden: »Der Radio hat 'ne Macke.«

Macker, männlicher Freund, der sich ein wenig machohaft gibt: »Is det Marion ihr Macker?«

Magistrat, von 1710 bis 1948 (in Ost-Berlin bis 1990) die höchste Verwaltungsinstanz unter einem Oberbürgermeister. Nach Wahlen in West-Berlin 1948 wurde der M. durch den ↑Senat mit dem Regierenden Bürgermeister abgelöst, der nach einer Übergangszeit mit einem Magi-Senat seit 1990 dem Vernehmen nach auch für Berlin-Ost zuständig sein soll und sogar ebendort residiert, nämlich im ↑Roten Rathaus.

Magistrats(regen)schirm werden die Hochbahnviadukte in der Skalitzer Straße und in der Schönhauser Allee genannt. Über weite Strecken stehen aber nur Autos drunter.

Mahlsdorf, ausgedehntes Dorf und Zersiedlungsgebiet an der östlichen Stadtgrenze, durch das Gründerzeitmuseum der Charlotte von Mahlsdorf im ehemaligen Gutshaus bekannt geworden.

Mai, ein Monat, der den Berlinern viel bedeutet. Man singt: »Das war in Schöneberg im Monat Mai …«, feiert die Neuköllner Maientage als Volksfest in der Hasenheide und freut sich insbesondere, wenn sich die Niederschläge in Grenzen halten, denn: »Ist der Mai kühl und trocken, / kann man schon im Freien bocken.«

Maifeld, meist menschenleerer, an sich aber gigantomanischer Festplatz für 500 000 Teilnehmer mit Tribünen für 70 000 Zuschauer gleich neben dem ↑Olympiastadion. Auf ihm trainieren Herthas Fußballer und feierten die Engländer bis 1994 den Geburtstag ihrer Queen. Wer Polospiele, Turnfeste und Kirchentage organisieren will, greift gern auf das M. zurück, auf dem auch schon Pink Floyd und Tina Turner gastierten.

mang ähnelt in Ton und Bedeutung dem englischen *among* (unter). »Mang uns mang is eener mang, der nich̖ mang uns mang jeheert« meint: Unter uns befindet sich jemand, der nicht zu uns gehört.

Marienlust, legendäres Wirtshaus am Langen See gegenüber der Bammelecke (↑Bammel), vom Müggelturm aus über eine lange Treppe, aber auch per Dampfer von Grünau aus zu erreichen. Leider 1997 abgebrannt – und ob Marie je wieder Lust bekommt, ist höchst ungewiss.

Märkisches Museum, vom fleißigen Berliner Stadtbaumeister Ludwig Hoffmann in zahlreichen Stilabwandlungen erbauter historistischer Gebäudekomplex am Köllnischen Park. Zentraler Teil des Berliner Stadtmuseums, in dem alles das aufbewahrt wird, was mit der Geschichte der Stadt und der Mark Brandenburg zu tun hat.

Märkisches Viertel, Trabantenstadt im Stadtbezirk Reinickendorf, östlich der B96 (Berliner Straße, Oraniendamm, Oranienburger Straße) gelegen. Im Märkischen Viertel, anfangs der Anlaufschwierigkeiten wegen auch Merkwürdiges Viertel genannt, leben an die 40000 Menschen, die überraschend zufrieden scheinen, obwohl die immer wieder versprochene U-Bahn nicht einmal mehr geplant ist. Eine Stadt in der Stadt ohne Anbindung ans Schienennetz zu bauen war einer der berüchtigtsten Schildbürgerstreiche der Berliner Kommunalpolitik, die ihre Zurückhaltung gegenüber nicht dieselverbrauchenden Verkehrsmitteln lange konservierte.

Markt, »Marcht« ausgesprochen, in Berlin von alters her populäre Einkaufsstätte (gelegentlich auch Hinrichtungsstätte), wie die historischen Bezeichnungen ↑Molkenmarkt, ↑Spittelmarkt, ↑Hackescher Markt oder ↑Gendarmenmarkt bezeugen. Molke und Polizisten werden heute nicht mehr öffentlich verkauft, aber der ambulante Freilufthandel hat seinen Reiz über die Jahrhunderte bewahrt. Beliebt sind neben den zahlreichen Trödelmärkten u. a. der Wochenmarkt auf dem Schöneberger Winterfeldtplatz, der Türkenmarkt am Maybachufer und der Thaimarkt im Preußenpark, dem zusätzlich zu den lukullischen Genüssen eine hygienische Auffrischung versprochen ist.

Markthallen, ab 1886 aus hygienischen Gründen eingerichtete Verkaufshallen, die sich nur allmählich durchsetzten. Von den einst über das innere Stadtgebiet verteilten M. existieren noch die Arminius-, die Eisenbahn- und die Marheinekehalle, die restlichen sind im Krieg zerstört oder danach bis zur Unkenntlichkeit umgestaltet worden.

Marmorhaus, keine Stätte, wo das durch Metamorphose von Kalken entstandene mittel- bis grobkörnige Gestein ausgestellt und feilgehalten wird, sondern ehemals ein bekanntes Kino am Kurfürstendamm, in dem heute ein Modelabel und Deutschlands zweitgrößtes Yoga-Studio zu Hause sind.

Martin-Gropius-Bau. Also, Gropiusse ham wa zwee'e in Berlin: (a) den Architekten von'e ↑Gropiusstadt, den Walter (1883 bis 1969), und (b) den Martin (1824–1880), der 'n Verwandter von ihm war, aba ooch jerne wat Eijenet bauen wollte, watta dann mit einem jewissen Heino Schmieden zusammen jetan hat. Als der Rohbau fertig war, kam die Frage an den Bauherrn: »Wat soll'n für'n Stil ran?«, und der sagte: »Renaissance.« So entstand in der Nähe des Anhalter Bahnhofs ein herrlicher Bau mit einem Lichthof, den jeder gerne hätte, um darin seine Modeleisenbahn aufzubauen, Tischtennis zu spielen oder mit seinen Inlineskates zu üben. Geht aber nicht, da hier ständig hochkarätige Ausstellungen zur zeitgenössischen Kunst, Fotografie und Kulturgeschichte stattfinden. Die über Preußen oder das Verhältnis zwischen Frankreich und Deutschland z. B. waren absolute Megaevents.

Marx-Engels-Platz, nach Abriss und Sprengung der feudalen Zwingburg der Hohenzollern (DDR-Deutsch für das teilzerstörte Schloss) von 1951 bis 1994 Name des auf diese Weise entstandenen Aufmarschplatzes einschließlich ↑Schlossfreiheit und ↑Lustgarten. 1962–64 wurden am Rand des Platzes das Staatsratsgebäude und 1973–76 der ↑Palast der Republik gebaut. 1983 entstand auf dem gegenüberliegenden Berliner Ufer der Spree das Marx-Engels-Forum mit dem Denkmal der Erfinder des wissenschaftlichen Kommunismus, die zwar – wie der Staatsratsvorsitzende und etliche seiner Satrapen – aus Westdeutschland stammten, aber immerhin im Osten Berlins studiert hatten. Das Denkmal in doppelter Lebensgröße (Engels stehend) wird der modischen Kleidung wegen auch als »Sacco und Jacketti« (nach zwei 1927 in den USA hingerichteten Arbeiterführern) bezeichnet und von Besuchern oft fälschlich für ein Denkmal der DDR-Bekleidungs- und -Schuhindustrie gehalten.

Marzahn, ein immer noch vorhandenes Dorf mit Dorfmuseum inmitten des riesigen Neubaugebiets zwischen ↑Hohenschönhausen und ↑Hellersdorf.

Märzgefallene, die 274 in den Märzkämpfen des Jahres 1848 vom preußischen Militär Getöteten oder ihren Verletzungen Erlegenen. Die meisten von ihnen sind auf dem noch heute bestehenden Friedhof der Märzgefallenen im Friedrichshain beigesetzt. König Friedrich Wilhelm IV. musste dem Trauerzug entblößten Hauptes die Ehre erweisen, worin sich, wie sich bald herausstellte, der Erfolg der Revolution auch schon weitgehend erschöpfte.

Maße und Gewichte, in Berlin häufig von der Norm abweichend. Obwohl seit 1884 nicht mehr offiziell gebräuchlich, rechnen Berliner gerne noch in Pfund (500 Gramm – auch in halben, viertel und achtel Pfund) und Zentnern (50 Kilogramm). Ein Mann, der beim Kaufmann zwei Pfund Salz verlangt, wird belehrt, das hieße jetzt Kilo. »Na jut«, sagt er, »denn jehm Se ma ehm zwee Funt Kilo.« Auch für das Geld galten eigene Begriffe: »Een Sechser« hatte fünf »Fennje«, der »Jroschen« zehn, der »Taler« drei Mark und »det Funt« in diesem Fall zwanzig Mark. Selbst für die Zeit gibt es eigene Maßeinheiten, die zwischen »een Momang« und »ewich und drei Dare« liegen, und Unrat (Unheil) wittert der Berliner »siem Meilen jejen den Wind«.

Massel, unverdientes, unerwartetes Glück. »Mensch, hast du aba 'n Massel jehabt!«, heißt es, wenn man verschlafen hat und zehn Minuten zu spät am Flugplatz ankommt, die Maschine aber wegen eines technischen Problems erst eine halbe Stunde später starten kann oder wenn jemand auf die Starkstromschiene der S-Bahn gepinkelt hat und eigentlich hätte tot sein müssen, wäre diese nicht zufällig abgeschaltet gewesen. ↑Dusel hat den gleichen Effekt.

Mauer, in Berlin älter als gemeinhin angenommen, da bereits 1720 Pläne zur Ummauerung der Friedrichstadt bestanden, wie noch heute die Mauerstraße verrät. Reste der noch älteren Stadtmauer sind in der Nähe der ↑Letzten Instanz zu besichtigen. 1732 wurde die Stadt von der Akzisemauer umgeben, die erst im 19. Jahrhundert fiel. 1961 ließ Walter Ulbricht durch seinen Adlatus Honecker quer durch Berlin ein Bauwerk errichten und gab ihm in weiser Voraussicht den einprägsamen Namen M. An der Berliner M. starben rund 250 Menschen (die Wissenschaftler streiten noch über die genaue Zahl), die meisten von Mauerschützen erschossen, die des Lobes ihrer Vorgesetzten und Staatsoberen sicher sein durften. Bei den Prozessen in Moabit stellte sich in den 1990er-Jahren allerdings heraus, dass es gar keinen Schießbefehl gegeben und überhaupt niemand nichts von irgendwas gewusst hatte oder gar verantwortlich war. Dokumentiert ist die Geschichte der 1989/90 von Mauerspechten zernagten und anschließend nahezu vollständig abgetragenen M. in der Gedenkstätte Berliner Mauer an der Bernauer Straße (mit künstlerisch verfremdeter Rekonstruktion von M. und Todesstreifen) und im Mauermuseum am ↑Checkpoint Charlie. Ein Rest der M. ist noch als ↑East Side Gallery zu sehen. Die Auffindung eines Urmauerrestes in Schönholz war 2017 eine echte Sensation.

Mauerpark, zum Park mit Liegewiese und Hang umgestaltetes ehemaliges Bahngelände an der Schwedter Straße zwischen Wedding und Prenzlauer Berg, über das 28 Jahre lang die Ost-West-Grenze samt Mauer verlief. Der M. mit frei bespielbarem Amphitheater, Flohmarkt und Kinderbauernhof wird besonders an den Wochenenden sowohl alternativ wie überhaupt genutzt. An der Eberswalder Straße finden sich Reste der ersten Grenzbefestigungen und eines Fluchttunnels.

Mauke, sowohl ein stark angeschwollenes Bein (»Kiek dir ma meine dicke Mauke an!«) als auch ein unförmiger, ausge-

tretener Schuh (»Haste irjendwo meine Mauken jeseh'n?«),
Käscmauken sind Schweißfüße.

mauscheln beschreibt unredliche Praktiken, ob beim Spiel, im
Geschäft oder in der Politik.

Max-Schmeling-Halle, moderne Multifunktionshalle nahe
Mauerpark und Schönhauser Allee, 1996 in Anwesenheit
des Namensgebers eingeweiht, wo die Volleyballer Berlin Recycling Volleys und die Handballer Füchse Berlin für
Stimmung sorgen oder Joe Cocker und Robbie Williams
11 900 Zuschauer von den Sitzen springen ließen.

Max-Taut-Schule, vom Architekten Max Taut ab 1931 errichtetes, modernes und größtes Schulgebäude Deutschlands
an der Fischerstraße in Rummelsburg, in dem der eine
Verfasser dieses Lexikons 1958 sein Abitur bestand. Heute
beherbergt die M. ein Oberstufenzentrum für die Berufs-
ausbildung, und 2007 ist sogar die im Krieg ausgebrannte
Aula wiedereröffnet worden. Schräg gegenüber hat der junge ↑Zille um 1880 mit seinen Eltern gewohnt.

M-Bahn (Magnetbahn), Entgleisung der Berliner Verkehrs-
politik, die uns Steuerzahler viele Millionen Mark gekos-
tet hat. Vom Gleisdreieck ging es, teils auf der Trasse der
teilungsbedingt stillgelegten Hochbahn, über die Station
Bernburger Straße zum Kemperplatz an der Philharmonie.
Das gesamte Kleinprofilnetz der U-Bahn sollte eines Tages zur M. werden. Die Probefahrten begannen 1984, und
der technologische Durchbruch gelang am 19. Dezember
1988 – da krachte ein Zug durch die Scheiben des Bahnhofs
Kemperplatz und hing in sechs Meter Höhe halb drinnen,
halb draußen. Dank Mauerfall und Wiedervereinigung
musste die M. der alten U-Bahn weichen. Im Januar 1992

war alles wieder abgerissen. »Außer Spesen nüscht jewesen ...«

Mediaspree, nicht unumstrittenes (»Mediaspree versenken!«) Mega-Invest-Vorhaben entlang der Spree zwischen Elsenbrücke und Ostbahnhof, u. a. auf dem Areal des einstigen Osthafens und der Grenzanlagen.

melanklütrig oder **melanklötrig** ist der Melancholiker.

Mendelssohn, Moses (1729–86), in Dessau geborener und als 14-Jähriger zu Fuß nach Berlin zugewanderter Philosoph und bedeutender Vertreter der Aufklärung, dem Heinz ↑Knobloch in seinem Buch »Herr Moses in Berlin« (1979) ein bleibendes Denkmal gesetzt hat, während der Grabstein von M. auf dem Alten Jüdischen Friedhof in der Großen Hamburger Straße schon der dritte ist. Enkel Felix Mendelssohn Bartholdy (1809–1847) kann mit Recht zu den Berliner Komponisten gerechnet werden.

Menkenke, Unsinn oder unnötiger Aufwand, ähnlich Fisematenten, ↑Heckmeck oder ↑Kokolores.

Menzel, Adolph von, der kleine Mann, der Friedrich den Großen getötet hat. »So ein Quatsch!«, rufen Sie aus, Friedrich II. habe schließlich von 1712 bis 1786 gelebt und M. erst später, von 1815 bis 1905. Doch, er muss diesen Mord trotzdem begangen haben, denn unter dem Bild steht: »Tod Friedrich des Großen nach einem Stich von Menzel.« M. malte nicht nur den Alten Fritz an der Tafel und beim Flötespielen, sondern auch die erste Eisenbahn auf Berliner Boden, die Arbeiter im Walzwerk und immer wieder Straßenszenen mit viel einfachem Volk darauf. Aber natürlich auch die feine Gesellschaft von 1878, wie sie sich beim großen »Ballsouper« vergnügt. Einfach super. Nicht nur die Berliner halten ihn für den größten Maler des 19. Jahrhunderts. Und als echter Berliner ist er natürlich in Breslau geboren worden ... **meschugge** ist jiddisch und heißt verrückt. Das soll ich noch näher erklären? Ick bin doch nich meschugge!

Metropol-Theater, ursprünglich ein Revue- und Operettentheater im Haus der heutigen ↑Komischen Oper, residierte nach 1945 an der Schönhauser Allee und seit 1955 im ↑Admiralspalast am Bahnhof Friedrichstraße. Als erfolgreiches Operetten- und Musicaltheater 1997 in die Pleite getrieben, nur noch eine Episode der Trauerspiel-Dauerinszenierung Berliner Theaterkultur.

Miesepeter, ein melanklütriger Pessimist, der über alles meckert. Steht als original Berliner unter Artenschutz und mutiert bei entsprechender Fütterung leicht zum Wutbürger.

Mietskasernen, in Berlin erfundene Form des gesellschaftlichen Zusammenlebens auf engstem Raum. Die ersten M. in der Köpenicker Straße und vor dem Stralauer Tor waren tatsächlich von den Soldaten geräumte Kasernen, die 1795 zur Vermietung freigegeben wurden. Bald errichteten Spekulanten nur zum Zweck der Vermietung enge und primitive Wohngebäude, in denen durchschnittlich über 300, manchmal aber auch über 1000 Menschen »lebten«. Noch heute existieren in Mitte, Prenzlauer Berg und Kreuzberg abschreckende Beispiele für muffige M. mit mehreren engen Hinterhöfen. Von Heinrich ↑Zille, einem Kenner dieses »Milljöhs«, stammt die treffende Bemerkung: »Man kann mit einer Wohnung einen Menschen genau so gut töten wie mit einer Axt.«

Migranten oder zumindest deren Nachfahren sind die meisten Berliner: wendische Fischer, askanische Krieger, slawische Bauern, flämische und niederländische Zuwanderer, versprengte Überlebende des Dreißigjährigen Kriegs, böhmische Brüder, französische Hugenotten, Schweizer Calvinisten, auswärtige Hofschranzen, Arbeitsemigranten, Entrepreneure und Geschäftemacher aus allen Teilen Deutschlands. Wer zählt die Völker, nennt die Namen, / die multiethnisch hier zusammenkamen? Heutzutage natürlich die Statistik! Von den Völkern der Welt, die nicht nur auf Berlin geschaut haben, sondern in den letzten 60 Jahren auch hergezogen sind, sollen 1 123 142 Menschen aus dem Ausland sein (Stand: 30. Juni 2016). Da sind die alteingesessenen Hugenotten, die um 1700 fast 25 Prozent der Bevölkerung ausmachten und deren vollständige Integration mehrere Generationen dauerte, selbstverständlich nicht mehr mitgezählt. Der Anteil der aus dem Ausland kommenden Personen bewegte sich 2016 in den 12 Berliner Bezirken zwischen 50 Prozent in Mitte und 15,7 Prozent in Hellersdorf, wobei die Ortsteile, die einst West-Berlin zugehörten, die ersten Rangplätze einnahmen (Gesundbrunnen 98,9 Prozent). Wollen wir nun eine Metropole sein oder nicht?

Minetti, Bernhard, Berliner Theaterlegende, 1905 in Kiel geboren und 1998 in Berlin gestorben, hatte seine ersten großen Erfolge schon vor 1945 am Preußischen Staatstheater unter der Regie von Jessner und Gründgens. Noch mit 80 Jahren war er an der Schaubühne ein unvergesslicher König Lear.

mir heißt das berlinerische Universalpronomen (↑Grammatik).

Mischpoke, die Familie im schlimmeren Sinne: »Sonntach kommt der wieda mit seine janze pucklije Mischpoke anjeritten!«

Mitte, der Berliner Bezirk mit der Nummer eins und tatsächlich in der Mitte der Stadt gelegen. Zu Beginn des 18. Jahrhunderts und vor dem Bau der Akzisemauer bedeckte der heutige Teilbezirk die Fläche des gesamten Berlin. Bei der Bezirksreform 2001 gerieten auch Wedding und Tiergarten unversehens in die M.»Ab durch die Mitte!« aber heißt schlicht: Verschwinde!

Moabit ist nicht nur (a) ein Ort in der Bibel und (b) ein Ortsteil des Bezirks ↑Mitte (bis 2001 des eigenständigen Bezirks Tiergarten), sondern (c) auch ein Synonym für das dort ansässige Kriminalgericht. Trotz der biblischen Warnung »Richte nicht, auf dass du nicht gerichtet werdest!« tut man das in M. pausenlos, und das Kriminalgericht ist des Berliners liebstes Gericht, noch vor Eisbein mit Sauerkraut und Erbsenpüree, Kartoffelpuffern oder Currywurst mit Pommes. Mächtig barock ist der Bau in der Turmstraße, und sein Treppenhaus lässt einen ganz klein und gedrückt werden. Wenn man hineingelassen werden will, muss man sich absonden lassen wie auf dem Flughafen – aber besser abgesondet als abgesondert (im Zinksarg oder so). Die hohe Sicherheitsstufe bei laufenden Prozessen und der nahe Hochsicherheitstrakt sorgen dafür, dass man derart traktiert wird. Justitia, die hier praktiziert wird, kommt übrigens von lateinisch *jus* (Recht) und nicht aus dem DDR-Deutschen Jus (von englisch *juice*, Saft).

Mode hat in Berlin schon immer stattgefunden, weil et ehm jrade Mode war – und manchmal so doll, dass der König gegen die Auswüchse einschreiten ließ. Heute ist die M. durch zahlreiche junge Designerinnen und diverse Großevents verstärkt hipp geworden.

Molkenmarkt. Molke ist eine bei der Käseherstellung anfallende Flüssigkeit, die an diesem ältesten Platz Berlins nahe den Mühlen gehandelt wurde. Am M., wo einst das Kulturministerium der DDR seinen Sitz hatte, sind echte und echt nachgebaute Reste der alten Bebauung erhalten, darunter die Palais der Herren Schwerin und Ephraim.

Molle, eigentlich ein länglicher Trog aus Holz oder auch das Bett (Furzmolle). In Berlin bedeutet M. auch einfach ein Glas Bier. Missfällt dem Berliner Geschmack oder Trübung der urinfarbenen Flüssigkeit, konstatiert er lakonisch: »Ick jloobe, det Ferd hatte Zucka.«

Mont Klamott, im engeren Sinne der Bunkerberg im Volkspark Friedrichshain, im weiteren jeder Berg, der ein Trümmerberg ist, weil Klamotten in Berlin nicht nur (a) Kleidungs- und (b) Theaterstücke mit primitiver Situationskomik, sondern (c) auch herumliegende Steine sind (↑Berge).

Moorlake, Wirtshaus und bekannter Ausflugsort an einer Havelbucht im Volkspark Klein-Glienicke. Wenn Se von'a ↑Pfaueninsel komm' und nach de ↑Glienicker Brücke wollen, liegt det inne Mitte. Bei Plattbeene und Blasen an 'ne Hacken könn' Se ooch uff 'n Dampfer warten: Die tun hier rejelmäßig anlegen.

Morgenpost, eigentlich »Berliner Morgenpost«, von Einheimischen auch liebevoll-spöttisch Mottenpost genannt, ist eine vor allem im Westteil der Stadt gern gelesene Tageszeitung, die sich an die gehobene, im Allgemeinen aber abiturlose Mittelschicht wendet.

Motz, gemeinnütziger Verein und Herausgeber des Berliner Obdachlosenmagazins »Motz«, das vorwiegend von fliegenden Händlern angeboten wird. Die Motzstraße in Schöneberg hat damit nichts zu tun.

motzen steht für meckern – und das ist eine Lieblingsbeschäftigung der Berliner:»Wer am meisten meckert, fühlt sich oft am wohlsten.«Angenommen, der Senat erließe ein Gesetz, dass jedem Berliner jeden Tag den kostenlosen Besuch eines Nobelrestaurants erlaubte, so käme totsicher der Kommentar:»Jetzt wollen se einem ooch noch die Freude nehmen, zu Hause aleene zu kochen.«

Motzen, ein Ort mit angeschlossenem See, der hinter Königs Wusterhausen und damit so ↑jwd liegt, dass der Berliner behauptet:»Der pennt ja bis Motzen« oder »Det dauert ja bis Motzen«.

Möwe, der 1946 von den Sowjets eingerichtete legendäre Ost-Berliner Künstlerklub im ehemaligen Bülowschen Palais in der Luisenstraße. Das Gebäude, im Kern um 1840 erbaut, dient nach gründlichster Restaurierung und Umbau als Ländervertretung Sachsen-Anhalts.

Muckefuck, soll vom Franzeserischen *mocca faux* (falscher Mokka) abgeleitet sein. M. steht für Ersatzkaffee, mit dem die Berliner oft genug in ihrer Geschichte vorliebnehmen mussten (↑Lorke).

Muckis, scherzhafte Bezeichnung für mehr oder minder starke Oberarmmuskeln. Mucki ohne »s« ist ein beliebter Name für Kaninchen, auch Karnickel oder Stallhasen genannt, die in der Nachkriegszeit als Fleischlieferanten oftmals auch auf den Balkonen gehalten wurden.

Muffe. Das große **Muffensausen** hat man, wenn einem vor Angst die M. geht. Vermutlich kommt dieser Ausdruck daher, dass sich manche Menschen, geraten sie in Panik, in die Hosen machen – und dem Anus offenbar eine gewisse Ähnlichkeit mit der M. zugeschrieben wird, einem schmalen Verbindungsstück für Rohre. Einst war der Muff oder die M. auch eine vor dem Bauch getragene Pelzrolle zum Händewärmen, auf die sich die Redewendung »mit de Muffe jebufft« bezieht. Eine interessante Neuerung zum Thema bietet der Senat mit seinen sogenannten modularen Unterkünften für Flüchtlinge (MUF) an.

Müggelberge, steil ansteigender Gebirgskamm südlich des Müggelsees, 116 Meter hoch (abzüglich 40 Meter Umgebungshöhe), mit einer Satellitenbeobachtungsstation, die nie funktioniert hat, und dem fast ebenso schönen Müggelturm geschmückt, der sich dort seit 1961 anstelle einer abgebrannten Holzkonstruktion erhebt. Der Rundumblick über den See und das Waldgebiet um Müggelheim ist fast ebenso beeindruckend wie der jahrelange Kampf, der der Wiedereröffnung der Gaststätte am Turm vorausging.

Mühlendamm, ältester Spreeübergang zwischen Berlin und Cölln, mit bis zu zehn Wassermühlen und lebhaftem Handel unter den 1690 angelegten Kolonnaden. Ab 1888 wurde der M. für den Bau der Mühlendammschleuse und einer neuen Brücke abgerissen und 1968–71 durch eine vielspurige Rennpiste zwischen ↑Molkenmarkt und ↑Breite Straße ersetzt.

Mulackstraße, im Vergleich zu ihr war die ↑Ackerstraße geradezu eine Nobeladresse. Die M. ist ein seit 1699 vorhandenes Gässchen im ↑Scheunenviertel, in dem bis in die Nachkriegszeit die Prostitution blühte. Die Einrichtung der übel beleumdeten Kaschemme Mulackritze ist im Gründerzeitmuseum der Charlotte von ↑Mahlsdorf zu besichtigen.

Müllabfuhr ist eigentlich bereits unter dem Stichwort ↑BSR abgehandelt, doch das Wort erinnert so sehr an einen Satz des in Berlin so sehr verehrten Heinz Erhardt, dass man es nicht missen möchte:»Und dann haben wir dem Müll eine Abfuhr erteilt...« Selbst die Frage, wer in den 1970er-Jahren das Lied vom»Herrn Suhr von der Müllabfuhr« sang, können wir beantworten. Es war Gottlieb Wendehals mit der Hamburger Rentnerband.

Müllerstraße, die keineswegs nach dem gegenwärtigen Regierenden Bürgermeister benannte Magistrale des ↑Weddings, den sie von der Ollenhauerstraße bis zur Bezirksgrenze an der Chausseestraße auf vier Kilometer Länge in südöstlicher Richtung durchzieht. Dank der vielen Ampeln ist man zu Fuß gut eine Stunde unterwegs. Beim Start am Kurt-Schumacher-Platz zieht man unwillkürlich den Kopf ein, denn die immer noch in Tegel landenden Maschinen rauschen zur andächtigen Freude aller Tegel-Fans pausenlos und immer noch in so geringer Höhe über einen hinweg, dass man fast die Augenfarbe des Piloten erkennt. Zur Innenstadt hin findet sich einiges, was Beachtung verdient – zuerst die Afrikanische Straße, die den Anfang des Afrikanischen Viertels markiert, um dessen Straßennamen ein verspäteter Kolonialkrieg tobt, während die Namen auf der anderen Seite an brandenburgische Feldherrn aus den Türkenkriegen erinnern: Schöning und Barfus. Es folgen die Markthallen, die BVG-Betriebswerkstatt, der große Friedhof an der Kreuzung mit der Seestraße, wo etwas sehr Seltenes, eine Straßenbahn im ehemaligen West-Berlin, am Rollen ist, das Rathaus, der ↑Leopoldplatz mit Karstadt und der Nazarethkirche, der Max-Josef-Metzger-Platz mit der neoromanischen St.-Joseph-Kirche, die Berliner SPD-Zentrale, die S-Bahn-Brücke mit dem Bahnhof und schließlich am

Weddingplatz der Blick auf die Hochhausbauten von Schering. Bis zur Wende hatte man hier zu wenden, es sei denn, man war im Besitze eines gültigen Dokuments, das zur Einreise in die Hauptstadt der DDR über den Grenzübergang Chausseestraße berechtigte. Heute darf jeder weitergehen oder -fahren und einen Blick (aber bitte nichts anderes!) auf die bewundernswerte Architektur der neuen BND-Zentrale werfen.

Mumpitz, eigentlich vermummte Schreckgestalt, im Berliner Börsenjargon (ja, den gab es wirklich mal!) erschreckendes Gerede. Heute bedeutet es einfach nur Unsinn.

munkeln ist besonders gut im Dunkeln: leise Geheimnisse austauschen.

Münze. Bei dem Wort fällt einem zuerst die am 27. März 2017 aus dem Bode-Museum geklaute »Big Maple Leaf«-M. ein. Die 100 Kilogramm schwere private Leihgabe im Wert von 3,8 Millionen Euro hat sich bisher nicht wieder angefunden. Gemeint ist aber auch die Münzstätte Berlin, die es seit 1280 gibt. Die M. befand sich ursprünglich am Werderschen Markt und zog mehrfach um. Im 1936 erbauten Gebäude am ↑Molkenmarkt wurden zuerst Münzen der NS-Diktatur, dann DDR-Alu-Chips und Kupfermünzen, seit 1990 D-Mark und seit 1998 Euromünzen mit dem Münzzeichen A geprägt, bevor die Staatliche Münze Berlin 2005 nach Reinickendorf umzog. In der Alten Münze am Molkenmarkt wird seit 2018 eine Ausstellung über Berlin in den 1990er-Jahren gezeigt.

Murmel, zum einen das kugelrunde Spielgerät aus Glas – je nach Größe auch Bucker genannt – oder Ton, das früher Berliner Kinder mit dem gekrümmten Zeigefinger in ein

Loch zu schieben suchten, zum anderen das Synonym für einen Kopf, in dem es ein wenig kraus zugeht: »Du hast ja eenen an 'ne Murmel!«

Museum der Moderne. Kaum war der Siegerentwurf aus dem umstrittenen Wettbewerb für den Museumsneubau bekannt geworden, hatte er schon seinen Namen weg: Scheune. Was nun wirklich die Ödnis zwischen Neuer Nationalgalerie und Kammermusiksaal am ↑Kulturforum beleben soll, wird noch unsere Kinder und Kindeskinder erfreuen.

Museumsinsel. Da Berlin nur eine einzige größere Insel besitzt, trägt diese gleich mehrere Namen. Ihr südlicher Teil heißt Fischerinsel, der nördliche M. Hier befinden sich das Alte, das Neue, das Bode- und das ↑Pergamonmuseum sowie die Alte ↑Nationalgalerie. Beim Bau der von David Chipperfield entworfenen James-Simon-Galerie als zentralem Zugang zu den einzelnen Museen gab es neben heftiger Kritik an der Optik auch das übliche Erstaunen über den schlechten Baugrund und die daraus resultierende Kostensteigerung. Ob es eine kluge Idee war, den künftigen U-Bahnhof M. just an jener Ecke zu bauen, wo 1706 des unergründlichen Untergrundes wegen Schlüters Münzturm abgetragen werden musste, bevor er einstürzte, wird sich erweisen. Erwartungsvoll beobachten die Berliner die dafür notwendige größte Vereisung auf ihrem Stadtgebiet seit etwa 30 000 Jahren.

Musike liebt der Berliner, sie liegt ihm geradezu im Blut – was kaum zu glauben ist, wenn man sie vernimmt. Sie stammt in der Regel von Paul ↑Lincke oder Walter ↑Kollo. Unabhängig davon ist Berlin glücklicherweise eine echte Musikstadt mit hervorragenden Orchestern und Chören sowie einer lebendigen Pop-, Rock-, Jazz- und Techno-Szene. »Rammstein« ist schließlich aus der Ost-Berliner Punkband »Feeling B« hervorgegangen und der »Tastenficker« Flake Lorenz noch immer ein waschechter Berliner. Alle Truppen von »Die Ärzte« über »Element of Crime«, »Seeed« und »Silly« bis »Wir sind Helden« aufzuzählen und zu würdigen – dazu fehlt hier wirklich der Platz.

Musspritze, ein Regenschirm und gleichzeitig ein interessanter Fall für die Rechtschreibreform.

Mutterwitz, etwas, wofür der Berliner bekannt ist, auch als Schlagfertigkeit bezeichnet. Beispiel: »Vata, mir is iebel.« – »Denn stell dir nich so dicht bei mir, Junge. Jeh bei Muttern.«

Myfest, so heißt seit 2003 die Entlastungsveranstaltung, die am 1. Mai rund um den Kotti die schlimmsten Chaoten ein wenig im Zaum halten soll. In den letzten Jahren hat das einigermaßen geklappt. Vielleicht sind die Helden ja inzwischen ein bisschen müde und ist die Polizei ein wenig klüger geworden.

N

Nachschlag hat nichts mit einem üblen Foul beim Fußball zu tun, sondern war im Gegenteil in den Hungerjahren nach dem Kriege für die Berliner Schüler etwas ganz Herrliches: Blieb nämlich bei der Schulspeisung noch etwas Pamps in den Kübeln, durften ausgewählte Klassen nach unten in den Keller stürzen und sich eine weitere Kelle in die Essensträger klatschen lassen. Wie himmlisches Manna schmeckte das, was man heute zum Lebensmittelaufsichtsamt oder gleich zur Kripo bringen würde.

Nachtdepesche, seinerzeit ein Anhängsel des ↑»Telegraf«, konkurrierte mit dem ↑»Abend« und stand in der Tradition der 12-Uhr-Blätter, hatte also nichts mit der Nacht zu tun. Trotzdem wurde ihre Zukunft irgendwann zappenduster: Seit dem 30. Juni 1972 gibt es sie nicht mehr.

Nacht-Express, seit Dezember 1945 in Ost-Berlin erscheinende Boulevardzeitung mit einer Auflage von zeitweilig 300 000 Exemplaren. Am 30. April 1953 auf Beschluss des Zentralkomitees der SED eingestellt.

Na juti, hauptsächlich in Ost-Berlin – allerdings mit rückläufiger Tendenz – gebräuchliche Floskel, mit der ein Gespräch beendet und eine gewisse optimistische Tendenz für die gegenwärtige Stimmung wie für zukünftige Entwicklungen angedeutet wird: »Tausend Stichwörter wollta in euam Berlin-Buch ham – na juti ...«

Nante, der berühmte Eckensteher, seit Anfang des 19. Jahrhunderts Sinnbild des gebildeten, fleißigen, wortkargen und unauffälligen Berliners.

Nappsülze, auch **Nappkuchen**, bezeichnet einen Mann »ohne Marks inne Knochen«, d. h. einen inaktiven Menschen. N. ist die verschärfte Form eines Nieselpriems.

Nationalgalerie, 1862–76 von August Stüler auf der ↑Museumsinsel gebauter Bildertempel. Sie wurde zur Alten N., als sie 100 Jahre später von Mies van der Rohe am ↑Kulturforum um die Neue N. ergänzt wurde.

Naturkundemuseum, 1875–88 errichteter Museumsbau in der Invalidenstraße, in dem man der Welt höchstes Sauriergerippe, den ausgestopften Zoo-Affen Bobby, den Eisbären ↑Knut und tausenderlei anderes Getier bestaunen kann.

nebbich ist gar nichts, nichts anderes als ein unübersetzbarer jiddischer Ausdruck nämlich.

Neues Deutschland, weiland Zentralorgan der SED, inzwischen zur linken Tageszeitung gewendet.

Neue Synagoge, einst größte jüdische Synagoge Europas, erbaut 1859–66 in der ↑Oranienburger Straße, in deren erhalten gebliebenem vorderen Teil das »Centrum Judaicum« eine Dauerausstellung zeigt. Der beherzte Reviervorsteher Wilhelm Krützfeld bewahrte das Haus 1938 vor brandschatzenden Nationalsozialisten, bevor es 1943 durch Bombenangriffe schwer beschädigt wurde.

Neue Wache, ein – wie fast alles, was in Berlin Säulen hat – von ↑Schinkel gebautes Wachlokal der Schlosswache mit zehn Siegesgöttinen (»Fledermäuse«) von ↑Schadow am steinernen Gebälk. Seit 1931 ist die N. W. von den Herrschenden als Gedenkstätte benutzt und umgebaut worden. In der DDR-Zeit fand hier, vor dem Mahnmal für die Opfer des Faschismus und Militarismus, zur Freude aller Militaristen der Große Wachaufzug im preußischen Stechschritt statt.

Neu-Helgoland, nicht etwa eine Inselgruppe vor der amerikanischen Westküste oder in der Südsee, sondern ein altbekanntes Ausflugslokal und Hotel an der Müggelspree gegenüber von Rahnsdorf, zweimal abgebrannt und dennoch am Leben. Von den Tischen aus wird einem garantiert zugewinkt, wenn man auf einem Dampfer sitzt und vom nahen Müggelsee kommt. Mit dem alten Fachwerk und seinem Ambiente lässt es einen sofort ausrufen: »Det is ja wirklich noch so wie anno dunnemals!«, als nämlich die moderne Jugend des Jahres 1900 hier vorbeiruderte und die Dame am Steuer, mit Kompotthut auf und in einer Art Gartenstuhl sitzend, dem Schlagmann zurief: »Erich, zieh durch!«

Neukölln, durch das Miteinander diverser Nationen und Kulturen geprägter Bezirk mit über 300 000 Einwohnern, also etwa dreimal so vielen wie Kaiserslautern oder gleichauf mit Mannheim, der seine Entstehung dem Tempelhofer Johanniterorden verdankt, welch selbiger hier 1360 einen Hof mit Namen Richardsdorp anlegte. Daraus wurde ↑Rixdorf, und so würde der Bezirk heute noch heißen, hätten die Stadtväter nicht 1912 beschlossen, daraus das neue ↑Cölln zu machen, um vom Geruch des Proletarischen loszukommen, den man an Rixdorf zu bemerken glaubte. Das alte Cölln war ja jahrhundertelang die gleichberechtigte Schwesterstadt ↑Berlins, und man hatte ein gemeinsames Rathaus mitten über der Spree. Das neue Cölln nun gruppiert sich um drei Hauptstraßen, die alle vom ↑Hermannplatz ausgehen: die ↑Sonnenallee, die ↑Karl-Marx- und die Hermannstraße. N. wird im Allgemeinen als Kulturwüste bezeichnet, was allein schon dadurch widerlegt wird, dass einer der Verfasser dieses Buches hier aufgewachsen ist, und durch die Existenz der ↑Neuköllner Oper. Merkposten sind weiterhin das Rathaus, der Volkspark ↑Hasenheide mit der »Neuen Welt«, der Richardplatz mit Dorfschmiede und -kirche, der Körnerpark mit historischen Knochenfunden und einer Gemäldegalerie, die ↑Hufeisensiedlung, das Neuköllner Krankenhaus. Das eigentliche N. liegt zwischen Hermannplatz und S-Bahn-Ring, dahinter erstrecken sich endlos, darin fast Los Angeles ähnlich, Britz, Buckow I, Buckow II, die ↑Gropiusstadt und Rudow (Endstation der U7 aus Spandau), oft auch ironisch als Bad Rudow bezeichnet, mit immerhin zwei Trümmerbergen: der Rudower Höhe (70 Meter) und dem Dörferblick (85,6 Meter).

Neukölln am Wasser hat nichts mit dem Bezirk Neukölln zu tun, sondern war der dem alten Cölln südlich vorgelagerte Werder in der Gegend des Märkischen Museums.

Neuköllner Oper, freies Theater, das in der »Passage« an der ↑Karl-Marx-Straße spielt, also da, wo man hehre Kultur am wenigsten erwartet, und ein Beweis dafür ist, dass bescheidene Klein- oft besser ist als millionenschwere Protzkunst.

Neune, eine im Berlinischen häufiger vorkommende Zahl. »Ach du jrüne Neune!« ist ein auf ein Alt-Berliner Theater zurückzuführender Ausruf des Erstaunens, denn: »Varrickt und Drei macht Neune.«

Neu-Venedig, ein wasserreicher Stadtteil rechts der Müggelspree zwischen Rahnsdorf und Hessenwinkel, der über den Rialtoring auch zu Fuß zu erreichen ist.

Neuss, Wolfgang, »der Mann mit der Pauke«, eine Kultfigur der linken Szene, geboren 1923 in Breslau und gestorben 1989 in Berlin. Nach Auftritten bei den ↑»Stachelschweinen« brillierte er am Lützowplatz mit politisch engagiertem Solokabarett (»Das jüngste Gerücht«). Auch in etlichen Filmen war er zu bewundern (meist zusammen mit Wolfgang Müller), insbesondere in »Wir Wunderkinder« und »Das Wirtshaus im Spessart« (beide 1958 und Regie Kurt Hoffmann). Die Berliner Politiker haben ihn nie geliebt, aber immerhin waren sie fair genug, dafür zu sorgen, dass eine Kreisstadt am Rhein nach ihm benannt worden ist.

Niederschönhausen, an der Panke gelegenes Dorf mit einem Schloss, in dem von 1740 bis 1797 die königliche Gemahlin des Alten Fritz wohnte. Berichtet wird, dass die beiden sich 43 Jahre lang nicht zu Gesicht bekamen. Lässt sich Ehestreit wirksamer bekämpfen? Von 1949 bis 1960 war das Schloss Amtssitz des ersten und einzigen DDR-Präsidenten Wilhelm Pieck, ab 1964 Gästehaus der DDR-Regierung. 1989/90 tagte hier der Runde Tisch, um in der DDR Reformen durchzusetzen. In der Nähe des Schlosses liegt das streng abgeschirmte »Städtchen«, Wohnviertel der ersten, später nur noch der zweiten Garnitur von DDR-Oberen und Künstlern.

Nikolaiviertel, nicht von Walt Disney, sondern von der DDR errichtetes Touristenzentrum rings um die rekonstruierte Nikolaikirche mit dem wiederaufgebauten Ephraim-Palais und dem ↑»Nußbaum«. In der Poststraße befindet sich zwar keine Post, wohl aber das einzige erhaltene alte Wohnhaus von 1760 mit den »Historischen Weinstuben«.

Nikolskoje, auch **Nikolskoe**, ein wunderschönes Höhenrestaurant oder vielmehr jenes Holzhaus, das Friedrich Wilhelm III. 1819 für seine Tochter Charlotte errichten ließ. Die nämlich machte dadurch Karriere, dass sie die Frau des Zaren Nikolaus I. wurde. Da der Name Charlottenburg schon vergeben war und sich die Dame sowieso lieber als Zarin

Alexandra Fjodorowna feiern ließ, blieb Friedrich Wilhelm III. nur, die fürstliche Blockhütte an der Havel nach dem Schwiegersohn zu benennen.

Niquet-Keller, Alt-Berliner Gaststätte an der Ecke Jäger- / Oberwallstraße, Anfang der 1960er-Jahre abgerissen. Bis dahin konnte man sich dort an Bier und ↑Buletten, aber auch der gebildeten Damen aus der Bibliothekarinnenschule oder der Elevinnen aus der Ballettschule um die Ecke erfreuen.

Nischel, auch im Sächsischen gebräuchliche Bezeichnung für den Kopf eines Menschen.

Nonneferzchen, Gebäckart, gegen deren Bezeichnung von Seiten des Vatikans bisher kein Einspruch erfolgte (↑Kameruner).

Nordkreuz, im Gegensatz zu Ost-, Süd- und Westkreuz, die real existierende Umsteigebahnhöfe der Berliner S-Bahn sind, ist das N. nur eine Ansammlung von Gleisverschlingungen im Dreieck zwischen den Stationen Bornholmer Straße, Schönhauser Allee und Gesundbrunnen. Die Nord-Süd-Strecke trifft hier auf die Ringbahn und fasert sich gleichzeitig auf: nach Hennigsdorf (S25), Oranienburg (S1), Bernau (S2) und Birkenwerder (S8). Phobiker, aufgepasst: Manche S-Bahn-Züge könnten im Labyrinth der Tunnelröhren für immer verlorengehen! Inzwischen steht fest: Die von einem gewissen Herrn Mehdorn vorgesehene Umbenennung des – zum Fernbahnhof geadelten – Bahnhofs Gesundbrunnen in N. unterbleibt.

Nord-Süd-Tunnel, zwischen 1936 und 1939 sukzessive in Betrieb genommener Teil des S-Bahn-Netzes zwischen den Bahnhöfen Humboldthain im Norden und ↑Anhalter Bahnhof im Süden, der am Ende des Kriegs (wahrscheinlich am

Morgen des 2. Mai 1945) durch Sprengung der Tunneldecke unter dem Landwehrkanal monatelang unter Wasser gesetzt wurde – ein Vorgang, um den sich viele Legenden ranken, da Teile des Tunnels als Luftschutzbunker dienten. Von 2000 und in einer Quelle sogar von 15 000 Toten ist die Rede, in Wahrheit dürfte es aber »nur« an die 100 Opfer gegeben haben. Gruselig ist der Gedanke an die Flutung des Tunnels immer noch, obwohl es in ihm längst keine ↑Geisterbahnhöfe mehr gibt.

Normannenstraße, Parallelstraße zur ↑Frankfurter Allee in Lichtenberg. An der Ecke Magdalenenstraße stand seit 1930 das Lichtenberger Finanzamt, das ab 1950 zum Ministerium für Staatssicherheit (MfS) ausgebaut wurde, welches schließlich den gesamten Stadtteil dominierte. Zwischen Alfred- und Magdalenenstraße befanden sich das Lichtenberger Gerichtsgebäude und die Untersuchungshaftanstalt des MfS, die inzwischen zur modernen JVA für Frauen umgebaut wurde. Im weiträumigen MfS-Gebäudekomplex kann man in den muffigen Räumen des ehemaligen Ministers die ständige Ausstellung »Stasimuseum Berlin« der Antistalinistischen Aktion bewundern. Optimisten hoffen, aus dem weitgehend ungenutzten Riesenareal einen »Campus der Demokratie« machen zu können.

Nuckelpinne, kleines Auto: »Du mit deiner Nuckelpinne ...« (Berliner, die richtig falsch sprechen, lassen das »r« bei »deiner« ebenso selbstverständlich weg wie das »n«, wenn sie sagen: »Eine Portion Eis mit Nüsse.«)

nuddeln hat nichts mit Nudeln zu tun, es meint den Leierkasten drehen, aber auch, etwas lustlos und gelangweilt tun: »Nu nuddel nich so lange rum!«

Nulpe, auf Neudeutsch Loser, ein Verlierer, auch Feife, Flaume oder Nieselpriem tituliert.

Nußbaum, Zum, die älteste Berliner Gaststätte von 1571, im Zweiten Weltkrieg abgebrannt und 1983 im ↑Nikolaiviertel originalgetreu wiederaufgebaut.

O

Obdachlose gibt es zahlreiche in Berlin. Etwa ein Drittel davon lebt auf der Straße, und sie prägen das Bild der Stadt mit. Früher wurden sie als Stadtstreicher oder Berber bezeichnet, heute auch als Nichtsesshafte, und wer sie verachtet und Angst davor hat, selber einmal so tief zu sinken, nennt sie Penner. Mitfühlende kaufen ihnen gern eine Obdachlosenzeitung (↑»Motz«, ↑»Straßenfeger«) ab und bleiben auch dann in einem öffentlichen Verkehrsmittel sitzen, wenn neben ihnen ein Obdachloser ein strenges Aroma verströmt.

Oberbaum und Unterbaum, Berlins einstige hölzerne Stadtbegrenzung auf dem Wasser (↑Brücken). Reinlichkeitsliebende Berliner badeten frühmorgens unterhalb des Unterbaums, bevor der geöffnet wurde und der Dreck der Stadt das Wasser verunreinigte. An den Unterbaum erinnert die Unterbaumstraße nahe der Charité, an den Oberbaum die Oberbaumbrücke zwischen Friedrichshain und Kreuzberg.

Oberschöneweide, auch Oberschweineöde genannter ehemaliger Industriestandort am rechten Ufer der Spree, der sich angesichts seiner Industriedenkmäler und als Standort der Hochschule für Verkehr und Technik zu einer »hippen« Gegend mausert. Zu O. gehört auch die erholsame Wuhlheide mit dem ↑FEZ.

Ochsenkopp, Bezeichnung für das gefürchtete Arbeitshaus, das sich zuerst am Belle-Alliance-Platz (heute Mehringplatz) im Haus »Der große Ochsenkopf« befand, 1758 zum Allex umzog und später in Rummelsburg stand.

Öljötze. »Der steht da wie 'n marinierter Öljötze!« Dieser Ausruf soll bedeuten, dass einer dick und bräsig aussieht, also etwa wie eine auf Hochglanz polierte Buddhafigur.

Olympia, ein Begriff, der die Berliner an die Bewerbung ihrer Stadt um die Olympischen Spiele 2000 und die dafür aufgewendeten Millionen erinnert. Unter der Leitung des einmaligen Dr. Axel Nawrocki und anderer kompetenter Spitzenmanager ließen sich die Herren des IOC mit einer großartigen Präsentation leicht davon überzeugen, die Jugend der Welt nach 1936 kein zweites Mal an den grünen Strand der Spree zu rufen.

Olympiastadion, Berlins bekannteste Sportstätte. Nach Plänen von Werner March wurde das monumentale, seinerzeit 100 000 Zuschauer fassende Betonoval mit seiner hinreißenden Muschelkalkverkleidung in nicht einmal drei Jahren für die Olympischen Sommerspiele 1936 errichtet. Heute würden die Berliner mindestens 30 Jahre dafür brauchen und vermutlich weitere 30, um die unerwarteten Mehrkosten zu bezahlen. Ehemals die Kampfbahn Hitlers, wurde das politisch kontaminierte O. bis 2004 gründlich modernisiert und mit einem Dach versehen. Immerhin gewann hier die deutsche Nationalmannschaft im Viertelfinale der Fußballweltmeisterschaft 2006 das Elfmeterschießen gegen Argentinien. Noch spielt ↑Hertha BSC im O., und die übrigen Höhepunkte des Jahres sind das ISTAF der Leichtathleten und das Endspiel des DFB-Pokals. Ansonsten ist die Zukunft des O. so ungewiss wie manches in der Stadt. Der größte Held des O. ist immer noch Jesse Owens, der vierfache Olympiasieger von 1936 (100 Meter, 200 Meter, Weitsprung und 4 × 100-Meter-Staffel).

Omme, leicht aggressiv für Kopf:»Nimm deine Omme da weg!«

Omnibusse fahren auch in Berlin nicht, ohne Stickoxide und ähnlich wertvolle Luftbestandteile abzusondern. Der Streit, ob man besser auf E-Antrieb oder Erdgas umrüsten sollte, hat erst begonnen. Bis zu seinem ungewissen Ausgang verkehrt in der Stadt weiterhin eine dreistellige Anzahl von Bussen, welche die E3-Norm für Dieselfahrzeuge knapp erfüllen.

Onkel. In Berlin herrschen die französischen Verwandtschaftsbezeichnungen vor. Deshalb gibt es hier auch keine Vettern-, sondern allenfalls eine Cousinwirtschaft. »Übern jroßen Onkel loofen« bedeutet aber keineswegs, den würdigen Großoheim niederzurennen, sondern die Füße einwärts zu setzen, also über den *gros ongle* zu laufen, den großen Zehennagel, wie wir Französischliebhaber wissen.

Onkel Toms Hütte. Dass Mr. Shelby aus Kentucky (USA) hier im späteren Bezirk Zehlendorf seine Sklaven märkische Kiefern hat fällen lassen, ist nicht überliefert, da kann man bei Harriet Beecher-Stowe lange nachblättern. In Erinnerung an ihren Roman hat es aber zuerst ein Lokal »Onkel Toms Hütte« gegeben und ist 1926–32 nach Plänen von Bruno Taut, Hugo Häring und Otto Rudolf Salvisberg eine Großsiedlung entstanden, von der die Berliner »in grauer Städte Mauern« nur träumen konnten. Der U-Bahnhof ist in ein Einkaufszentrum integriert, und wäre das erst gestern geschehen, hieße es natürlich OTC, Onkel Toms Center, denn eine Hütte lädt ja kaum zum Kaufen ein.

Oranienburger Straße, eine von Berlins Szenestraßen zwischen ↑Hackeschem Markt und ↑Friedrichstraße, mit zahlreichen Szenekneipen, der goldenen Kuppel der ↑Neuen Synagoge, dem alten Postfuhramt und dem ältesten Gewerbe der Welt. Ängstliche Gemüter können das alles von der Straßenbahn aus begucken.

Ostkreuz, 1874 als Station Stralau-Rummelsburg eröffneter östlicher Kreuzungspunkt von Stadt- und Ringbahn (Bahnsteig F wie Vollring) und jahrzehntelang Berlins größtes Verkehrsdenkmal (Rostkreuz), das inzwischen tatsächlich modernisiert und umgebaut worden ist. Sogar an die Untertunnelung des Ostkreuzes für die Stadtautobahn A 100 hat man gedacht, kämpft allerdings zurzeit noch mit der geplanten Verlegung der Straßenbahnschienen. Und das kann dauern.

P

Pachulke, ein unangenehmer Mensch.

Padde, ein niederdeutscher Frosch. Mancher »liecht ooch da wie 'ne Padde«, wenn er beim »Paddenwirt« im ↑Nikolaiviertel zu tief ins Glas geguckt hat.

Palast der Republik, 1973–76 von Heinz Graffunder u. a. nach damals neuester Technologie am ehemaligen Standort des Berliner Schlosses errichteter Repräsentativbau. Von denen, die ihn bezahlen mussten, auch Ballast der Republik, Erichs Lampenladen oder Palazzo Prozzo genannt, wegen seiner vielfältigen Möglichkeiten (Restaurants, Bowlingbahn, Theater, Galerie und großer Saal) aber dennoch gerne genutzt. Da er als Symbol der untergegangenen DDR galt und glücklicherweise mit Spritzasbest verseucht war, wurde er gemäß Berliner Tradition nach längerer und nutzloser Diskussion abgerissen.

Palme, früher das Berliner Obdachlosenasyl. P. heißt außerdem ein Ausflugslokal an der Schmöckwitzer Brücke. »Uff de Palme«, nämlich aufgeregt, war der Berliner dort, wenn der Kellner nicht schnell genug kam.

Pamps, ein Essen, das nicht schmeckt, vom Berliner mit »Den Pamps friss du mal alleene!« kommentiert. Wenn Sie jemandem so pampig kommen, geht der Ihnen eventuell an die »Pa(r)pe«, an die Gurgel nämlich, während die »Rotzparpe« die Nase ist.

Panke, neben ↑Dahme und ↑Wuhle ein weiterer Nebenfluss der Spree auf Berliner Stadtgebiet. Nur nach längerem Suchen und am ehesten durch Geruchsprobe auffindbar

(»Stinkepanke«). Das Loch in der Ufermauer der Spree unterhalb des Berliner Ensembles ist nach glaubwürdigen Überlieferungen die Mündung dieses reißenden Gewässers, das dem Bezirk ↑Pankow seinen Namen gab.

Pankow ist nach Treptow-Köpenick nur der zweitgrößte, mit 395 000 Einwohnern jedoch der bevölkerungsreichste Berliner Bezirk, der u. a. ↑Weißensee und Prenzlauer Berg zu schnöden Ortsteilen herabwürdigt. Entsprechend bunt ist die Einwohnerschaft gemischt, in der deutschsprachige ↑Migranten und eine abnehmende Zahl von Ureinwohnern dominieren. Neben den Erben der Hugenotten in Französisch-Buchholz leben in P. versprengte Nachkommen einer einstigen sächsischen Funktionärselite, während der vorletzte ehemalige DDR-Bürger inzwischen den heimischen ↑Prenzlberg zugunsten wohlhabender schwäbischer Zuwanderer verlassen haben dürfte. Im von der ↑Panke durchströmten und von Prenzlauer und Schönhauser Allee durchzogenen P. sind u. a. der Film und die Thermosflasche erfunden worden.

Pannewitz, Walter, nach den Brüdern ↑Sass ein weiterer erfolgreicher Tresorknacker. Seine Bande raubte im November 1951 den unterirdischen Tresor der Eisenbahnverkehrskasse in der Charlottenstraße aus und erbeutete nahezu zwei Millionen. Der Film »Der Bruch« mit Götz George geht auf diesen Raub zurück, transponiert ihn aber in die unmittelbare Nachkriegszeit.

Papestraße, früher ein Umsteigebahnhof auf dem südlichen S-Bahn-Ring, 2006 durch den neuen S- und Fernbahnhof ↑Südkreuz ersetzt. Die General-Pape-Straße heißt noch immer so. An ihr steht der denkmalgeschützte, 14 Meter hohe und 18 Meter in den Boden reichende Schwerbelastungskörper aus Beton, mit dem der NS-Architekt Albert Speer die Standfestigkeit des Berliner Bodens erprobte. **Pappe.** Der Berliner an sich »is nich von Pappe« (nicht zu unterschätzen) und fuhr im Ostteil der Stadt meistens eine P. oder einen Pappkremser (Trabant), wenn er im Besitz seiner P. (der Fahrerlaubnis mit eingelegter Stempelkarte) war.

Pariser Platz, seit dem endgültigen Sieg über Napoleon Name des »Quarrees« am westlichen Ende der Straße Unter den Linden (↑Brandenburger Tor). In der DDR-Zeit Teil des Todesstreifens an der Berliner Mauer, ist er inzwischen wieder vollständig umbaut und dient den Berliner Ordnungskräften als Übungsort für die Durchsetzung von Verboten (ambulante Händler, Pferdedroschken u. a.).

Parklet, im Verwaltungsneusprech ein an den Straßenrand gerückter Miniaturpark in Form langer hölzerner Bänke, auf die man alles schieben kann, was eigentlich dringlicher wäre als Parklets.

Party, ein Berliner Dauerzustand, der als Großveranstaltung verschiedene Namen wie Hanfparade, ↑Karneval der Kulturen, ↑Myfest, Lollapalooza oder Silvesterparty trägt. Jefeiert wird, detit nur so kracht!

peesen ist angeblich ein Beweis für den frühen Einfluss des Englischen – to pace bedeutet schnell laufen oder rennen: »Da kommt der doch anjepeest wie'n Varrickta und rennt ma fast um!«

Pelle, berlinerisch für Haut: »Rick ma nich so uff de Pelle!« Der Begriff findet sich auch in der Wurstpelle wieder oder bei Onkel P., dem Spaßmacher beim Kinderfest. »Eene pellen« heißt jemandem eine Ohrfeige verabreichen.

Penne, nicht nur in Berlin die Schule, in der die Schüler pennen.

Penner, anfangs abwertend für ↑Obdachlose gebraucht, kommt es in Mode, diesen Ausdruck auf jeden anzuwenden, der einen irgendwie behindert oder belästigt:»Muss der Penner da mich rechts überholen!«

Pergamonmuseum, neoklassizistischer Bau auf der ↑Museumsinsel am Kupfergraben mit dem berühmten, zweimal zerstörten Pergamonaltar, der bis 2023 unsichtbar ist, weil er restauriert wird, und dem Markttor von Milet.

petern ist keine Flexion eines männlichen Vornamens (»Petern seine Frau«), sondern das (erfolglose) Herumpolken (Rumpetern), was inhaltlich nicht weit von Rumpriemen entfernt ist und die handwerklichen Fähigkeiten des Rumpriemenden kritisch infrage stellt.

Peter und Paul, St., meint nicht die Brüder Stachowiak, sondern die Kirche St. Peter und Paul, von Stüler und Schadow 1834–37 auf der Anhöhe von ↑Nikolskoje oder -koe erbaut, in der man gerne heiratet, wenn man so richtig high ist und denkt, dadurch auch zur Society zu gehören, was aber im Regelfalle nur insoweit stimmt, als man seinen Hausrat bei der Feuersozietät versichert hat.

Pfaueninsel, keine Sammelstelle für besonders eitle Berliner Männer, sondern ein Eiland in der ↑Havel (ehemals Kaninchenwerder), wo der Chemiker Johann Kunckel Gold herbeizaubern sollte, es aber nur zum Rubinglas brachte und wo es danach Friedrich Wilhelm II. mit seiner Geliebten Wilhelmine Enke, spätere Gräfin von Lichtenau, so heftig trieb, dass ihr Lustschloss zur Ruine wurde. Auch die Nummer III der Friedrich Wilhelms sommerfrischte hier, und zwar mit der Königin Luise. Das ist die, wo in Gransee auf dem Denkmal steht:»O Jammer, sie ist hin!« Heute leben über 50 freilaufende Pfauen und etliche Wasserbüffel auf der Insel, die als natürliche Rasenmäher fungieren. Die P. zu besuchen gehört zum Leben der Berliner Kinder wie der alljährliche Besuch beim Zahnarzt. Will man auf die Insel, braucht man, obwohl auch dort das Deutsche die Amtssprache ist, einen Übersetzer.

pfeffern kann man in Berlin nicht nur sein Essen, sondern so ziemlich alles: werfen nämlich. Jefefferte (hohe) Preise hingegen werfen den Berliner nicht um – die ist er gewohnt, kiekt aba dennoch janz scheen demlich aus de Wäsche, falls es ihn mal nach München verschlägt.

Pferdegebiss, abwertende Bezeichnung für kräftig ausgeprägte und möglicherweise auch nicht ganz strahlend weiß erscheinende Zähne des Oberkiefers, die beim Sprechen und Speisen weit über die Unterlippe reichen.

Pflaumenpfingsten, ein Fest, das es auch in Berlin nicht gibt. Erwarten Sie also nichts, wenn Ihnen dieser Terminvorschlag begegnet:»Daruff kannste warten bis Flaumfingsten.«

Pfund.»Möchteste 'n Pfund?« war früher nicht nur die Frage, ob man ein halbes Kilo von irgendeiner abwiegbaren Ware haben möchte, sondern meinte auch (a) einen Zwanzigmarkschein oder (b) einen Kinnhaken.

Philharmonie, 1960–63 nach Plänen von Hans Scharoun am Kemperplatz (Kulturzentrum) errichtetes Konzerthaus, das viel Harmonie bei denen auslöst, die sich an ihrem goldschimmernden Äußeren erfreuen, und die Musikfreunde unterm Zeltdach jubeln lässt, wenn sie denen lauschen, die seit Hans von Bülow (1882–94), Arthur Nikisch (1895–1922), Wilhelm Furtwängler (1922–54) und Herbert von Karajan (1954–89) zu den besten Orchestern der Welt gezählt werden. Nach Claudio Abbado und Sir Simon Rattle dirigiert ab 2019 Kirill Petrenko die Berliner Vielharmonienicker.

picheln gehört zu den Lieblingsbeschäftigungen in Berlin: saufen. Deshalb galt auch in der DDR der Spruch: »Nich so ville pimpern und picheln, liebas mehr hammern und sicheln!«

Piefke gilt in Berlin nicht wie in Österreich als Gattungsbezeichnung für alle Deutschen, sondern meint nur Dummkopf, Einfaltspinsel, unbedeutender Mensch. Wenn man es einem anderen an den Kopf wirft, muss man es in ein doppeltes »Sie« einkleiden, sonst wirkt es nicht. Also bitte immer: »Sie Piefke, Sie!«

Pieke. Geheime Abneigung oder Groll unterstellt man mit dem Ausruf: »Der hat ma uff de Pieke!« **Piekfein** ist dagegen besonders vornehm.

Piepe, veraltet für Pfeife: »Dir rooch ick inne Piepe, du Feife du!« Währenddessen meint »Det is mir piepe« (oder schnurzpiepejal): gleichgültig. **Piepen** sind Geldscheine.

Piepel, ein Wort, das man oft im Englischen hört, so bei »all people on board«, dort aber etwas anderes meint als bei den Berlinern der nicht ganz so gehobenen Stände, wo mit P. sowohl ein kleiner Junge als auch ein eher kleiner Penis bezeichnet wird.

piesacken steht für das leichte Quälen eines anderen Menschen und gehört zu den liebsten Beschäftigungen zwischen Nachbarn.

Piesepampel ist ein so schönes Wort, dass man echt bedauern muss, wie wenig es die heutige Jugend benutzt, um dem anderen mitzuteilen, er sei ein Dummkopf.

Pinke stand bei älteren Berlinern generell für Geld, und zwar in der verdoppelnden Form gebraucht: Pinkepinke. Meinte aber beim Kartenspiel auch die Gemeinschaftskasse:»Det Jeld kommt in die Pinke rin.« *Pinkas* heißt auf Hebräisch Konto, und dem jüdisch-jiddischen Einfluss hat die Berliner Kultur schon immer viel zu verdanken.

Pinkel, mehr abwertend als anerkennend für einen nobel gekleideten und sich vornehm gebenden männlichen Menschen gebraucht, meist mit dem Zusatz»feiner«. Hat nichts mit dem niedersächsischen Brauch der Kohl- und Pinkelfahrten zu tun, wo Pinkel eine fette Grützwurst meint. Eher gibt es eine Verbindung zu der Warnung an einen, der sich sehr prätentiös verhält:»Mann, nu' bepinkel da ma nich!«

pinkeln steht für urinieren:»Ick jeh ma schnell pinkeln.« Frau Berlinerin verwendet eher das Wort **puschen.**

Pinkelpause wird gemacht, wenn der Mensch Harn lassen muss. Uff echt Berlinisch kann man ooch saren:»Ick jeh ma 'ne Stange Wassa inne Ecke stell'n.«

Planetarium. Ham wa jleich zwee'e davon in Berlin, wie vielet seit die Teilung. Nummer I ist das Zeiss-Planetarium am Fuße des↑ Insulaners, Nummer II das Zeiss-Großplanetarium am Freizeitpark Ernst Thälmann. Auch die Sternwarten sind doppelt vorhanden: Da haben wir die ↑Archenhold-Sternwarte in Treptow (Ost) und die Wilhelm-Foerster-Sternwarte am Insulaner (West). Sie wissen doch: Doppelt hält besser. Wissenschaftlich nennt man das Redundanz.

Plänterwald, ein schütterer Wald, so richtig zum Rumpläntern, zwischen Neuer Krugallee und Spree. Der P. mit dem historischen ↑Eierhäuschen ist seit jeher ein Erholungsgebiet der Berliner, der als Vergnügungspark darin befindliche Spreepark hingegen die übliche Berliner Luftnummer.

plärren steht für heulen. »Nu' plärr' nich so!«, sagt man zu Kindern.

Platte machen steht für den Versuch von ↑Obdachlosen, sich irgendwo auf / in / unter Dachböden, Kellern, U-Bahnhöfen und -Schächten, Hauseingängen, Büschen, Balkonen oder Brücken ein Nachtlager zu suchen und dort zu schlafen, ohne zu erfrieren oder von aggressiven Zeitgenossen erschlagen zu werden.

Plattenbauten sind nach neueren Erkenntnissen nicht ganz so schlimm wie ihr Ruf. In Ost-Berlin wurden ganze Stadtbezirke aus P. errichtet, in denen es sich nicht schlechter und inzwischen auch nicht mehr billiger wohnt als beispielsweise im ↑Märkischen Viertel. Die ersten P. sind übrigens 1926 an der heutigen Ontarioseestraße in Friedrichsfelde aufgestellt worden und immer noch bewohnt.

Platz der Luftbrücke, (a) eine Station der U-Bahn-Linie 6 und (b) ein Platz vor dem ↑Flughafen Tempelhof, der nicht aus allen Nähten platzt und somit Platz genug bietet für das ↑Luftbrückendenkmal. Auch der / die jeweilige Polizeipräsident/in ist hier zu finden, sofern ihn / sie jemand sucht.

Platz der Republik, das große Areal vor dem Reichstagsgebäude, das ehemals (1864–1926 und 1933–48) Königsplatz hieß und von der ↑Siegessäule gekrönt wurde, bevor diese auf Weisung Hitlers auf den ↑Großen Stern verpflanzt wurde, und auf dem sich die West-Berliner versammelten, um für ihre Freiheit zu kämpfen. Ernst ↑Reuter sprach hier den berühmten Satz: »Ihr Völker der Welt, schaut auf diese Stadt.«

Plaza (Plaatza gesprochen), ein im Krieg zerstörtes volkstümliches Varieté-Theater in den Umfassungsmauern des alten Ostbahnhofs am Küstriner Platz, der nicht mit dem heutigen Ost- und früheren Schlesischen und Hauptbahnhof identisch war.

Plempe, dünner, minderwertiger Kaffee, ↑Plörre oder ↑Lorke.

plemplem meint, dass jemand nicht mehr alle Tassen im Schrank hat:»Du bist wohl plemplem!«

pleng, berlinofranzeeserisch für voll:»Ick hab die Neese pleng!«

Plombenzieher, volksmündlicher Begriff für klebrige Sahnebonbons.

Plörre, auch **Plärre** oder **Plürre,** ↑Plempe oder ↑Lorke, dünner, minderwertiger Kaffee.

Plötze, (a) ein Weißfisch, der gern geangelt wird, und (b) Bezeichnung für die Strafanstalt zwischen ↑Plötzensee und Stadtautobahn.

Plötzensee, zwischen den Rehbergen im Norden, der Stadtautobahn und dem Westhafen im Süden und dem Nordufer und einigen Friedhöfen im Westen wie im Nordosten eingebettetes Gewässer, das zwar mit einem Freibad aufwartet, aber eher durch die Justizvollzugsanstalt für geschlossenen und offenen Vollzug (↑Plötze) und die daraus Entweichenden bekannt geworden ist. Rund ein Drittel der Insassen sitzt dort eine Ersatzfreiheitsstrafe wegen Schwarzfahrens o. ä. Delikte ab. Im ehemaligen Strafgefängnis P., der Hinrichtungsstätte vieler Widerstandskämpfer, befindet sich die Gedenkstätte 20. Juli.

Plumpe, eigentlich eine mit einem Schwengel betriebene Handpumpe, wie sie in Kleingärten früher üblich war, aber auch Bezeichnung für den Stadtteil Gesundbrunnen. So war ↑Hertha BSC immer der »Verein von der Plumpe«.

Podewils, mehrfach umgebautes, abgebranntes und wieder-aufgebautes Palais des Staatsministers von Podewils in der Klosterstraße. Sowohl in der DDR-Zeit als auch heute ein Szenetreff junger künstlerischer Talente.

Polizei, in Berlin wegen ihres sanften und einfühlsamen Ein-schreitens bei Demonstrationen besonders beliebte und da-für schlecht bezahlte Berufsgruppe, die händeringend um ihren Ruf sowie um Auszubildende und deren Ruf zu kämp-fen hat. Glänzt mitunter eher durch Quanti- denn durch Qualität. Da werden schon mal 350 Einsatzkräfte tätig, um einen einzelnen Straftäter zu verhaften, oder 800 Beamte nehmen zwei Zuhälter und zwei Damen aus dem dazuge-hörenden Gewerbe fest. Da ging es aber auch wirklich um einen glashart zu ahndenden und besonders gefährlichen Straftatbestand: Steuerbetrug!

Polizeihistorische Sammlung, befindet sich im Gebäude des ↑Flughafens Tempelhof am ↑Platz der Luftbrücke und ist die Zusammenfassung von Kriminal- und Polizeimuseum. Wir finden hier – falls nicht durch Diebstahl bei einem der letzten Einbrüche verloren gegangen – u. a. eine Personen-messanlage nach Alphonse Bertillon, eine Sexkamera für Unter-dem-Rock-Aufnahmen, die Schädeldeckelsammlung »Stumpfe Gewalt«, Fahnen der Berliner Unterweltverei-ne wie »Immertreu« sowie umfangreiches Material zu den Mördern und Raubmördern Carl Großmann, Max und Wal-ter Götze, Paul Ogorzow und Bruno Lüdke sowie zu anderen spektakulären Verbrechen in Berlin und nahebei.

Polizeipräsidium, befand sich früher am Mühlendamm, später am Molkenmarkt, bevor man 1885–90 einen mächtigen Backsteinbau auf dem heutigen Parkplatz zwischen Dircksen- und Alexanderstraße errichtete. Der wurde nach Kriegsschäden Anfang der 1950er-Jahre abgetragen. Inzwischen hatte West-Berlin 1948 ein eigenes P. in der Friesenstraße bekommen, das später zum Platz der Luftbrücke umzog. In Ost-Berlin diente das Verwaltungsgebäude von Karstadt in der Keibelstraße als P., denn selbstverständlich hatte Berlin von 1948 bis 1990 zwei Polizeipräsidenten. Die ersten beiden hießen Paul Markgraf (im Osten) und Johannes Stumm (im Westen), und die Kinder spielten nicht mehr Räuber und Gendarm, sondern Stumm gegen Markgraf.

Poloplatz Frohnau, von Guido Graf Henckel Fürst von Donnersmarck dem Kaiser und seinen Berlinern geschenktes Areal in der von Selbigem initiierten Gartenstadt Frohnau, auf dem 1913 das erste Poloturnier in Berlin veranstaltet wurde. Danach diente das weiträumige Rasengeviert der Pflege kranker Militärpferde. Erst nach 1925 folgte die Blütezeit des damals auch olympischen Polosports, bis Weltwirtschaftskrise und der Hass der Nationalsozialisten auf den »Plutokratenclub« der Polospieler allem ein Ende machten. In den 1980er-Jahren gab es wieder einige Turniere, doch das Geld, Polopferde zu halten und Mannschaften zu finanzieren, hatte in Berlin niemand mehr. Und die Zuzügler aus Bonn enttäuschten auch in dieser Hinsicht …

Pommersche Beene und Pariser Schuh, vor Aufkommen der Frauenbewegung ein Ausruf machohafter Väter und Ehemänner, wenn ihre Töchter bzw. Gattinnen scharf auf elegantes, eng geschnittenes Schuhwerk aus Frankreich waren, dabei jedoch Füße hatten, die ihren Vorfahrinnen auf den

Bauernhöfen bei der Alltagsarbeit sehr von Nutzen gewesen waren, sich aber in der Weltstadt als leicht überdimensioniert erwiesen.

Popel, auch in Berlin nur verhärteter Nasenschleim. Wobei man dem Popelnden hier gerne den Ratschlag erteilt: »Nimm 'n Daumen. Wenna abbricht, jib's mehr Rente.«

Portierszwiebel, das am Hinterkopf kugelförmig eingedrehte und festgesteckte Haar einer Frau, auch Dutt genannt.

Post, eine Institution, die in Berlin auf eine lange Tradition zurückblickt, was man ihr deutlich anmerkt. Zwar reformierte der preußische Generalpostmeister Heinrich von Stephan (1831–97) das deutsche Postwesen gründlich, aber seitdem ist viel Zeit vergangen. Stephan, der Erfinder des Weltpostvereins, führte u. a. die Correspondenzkarte, das Telefon und die Rohrpost ein und ist der Vater des Postmuseums, das nunmehr Museum für Kommunikation heißt. Ob die P. bereits selbst Museumscharakter hat, ist umstritten.

Potsdam, an sich ein südwestlicher Vorort Berlins mit längerer preußischer Vergangenheit, einigen schönen und reichen Mäzenen und etlichen Schlössern, insbesondere dem Schloss Sanssouci Friedrichs des Großen (1712–86), den man (den Vorort, nicht den Friedrich) zur Landeshauptstadt Brandenburgs ernannt hat und demnächst wieder mit der Garnisonkirche unseligen Angedenkens schmücken wird. Das Versprechen eines vorausschauenden Berliner Ehepartners jedenfalls gilt weiterhin: »Wenn eena von uns beede zuerst stirbt – ick zieh nach Potsdam!«

Potsdamer Bahnhof, als erster Bahnhof Berlins 1838 am ↑Potsdamer Platz eröffnet, 1868–72 durch ein nobles Gebäude im, wie viele Berliner Gebissträger sagen, »klassizischti-

schen« Stil ersetzt und später durch den Wannsee- wie den
Ringbahnhof ergänzt (sogenannte Südring-Spitzkehre). Be-
trachtet man heute Bilder vom Potsdamer Ringbahnhof aus
den 1920er-Jahren, dann begreift man, dass Berlin wirklich
einmal eine Weltstadt war und es schwer haben wird, jemals
wieder eine zu werden.

Potsdamer Platz. Da fällt einem sofort die riesige innerstädtische Brache ein, wie Wim Wenders sie im Film »Himmel
über Berlin« 1987 so unnachahmlich eingefangen hat. Kaum
mehr vorstellbar war zu diesem Zeitpunkt, dass dies in den
1920er-Jahren der verkehrsreichste Platz Europas gewesen
war, mit der ersten Lichtzeichenanlage der Welt. Danach
sank alles in Schutt und Asche, wurde abgetragen und planiert und lag fast 30 Jahre lang als Grenz- und Niemandsland
friedhofsstill da, von einer westlichen Aussichtsplattform
aus schaudernd bestaunt. Nach der Wiedervereinigung
aber ging es los, und der P. P. war bis zur Eröffnung 1998 mit
4000 Arbeitern die größte Baustelle Europas. Zu Füßen des
Sony-Hochhauses gibt es um den Marlene-Dietrich-Platz
herum 10 neue Straßen und rund 20 Gebäude, die inzwischen schon mehrfach den Besitzer und die Art der Nutzung
gewechselt haben. Ob der Potsdamer Postkutscher hier jemals wieder seinen Potsdamer Postkutschkasten putzt (alte
Berliner Zungenbrecherübung), scheint fraglich.

Potsdamer Straße, auch **Potse**, nach dem andernorts als Rad-
ler oder Alsterwasser bekannten Mischgetränk Potsdamer
benannter Straßenzug zwischen dem Potsdamer Platz und
dem ehemaligen Botanischen Garten am Heinrich-von-
Kleist-Park, im Rahmen von Abriss- und Baumaßnahmen
unterbrochen, verändert und im nördlichen Teil gänzlich

verlegt. Die Straße repräsentierte lange Zeit den Charme des heruntergekommenen West-Berlin in der Nachkriegszeit, der sich inzwischen abgenutzt hat und voraussichtlich durch nichts anderes ersetzt wird, was Charme besitzt.

präpeln, auch **prepeln**, bedeutet genussvoll essen.

Prater. Auch in dieser Hinsicht ist Berlin nicht auf Wien angewiesen: Es hat einen eigenen P. Der Saal mit angeschlossenem Garten steht seit 1857 in der Kastanienallee nahe der Kreuzung Eberswalder Straße und hat schon für so ziemlich alles herhalten müssen, was in Berlin als Kultur und Vergnügen gilt.

Prenzlberg, nur wirklich Eingeborenen (sehr seltene Spezies auf der Roten Liste!) als Verkürzung von Prenzlauer Berg zustehende Bezeichnung für ihren Ortsteil. Nicht jeder Alt-Einwohner teilte die Freude der zahlreichen Zuwanderer über den in Jahrzehnten vernachlässigten Zustand der dichten Wohnbebauung, über den die Prestige-Verschönerungen um den Kollwitzplatz nicht hinwegtäuschten. Schnell ist der P., benannt nach einer gleichnamigen unwesentlichen Geländeerhöhung auf einem Friedhof, zum internationalen Schwabening von Berlin geworden. Mieten und Regeln des Zusammenlebens wurden aus Stuttgart eingeführt.

Provisorium, Berliner Baustil zwischen heimischer Baracke und neuester Unsachlichkeit, im Allgemeinen nicht hässlicher als für die Ewigkeit gebaut, auf jeden Fall dauerhafter.

Pulle bedeutet Flasche. **Pülleken** meint eine (nicht zu) kleine Flasche.

puplau meint lauwarm.

Puppen, in Berlin nicht nur Spielzeuge und ansehnliche Mädchen (»dufte Puppen«, die man tanzen lassen kann), sondern auch die Statuen der antiken Mythologie, die man nach 1750 überlebensgroß und steinern rings um den ↑Großen Stern in den Tiergarten pflanzte. Von der Innenstadt aus brauchte man einige Zeit, um hinzukommen – und hatte damit ein neues Zeitmaß gewonnen: »Ick hab bis in die Puppen jeschlafen!« Hingegen ist »Ick hau dir zu Puppenlappen« eine der nicht immer todernst gemeinten, freundlichen Drohungen, um die der Berliner nie verlegen ist. »Dir pust ick aus'n Anzuch« ist eine weitere davon, und wem die **Puste** ausjeht, der hat sowieso schon verloren.

Q

Quadratlatschen, überdimensionale (fast einen Quadratmeter große) Schuhe mitsamt der darin steckenden Füße (auch **Quanten** genannt), die anderen im Wege sind und über die man andauernd stolpert: »Nimmste endlich mal deine Quadratlatschen aus'n Weech!«

qualstern ist ein anderes Wort für das Auswerfen von Schleim.

Quasselstrippe, jemand, der ununterbrochen quasselt, also von der malignen Logorrhö befallen ist, dem krankhaften Redefluss (mangelnde sprachliche Selbstkontrolle). In liebenswerter Form von Schauspielerinnen wie Grethe Weiser und Kabarettisten wie Wolfgang Gruner verkörpert.

Quatschkopp. Ein alter Q. ist einer, der andauernd Blech (Unsinn) redet, wobei das nicht so aggressiv gemeint ist, wie es klingt.

Quetschkartoffeln, typisches Berliner Gericht, vulgo Kartoffelpüree. Am besten, man formt die Q. zu einem Nest, in das man Saure Eier tut. Bekam man als Kind von Muttan überraschend einen Nachschlag an Soße, konnte man dies trefflich nutzen, um zu sehen, was bei einem Dammbruch passiert und wie man dagegen ankämpfen kann. Die Rettung des Oderbruchs beim großen Hochwasser 1997 ist zweifellos auf diese frühen empirischen Erfahrungen der Einsatzkräfte aus dem Großraum Berlin zurückzuführen.

Quitzow, märkisches Adelsgeschlecht, das beinahe verhindert hätte, dass aus Berlin Berlin wurde. Hätten nämlich die Herren Dietrich und Johann von Quitzow – zusammen mit Caspar Gans zu Putlitz und anderen Autochthonen wie

den Bredows und den Rochows – 1412 ihren Guerillakrieg
gegen den Burggrafen Friedrich VI. aus Nürnberg (»Tand
von Nürnberg«), den den Brandenburgern aufgezwungenen
Manne aus dem Hause Hohenzollern, also aus Süddeutsch-
land, gewonnen, dann wäre Berlin 1470 wohl nicht kurfürst-
liche Residenzstadt geworden, sondern … Sehen Sie sich
mal in Nauen, Oranienburg, Strausberg oder Königs Wusterhausen um!

R

Rabatz oder **Radau**, die lärmende Unruhe, die der Berliner fast so liebt wie die ↑Musik und manchmal auch damit verwechselt.

Rabitz, Name eines Berliner Bauhandwerkers, der auf die geniale Idee kam, Bretterwände mit einem Geflecht zu überziehen, das sich mit Putz bewerfen lässt. Besonders geeignet zur akustischen Trennung von bewohnten Räumen und deshalb immer wieder in Neubauten angewendet. Heute weitgehend durch Gipskarton verdrängt.

Radfahrende, die nunmehr gendergerecht benannten Radfahrer von früher, denen eine lichte und sorglose Zukunft auf breiten, grün eingefärbten Radwegen bevorsteht, zumindest auf dem Papier und spätestens ab 2030, falls nicht Unvorhersehbares passiert, was die hehren Senatspläne gefährden könnte.

Radio, im Oktober 1923 von einem Sender der Radio-Stunde AG Berlin (die im März 1924 aufgrund der Überwucherung mit fremdländischen Ausdrücken in Funk-Stunde umbenannt wurde) im Vox-Haus an der Potsdamer Straße in Betrieb genommenes Rundfunkprogramm für annähernd 30 Hörer. Seitdem zwar technisch, inhaltlich aber kaum vervollkommnet. In der Stadt senden ungefähr 40 Sender ziemlich ähnlich klingende Programme.

Ragufeng, in einem irdenen Töpfchen überbackenes Frikassee (im Osten Würzfleisch), das eigentlich Ragout fine heißt, aber selten so edel schmeckt.

Rathäuser, davon hat keine deutsche Stadt mehr als Berlin mit seinen zahlreichen Bezirken und noch mehr Ortsteilen, nämlich 19 Stück. In der Vergangenheit brannten R. gelegentlich ab oder wurden beraubt (wie das Rathaus in ↑Köpenick).

Ratte, auch **Ratze**, nicht nur ein in Berlin leider zahlreich vorhandenes Nagetier, sondern auch das Versagen beim Kegeln (von französisch *raté*). Ratzen meint auch schlafen, verratzt heißt verloren, und wer »keene Puseratze mehr« hat, besitzt keinen Cent mehr.

Rauchfangswerder, eine bewohnte Landspitze im Zeuthener See, die den südlichsten Punkt des Berliner Stadtgebiets darstellt.

RAW, früher die Abkürzung für Reichsbahnausbesserungswerk. Da der Bahn mit Ausbesserungen nicht mehr zu helfen ist, wurde die RAW-Fläche am nordöstlichen Fuß der Warschauer Brücke zu dem umfunktioniert, was Berlin und seine Besucher nun einmal am dringendsten benötigen: zu einer Eventlocation vom Allerfeinsten mit leicht kriminellem Einschlag.

Rebbach kommt aus dem Hebräischen und ist der große **Reibach**, den Geschäftsmann und -frau machen kann – und sei es im ↑RAW.

Rehberge, Volkspark im Wedding, der auf seinen 78 Hektar viel schöne Landschaft bietet, schließlich war man vordem Düne. Zudem gibt es ein Stadion für Sport und Spiel und eine Bühne für freie Luft.

Reichsmark. Ach, das waren noch Zeiten, als unsere Väter Geschichten wie diese erzählten: Bückt sich da ein Mann, der schlecht sehen kann, um etwas von der Straße aufzuheben – und schreit los: »Gott verdamme die Leute, die da spucken wie 'ne Reichsmark!«

Reichstag, nicht »Reichs Tag«, benannt nach dem glorreichen Tag, an dem Wilhelm Reich (1897–1957) seine »Massenpsychologie des Faschismus« veröffentlichte, sondern das von Christo im Sommer 1995 so wunderbar ver- und leider auch wieder enthüllte Gebäude, in dem der Bundestag 1999 Quartier nahm. Paul Wallot hat sich in der italienischen Hochrenaissance umgesehen und dann das Reichstagsgebäude entworfen. Es wurde 1884–94 erbaut, war Bismarcks Bühne und Mittelpunkt der Weimarer Republik, wurde 1933 in Brand gesteckt, von den Nationalsozialisten wahrscheinlich, 1945 stark zerstört und ab 1995 von Lord Norman Foster richtig erneuert und wieder mit einer – diesmal begehbaren – Kuppel gekrönt.

Reiher. Sahen ältere Berliner beim Flanieren Mitmenschen bei ganz bestimmten Verrichtungen – insbesondere in Fällen von Diarrhö oder schwerer Trunkenheit –, so neigten sie dazu, spontan auszurufen: »Der scheißt ja wie'n Reiher!« oder »Der kotzt ja wie'n Reiher!« Womit hat der arme Vogel das verdient? Tatsache ist aber, dass ein langgestreckter See in der Nähe von Prieros nur deswegen Hölzerner See heißt, weil der Kot der Reiher die Belaubung der Uferbäume stellenweise weggeätzt hat.

Reime. »Reim dich – oder ich fress dich!«, heißt es. Hier eine kleine Auswahl dessen, was die beiden Verfasser im Laufe ihrer langen Leben so zu hören bekamen:

Eene meene mopel, / wer frisst Popel, / süß und saftig, / für eine Mark und achtzig, / für eine Mark und zehn, / und du kannst jehn.

Ick bin jerührt wie Appelmus, / zerfließe wie Pomade, / mein Herz schlägt wie een Pferdefuß / in meine linke Wade.

Ick steh uff de Brücke / und spuck in den Kahn, / da freut sich
de Spucke, / det se Kahn fahren kann.

Jesus sprach zu seine Jünger: / Wer keen'n Löffel hat, der
frisst mit de Finger.

Siehste woll, da kimmt er, / lange Schritte nimmt er, / siehste
woll, da kimmt er schon, / der versoffne Schwiejersohn.

Wenn sich Herz und Magen laben, / will de Neese ooch wat
haben.

Man wird alt wie 'ne Kuh / und lernt immer noch dazu.

Wird schon wer'n mit Mutta Beern, / mit Mutta Horn is ooch
jeworn, / bloß Mutta Schmidt'n, die hat jelitten, / die ham se
siebenmal jeschnitten, / und denn ham se erst jemerkt, det
se'n Holzbeen hat.

Biste beit Trinken, bleib ruhich dabei. / De Frau zankt um
zehne so jut wie um zwei.

Lieba 'n Darm varenkt / als 'n Wirt wat jeschenkt.

Hässlichkeit entstellet imma / ooch det schönste Frauen-
zimma.

Reinickendorf, nach Köpenick der zweitgrößte der alten
23 Berliner Bezirke. Dass sich hier die Füchse Gute Nacht
sagen, stimmt zwar nicht ganz, aber man sieht sich selbst
als den »grünen Norden Berlins« und weist mit dem welli-
gen Tegeler Forst und der Jungfernheide auch umfangreiche
Waldgebiete auf. Die Wässer von Havel, ↑Tegeler Fließ, Nie-
der Neuendorfer, Tegeler, Heiligen-, Hermsdorfer, Huber-
tus-, Flughafen-, Wald- und Ziegeleisee kommen noch hinzu. Zusammengeschmiedet wurde Reinickendorf 1920 aus
den sechs Landgemeinden Reinickendorf, Wittenau, ↑Te-
gel, Heiligensee, Hermsdorf und ↑Lübars sowie den Gutsbezirken Tegel, Jungfernheide-Nord und Frohnau. Heute

kommen noch Borsigwalde, Konradshöhe, Tegelort, Waidmannslust, Saatwinkel, die Invalidensiedlung und vor allem das ↑Märkische Viertel hinzu. Highlights des Bezirks sind der ↑Flughafen Tegel und die ↑Justizvollzugsanstalt Tegel, das ↑Humboldtschlösschen, das Humboldt-Krankenhaus, die Karl-Bonhoeffer-Nervenklinik (KBoN), die Weiße Stadt an der Aroser Allee, die Wittenauer Dorfkirche, das Rathaus Wittenau, Borsigtor und -turm (↑Borsig), die Gartenstadt Frohnau mit dem Buddhistischen Zentrum und das Reiterdorf Lübars.

Reißmichtüchtig, großmütterberlinisch für Rheumatismus.

Renaissance-Theater, Ecke Hardenberg-/Knesebeckstraße gelegen, in einer sehr kulturschwangeren Ecke also, brillierte es manchmal erstaunlich (z. B. mit Brechts »Arturo Ui« oder mit Harald Juhnke als ernsthaftem Charakterdarsteller), um dann wieder Boulevard oder pure Langweile zu bieten. Bewundernswert aber sind und bleiben die Intarsien im Balkonbereich.

Renneritis steht für Durchfall oder, wie die legendäre Schmöckwitzer Oma des einen Verfassers immer gesagt hat, Durchmarsch. Sie überlieferte auch den ehemals stadtbekannten Reim zu diesem Thema: »Zwei Damen saßen einst in einem Coupé,/und davon hatte die eine Diarrhö./Da sagte die andere zur einen:/›Na weißte, auf der nächsten Station, da sch... schteigste aus.‹« Immer wieder kolportiert wurde auch eine Begebenheit, die sich auf dem Anhalter Bahnhof zugetragen haben soll: Hat da ein Mann seinen Hut verloren und der Bahnhofsvorsteher ihn gefunden. Auf dem Hutband steht der Name Reinsch, und so läuft der Bahnbeamte nun, den Hut in der ausgestreckten Hand haltend, an den

Fenstern des noch dastehenden Zuges vorbei und ruft, so laut er kann: »Ist hier jemand, der Reinsch heißt?«

Resi, gewesenes legendäres Ballhaus in der ↑Hasenheide, das vor allem durch seine Tischtelefone Furore machte: Wer ein begehrenswertes Geschöpf irgendwo im großen Saal an einem der vielen anderen Tische erspäht hatte, rief einfach an und begann die Balz.

Reuter, Ernst. Um ein Gefühl für diesen Mann zu bekommen, halten Sie sich bitte mit Daumen und Zeigefinger die Nase zu, und rufen Sie mit allem filmreifen Pathos, der Ihnen möglich ist, aus: »Ihr Völker der Welt, ihr Völker in Amerika, in England, in Frankreich, in Italien! Schaut auf diese Stadt und erkennt, dass ihr diese Stadt und dieses Volk nicht preisgeben dürft und preisgeben könnt!« Diese Sätze hat R. am 9. September 1948, zur Zeit der ↑Blockade also, mit einer heute schwer vorstellbaren Leidenschaft vor 350 000 Menschen gesprochen, die sich auf dem ↑Platz der Republik zu einer Freiheitskundgebung versammelt hatten. Es hat geholfen, West-Berlin ist kein Teil des kommunistischen Lagers geworden, und hätte es den alten Brauch noch gegeben, die Bewohner dieses Teils der Stadt hätten ihn zu Ernst dem Großen gemacht. Mit Willy ↑Brandt zusammen ist er ihr Lokalheiliger geworden. Als R. am 29. September 1953 in Berlin starb, weinten Hunderttausende. 1889 in Apenrade geboren, lag ein bewegtes Leben vor ihm: Im Ersten Weltkrieg Kriegsgefangener in Russland, von Lenin in die Wolga-Republik entsandt, in Deutschland Mitglied der KPD, nach Parteiausschluss Eintritt in die und Karriere in der SPD, Oberbürgermeister von Magdeburg, Mitglied des Reichstages und maßgebender Manager der Berliner

Verkehrsbetriebe, zwischen 1933 und 1935 zweimal im KZ, dann in der Türkei Professor und Regierungsberater, 1947 zum Oberbürgermeister Berlins gewählt, durch die Sowjets (die ihn kannten – und er sie!) jedoch am Amtsantritt gehindert, von 1948 bis zu seinem Tode Regierender Bürgermeister von Berlin (West).

Reutter, Otto (nicht zu verwechseln mit ↑Reuter, Ernst), ein aus Gardelegen in der Altmark stammender Humorist und Kabarettist, eigentlich Otto Pfützenreuter (1870–1931), der in den ersten Jahrzehnten des 20. Jahrhunderts als Inbegriff berlinischen Understatements berühmt wurde. Seine zahlreichen Couplets werden noch heute gerne verbreitet: »Der gewissenhafte Maurer«, »Nehm Se 'n Alten« oder »In fuffzich Jahren is alles vorbei«.

RIAS (Rundfunk im amerikanischen Sektor), ein 1946 von den Amerikanern installierter und bis zu seinem Ende 1993 als Ableger der »Stimme Amerikas« kontrollierter Rundfunksender. Er war ein wichtiger Faktor für den Durchhaltewillen der West-Berliner im Kalten Krieg. Die Kinder von damals haben es noch heute im Ohr: »Der Onkel Tobias vom RIAS ist da!«, und alle erinnern sich an Friedrich ↑Luft, die »Stimme der Kritik«, an die ↑Insulaner, an die »Schlager der Woche« jeden Montagabend, an die große Quizsendung »Mach mit« von und mit Ivo Veit, teils aus der Waldbühne übertragen, wo man als Hauptpreis ein Pfund Lensing-Kaffee gewinnen konnte, an »Damals war's – Geschichten aus dem alten Berlin«, an die Krimi-Hörfolge »Es geschah in Berlin«, an die Monologe der Regierenden Bürgermeister unter dem Titel »Wo uns der Schuh drückt«, an die »RIAS-Schulklassengespräche«, an Werner Müller und sein RIAS-Tanzorchester, an Lord Knuds »Evergreens« am Sonnabendmorgen, an Ewald Wencks »Hallo, Fans« und an Reporter- und Sprecherlegenden wie Sammy Drechsel, Jürgen Graf, Heinz Petruo, Peter Schulze, Wolfgang Behrendt und Felix Knemöller. Vielleicht war es im Hinblick auf die geistige Wiedervereinigung Berlins sinnvoll, den RIAS zu zerschlagen und im Deutschlandradio auf- bzw. untergehen zu lassen – doch für viele ältere West-Berliner (und auch so manchen ehemaligen DDR-Bürger) war es ein Mord an ihrer Seele, zumindest ein Stück Identitätsverlust. Die drei Dutzend Sender von heute können nie und nimmer den einen RIAS von damals ersetzen!

RIAS-Ente, oft gebrauchter Begriff der DDR-Propaganda, um Meldungen des ↑RIAS (»Aus der Zone, für die Zone«) über Missstände im ersten Arbeiter- und Bauernstaat auf deutschem Boden als erstunken und erlogen zu brandmarken.

Riehmers Hofgarten, 1881–92 auf insgesamt 27 zusammenhängenden Grundstücken an der Yorckstraße errichteter Gebäudekomplex mit 220 Wohnungen, das sehenswerte Gegenstück zu den zur selben Zeit entstandenen Berliner ↑Mietskasernen. Über die zukünftige Nutzung wird wohl noch länger gestritten werden.

Rieselfelder. Um das unaufhaltsam wachsende Berlin nicht zu einer einzigen Kloake werden zu lassen, kam der Baurat und Kanalisationsfachmann James Hobrecht (1825–1902) auf die Idee, Fäkalien und andere Schmutzwässer vermittels radikal angelegter Druckleitungen, zwölf an der Zahl, aus der Stadt heraus auf umliegende Felder zu pumpen und dort versickern zu lassen, was natürlich nicht ohne gewisse olfaktorische Belästigungen abging, sodass es in Berlin, wenn es in der Wohnung müffelte, bald sprichwörtlich hieß: »Det stinkt ja hier wie uff de Rieselfelder!« Verstärkt wurde der unangenehme Geruch dadurch, dass man auf den Rieselfeldern vornehmlich Weißkohl anbaute, dessen Wirkung auf die Bildung bestimmter Darmgase hier nicht näher beschrieben werden soll. Das erste Rieselfeld entstand im Süden bei Osdorf/Heinersdorf und wurde vornehmlich in Zwangsarbeit von den Insassen des Erwerbs- und Obdachlosenasyls Rummelsburg angelegt. Nichts, was sich unsere Politiker heute ausdenken, um vermeintliche Sozialschmarotzer zu bekämpfen, ist also gänzlich neu. Die ehemaligen R. im Nordosten der Stadt sind heute weitgehend mit den gigantischen Plattenbausiedlungen Hohenschönhausen, Marzahn und Hellersdorf bebaut.

Riksha-Taxis fahren nach chinesischem Vorbild in der Gegend Unter den Linden umher.

Ringbahn, ↑Vollring der Berliner ↑S-Bahn, die Strecke Südkreuz–Südkreuz im Uhrzeigersinn – und andersrum.

Ring-Center, keine zentrale Trainings- und Kampfstätte für Sumo- und andere Ringer, sondern ein am S- und U-Bahnhof Frankfurter Allee gelegenes zweiteiliges Einkaufszentrum. Und noch ein Tipp: Wenn Sie statt *dem* Center *den* Center suchen, dann gehen Sie zum Basketball (↑Alba), das ist der meist 2,20 Meter und mehr messende zentrale Mann zum Erzielen von Körben und Abfangen von Bällen (rebounds).

Ritze, enge und ein wenig berüchtigte Straße, wobei die Mulackritze (↑Mulackstraße) die bekannteste ist, knapp vor der Naunynritze in Kreuzberg.

Ritzenschieber, das arme und oft dürre Männlein, das früher mit einem schmalen Besen und einer Gießkanne umherzog und die Rillenschienen der Straßenbahn reinigte. So wenig er verdiente und so gering sein Ansehen auch sein mochte, für die Pädagogik war er eine der zentralen Figuren, denn immer wenn man eine schlechte Schulnote nach Hause brachte, lautete der Kommentar:»Mach ma so weiter, dann wirste eben Ritzenschieber oder Gullitaucher.«

Rixdorf, so hieß ↑Neukölln bis 1912, als dieser Name (von Richardsdorp, gegründet 1360) den Stadtvätern zu proletarisch erschien. Erhalten ist aber noch der Gassenhauer »In Rixdorf is Musike,/da tanzte die schöne Rieke/mit ihrem Bräut'gam Fritz«. Der »Rixdorfer« stand in den damaligen Charts ganz oben:»Uff den Sonntag freu ick mir,/ja, dann jeht et 'raus zu ihr,/feste mit verjnüchtem Sinn/Pferdebus nach Rixdorf hin./Dort erwartet Rieke mir –/ohne Rieke keen Pläsier!« Damals war's, in der ↑Hasenheide, die überwiegend neuköllnisch ist. Ein Deutsch und Böhmisch Rixdorf gab es einmal, und noch heute redet man, die Gegend um den Richardplatz mit seiner alten Schmiede meinend, vom böhmischem Dorf.

Rockendorf, seinerzeit in Waidmannslust beheimatet, galt bis zum tragischen Tod des gleichnamigen Meisterkochs im Jahr 2000 als Berlins führendes Feinschmeckerrestaurant, was die beiden Verfasser allerdings nicht beurteilen können, da ihnen der Druck von 1000-Euro-Scheinen bislang noch nicht gelungen ist.

Rohrpost, nach einem längeren Versuchsstadium im Dezember 1876 in Betrieb genommenes unterirdisches Rohrsystem zur schnellen Versendung von jährlich bis zu 26 Millionen Rohrpostbriefen und -karten innerhalb der Stadt. 1939 besaß Berlin ein Netz von 257 Kilometern R., das, zum großen Teil kriegszerstört, nach 1945 nur noch geringe Bedeutung hatte und 1964 in Ost- und 1969 in West-Berlin stillgelegt wurde.

Rollberge, dichtbesiedelte Anhöhe in ↑Rixdorf bzw. ↑Neukölln, die sich von der Karl-Marx-, ehemals Bergstraße, zur Hermannstraße hinaufzieht. Nach einer Kahlschlagsanierung gilt der Rollbergkiez mit seinem hohen Anteil von Menschen, die unterhalb der Armutsgrenze leben, heute als ein Problemkiez oder, um es positiver auszudrücken, als ein Vorzeigestück Berlins.

Rollheimer, Menschen, die sich den sozialen Normen verweigern und in rollenden Heimen leben, sofern man sie dort leben lässt, d. h. in Wagen, die sie zu Wagenburgen zusammenschieben, worauf sie von einem Stadtteil in den anderen abgeschoben werden.

Rosenthaler Platz, der Platz, auf dem sich einst das Rosenthaler Tor erhob, von den Berlinern gerne zu Blasenthaler Rotz verballhornt.

Rosinenbomber, Bezeichnung für die 225 viermotorigen amerikanischen Flugzeuge vom Typ DC 4, die während der ↑Blockade 8,3 Tonnen pro Flug befördern konnten, darunter auch Rosinen (getrocknete Weintrauben), denen wie nahezu allen Lebensmitteln zwecks Gewichtsersparnis vorab das Wasser entzogen worden war. Am schlimmsten schmeckten die Trockenkartoffeln, und müsste sie heute jemand essen, würde er sofort den Giftnotruf (19240) wählen.

Rostlaube, (a) ein dahinrostendes und schrottreifes Auto, (b) wegen seiner rostfarbenen Außenhaut so bezeichnetes Gebäude der FU in der Dahlemer Fabeckstraße.

Rote Insel, legendäre Hochburg der Linken (SPD und KPD) und des Widerstands gegen die Nationalsozialisten am nordöstlichen Rand von Schöneberg. Insel deswegen, weil das 1,5 Kilometer lange und 700 Meter breite Arbeiterquartier um die heutige Leber-, damals Sedanstraße, von Gleisanlagen eingeschlossen war. Geblieben ist der Gasometer am S-Bahnhof Schöneberg, geblieben sind die Bilder des Künstlers Hans Baluschek aus den 1920er-Jahren.

Rotes Rathaus, ein nicht zu übersehender Monumentalbau aus rotem Backstein, zwischen Allex und Schlossplatz gelegen. Es wurde 1861–71 am Ort des alten Berliner Rathauses errichtet und ist seit 1991 Sitz des Regierenden Bürgermeisters. Die weiträumigen gastronomischen Einrichtungen im Keller des Hauses wurden vorsichtshalber geschlossen. Vor der Tür entsteht ein neuer U-Bahnhof zur bequemen An- und Abreise von Demonstranten.

Rotzbengel, auch **Rotzlöffel** oder **Rotzlümmel**, meistens mit einem gedehnt und aggressiv gesprochenen »du« davor, meint einen schmutzigen, ungepflegten, unerzogenen und frechen Jungen.

Rotzblasen. Berliner Kinder »weenen Rotzblasen und Dreierschnecken«. Eine **Rotzbremse** ist ein schmaler Schnurrbart, wie ihn heute wieder jeder bessere Herr trägt.

rotzfrech ist jemand, wenn er besonders frech ist – so frech und ungehobelt, dass er sich nicht scheut, auf den Gebrauch eines Taschentuchs zu verzichten, und stattdessen seinen Nasenschleim, den Rotz, möglichst geräuschvoll vom Nasen- in den Mundraum zieht und dann dahin spuckt bzw. rotzt, wo es nicht so sehr erwünscht ist.

Rucksackberliner waren die meisten Einwohner der Stadt oder ihre Vorfahren einmal: Leute, die mit ihrer gesamten Habe auf dem Buckel nach Berlin kamen, um innerhalb mehr oder weniger kurzer Zeit echte Berliner zu werden. Hätten damals die heutigen Gesetze gegolten, besäßen unsere Kinder außer der deutschen noch die belgische, niederländische, französische, schweizerische, litauische, polnische oder tschechische Staatsangehörigkeit. Wie sagt der Berliner im Fall einer Überraschung? »Mein lieber Kokoschinski!«

Rudolf-Virchow-Krankenhaus, ein versehentlich per Straßenbahn an das Ost-Berliner Netz angeschlossenes Klinikum der Charité am Augustenburger Platz im Wedding (U9 Amrumer Straße), gemischt aus alten Pavillons, Grünanlagen und Neubauten, darunter dem Herzzentrum. Sein Namensgeber (1821–1902) ist einer der Berliner Stadtheiligen, weil er nicht nur ein hervorragender Mediziner war (Begründer der Zellularpathologie), sondern auch ein fortschrittlicher Politiker, der sich um die öffentliche Gesundheitspflege verdient machte.

Rummelsburg, nach dem Gastwirt Johann Jakob Rummel benannter Stadtteil an der Spree, wo die Firma ↑Bolle einst im Winter ihr Eis gewann, Spratts Hundekuchen gebacken wurde und das Berliner Arbeitshaus (↑Ochsenkopp) stand. Vom Industriestandort R. künden noch heute ein Turmaufsatz zur Herstellung von Schrotkugeln (schon Tucholsky warnte vor Kaviar-Nachahmungen aus weichgekochtem Flintenschrot!) und die ersten Betonbauten der Welt. In der DDR-Zeit war R. ein Synonym für die an der Spree gelegene Haftanstalt, während sich die Opposition bei Blues-Messen in der örtlichen Erlöserkirche stärkte. Im einstigen Knast

kann man heute exklusiv wohnen und auf dem Uferweg am
Rummelsburger See zwischen ↑Ostkreuz und dem ehemaligen Flussbad nahe dem ↑Kraftwerk Klingenberg gepflegt
spazieren gehen.

S

Sammlung Berggruen. Manche sammeln Briefmarken und andere sich selber, Heinz Berggruen aber hat in zwei Stüler-Bauten gegenüber dem Charlottenburger Schloss eine Menge Bilder von Picasso, Paul Klee, Giacometti, Cézanne und anderen Modernen zusammengetragen, die seit 2000 an diesem zusätzlichen Standort der ↑Nationalgalerie zu besichtigen sind.

Sand, darauf steht Berlin im wahrsten Sinne des Wortes. Der märkische S. um Berlin wurde dereinst sogar für Reinigungszwecke und als Tintentrockner exportiert. Besonders gerne lagerte er sich vor den Palisaden ab, die die Stadt umgaben, sodass stellenweise Reiter über diese Vorläufer der Berliner ↑Mauer hinwegsetzen konnten. Im Verlauf der Jahrhunderte ist der S. fast überall mit einer sogenannten Kulturschicht überdeckt worden, die sich im Wesentlichen aus den Abfällen und dem Kehricht der Stadt zusammensetzt. An der Marienkirche, die sich ursprünglich auf einem Hügel erhob und heute in einer Senke steht, lässt sich ablesen, was da im Laufe der Zeit so zusammenkam.

Sass, Erich und Franz, bekannt geworden als »Brüder Sass«, Einbrecherkönige von Berlin, die 1929 den Tresorraum der Berliner Disconto-Gesellschaft am Wittenbergplatz durch einen Tunnel ausraubten und damit zu Stammvätern der Berliner Tunnelgangster (↑Pannewitz) wurden. Der Raub wurde ihnen juristisch nie nachgewiesen, die Nationalsozialisten ließen sie dennoch 1940 »auf der Flucht« erschießen. Allerlei Filme und Bücher (wie »Die Meisterdiebe von

Berlin« von Ekkehard Schwerk) setzten den Brüdern das ihnen zukommende Denkmal.

Saurejurkenzeit. Abgesehen davon, dass saure Jurken »ooch 'n scheenet Jemüse« sind und »Jib ihm Sauret« eine freundliche Aufforderung darstellt, jemandem »det Jackstick« vollzuhauen, ist die S. eine Zeit, in der kein Geschäft läuft. Andreas Nachama bietet in seinem Buch »Jiddisch im Berliner Jargon« dafür eine Erklärung aus dem Hebräischen an: *zorot jerakot* – die Sorgen um die Teuerung.

Saurer mit Persiko, eine Art Kirschlikör, wie er für Alt-Berliner Lokale unverzichtbar war. Persiko (in der fast vergessenen Kunstsprache Esperanto für Pfirsich) meint an sich einen Extrakt aus Pfirsich- oder Bittermandelkernen mit einem Zusatz von Zitrone und Zimt. Nachdem Persiko 1915 wegen der im Steinobst vorhandenen Blausäure verboten worden war, stieg er in den 1970er-Jahren zum Modegetränk auf.

S-Bahn, war für viele Einheimische vor ihrem gegenwärtigen Niedergang nicht nur ein Verkehrsmittel, sondern auch ein Mythos und ein besonderes Lebensgefühl und ihre Benutzung kein rationaler Akt, zuverlässig und schnell von A nach B zu gelangen, sondern eine kultische Handlung. Ohne das Anfahrgeräusch ihrer über 60 Jahre alten Triebwagen, dieses unnachahmliche Ööööööhhhhh, ohne ihren spezifischen Geruch nach Öl und Bremsstaub, ohne ihren nostalgischen Schmuddel-Look und ohne ihre Vielfalt von Wagen- und Bahnhofstypen wäre Berlin nicht Berlin gewesen. Mit ihr kann man – sofern die S. nicht gerade durch unvorhergesehene Wetterunbilden, eine Signal- oder Weichenstörung, einen Kabeldiebstahl, einen Polizei- oder Rettungseinsatz oder eine sonstige Ausrede aufgehalten wird – wie mit keiner anderen Bahn deutsche Geschichte »erfahren«, und sie ist ein Stück dieser Geschichte. Ab 1871 entstand sie, zuerst als Verbindung zwischen den einzelnen Fernbahnhöfen, ab 1924 begann ihre Elektrifizierung, und 2018 zählt man 16 Linien mit 166 Bahnhöfen. Rot und Ocker sind die klassischen Farben der Züge, das Rot zuerst etwas dunkler in Richtung Ochsenblut, später heller und Rubinrot genannt, das Ocker ebenso aufgehellt zum Gelben hin. Um alle Strecken nacheinander abzufahren, wäre man über 15 Stunden unterwegs. »Einsteigen bitte! Zurückbleiben.«

S-Bahn-Mörder, die Angst vor ihm fährt noch heute mit, wenn man nächtens auf den einsamen Außenstrecken der Berliner ↑S-Bahn unterwegs ist: vor Paul Ogorzow, geboren 1912 in Ostpreußen, hingerichtet am 25. Juli 1941 im Strafgefängnis Plötzensee, nachdem er zwischen dem 4. Oktober 1940 und dem 3. Juli 1941 in der S-Bahn und ihrer Nähe acht Frauen ermordet hatte. Dazu kommen sechs Mordversuche und über dreißig Sittlichkeitsverbrechen. In der kriminalistischen Terminologie von heute kann man ihn einen »kontrollierten« Serienmörder nennen: Als Reichsbahn-Beamter konnte er sich ständig dienstlich in der S-Bahn und ihrer Nähe aufhalten, und als ehrbarer Familienvater aus einer angesehenen Wohngegend, Karlshorst, war er bestens getarnt. Ogorzow war bauernschlau und als NSDAP-Mitglied und SA-Scharführer immer bestens informiert, sodass ihn die besten Kriminalbeamten des Reiches lange vergeblich jagten.

Schadow, Johann Gottfried (1764–1850), Berlins klassizistischer Hofbildhauer, dessen Marmorgruppe der Prinzessinnen Luise und Friederike beinahe so bekannt ist wie seine Quadriga auf dem ↑Brandenburger Tor. Die Siegesgöttin Victoria ist – was man von unten kaum bemerkt – erstaunlicherweise größer geraten als ihre Pferde. Übrigens musste ihre hintere Blöße nachträglich verhüllt werden.

schallern heißt singen und meint wohl den dabei entstehenden Schall, ebenso auch das Geräusch bei der Ohrfeige – auch ↑Schelle oder Maulschelle genannt –, denn in Berlin kann man leicht eine geschallert kriegen.

Scharfenberg, Insel im Tegeler See mit einer Internatsschule, die sich Schulfarm nennt. Ihr Image schwankt zwischen Idylle und Eliteanstalt einer- und letzter Abiturchance für IQ-schwache Schüler mit reichen Eltern andererseits.

Schaschlik, so wird die Stahlskulptur genannt, die Hans Uhlmann 1961 geschaffen und vor der ↑Deutschen Oper Berlin in der Bismarckstraße aufgestellt hat.

Schaubühne, von Peter Stein zum Ruhme emporgeführtes kultisches Theater im alten Erich-Mendelsohn-Bau am Lehniner Platz (oberer Ku'damm) mit Stars wie Bruno Ganz, Otto Sander, Edith Clever und Jutta Lampe. War in seligen West-Berliner Inselzeiten, anfangs noch als S. am Halleschen Ufer, der Kulturtempel Nummer eins und das Aushängeschild der Frontstadt-Insulaner, seit 1999 von Thomas Ostermeier künstlerisch geleitet.

Schauspielhaus, das heutige Berliner Konzerthaus am ↑Gendarmenmarkt, wiederaufgebaut aus der Ruine des im Krieg zerstörten Gebäudes von ↑Schinkel (1819–21), das wiederum auf den Grundmauern des abgebrannten Nationaltheaters von Langhans steht. Künstlerische Höhepunkte erlebte das S. in den 1920er- und 1930er-Jahren unter Leopold Jessner und Gustaf Gründgens. Das Schillerdenkmal vor dem S. stammt von Begas.

Scheese stammt von dem französischen Wort *chaise* (Kutsche) ab. Gemeint ist ein fahrbarer Untersatz, mit dem man sich eilig fortbewegen, also los- und rumscheesen kann.

Schelle steht für Ohrfeige oder »eene jescheuert kriejen«. Eine S. ist eigentlich etwas, das man im Baumarkt kauft: eine gebogene, zumeist metallene Vorrichtung zum Befestigen von Rohren (Rohrschelle), die aber auch zum Verschließen des Mundes (des Maules) verwendet werden könnte und damit zur Maulschelle wird (»Hältste jetz' ma' dein dreckijet Maul, sonst kriste 'ne Schelle!«). Mit der Zeit ist vermutlich das Maul vor der S. entfallen.

Scheunenviertel, seit etwa 1700 der Standort der 27 Berliner Scheunen auf dem sogenannten Scheunenfeld südlich des heutigen Rosa-Luxemburg-Platzes. Von den acht Straßen des Viertels blieben nach der Sanierung seit 1905 nur Reste. Der Name S. übertrug sich auf die ganze Gegend um die Hirtenstraße, wo einst der Kuhhirte des Magistrats sein Haus gehabt hatte, und wird seit 1990 mit Rücksicht auf die Touristen simplifizierend, aber historisch unrichtig für die gesamte ↑Spandauer Vorstadt gebraucht. Das ursprüngliche S. war nach 1900 die ärmliche Wohngegend der zugewanderten Ostjuden.

Schickse, verächtlicher Begriff für eine junge Frau, der als etwas angestaubt angesehen werden kann, seine Renaissance aber durchaus erleben könnte, wenn die möglichen Anwender in Erfahrung bringen sollten, dass er sich aus dem hebräischen Wort für »Gaul« herleitet.

Schiffbauerdamm, seit 1738 Berlins Platz für den Schiffbau.

Berühmt geworden durch das Theater am S., in dem 1928 die Uraufführung der »Dreigroschenoper« von ↑Brecht und Weill stattfand. In dem ehemaligen Theater am S. spielt seit 1954 das ↑Berliner Ensemble.

Schildhorn, eine Zunge aus Land, die sich vom Grunewald südlich der Heerstraße in die ↑Havel schiebt und bestückt ist mit einem Restaurant, einer Dampferanlegestelle und einem Denkmal in Form eines Baumstammes mit Schild und Kreuz. Hier soll der Sage nach der letzte Wendenfürst, Jaczo mit Namen, aus Dankbarkeit zum Christentum über-getreten sein, nachdem es ihm gelungen war, auf der Flucht vor Albrecht dem Bär die hier seenartige Havel auf seinem Pferd zu durchschwimmen. Der aus dem Westen der Stadt stammende Verfasser hat das alles verdrängt, weil es wäh-rend der Inselzeit ein Trauma war, am offiziellen Wandertag aller Schulen wieder und wieder durch den Grunewald zu ziehen und gesagt zu bekommen: »Und Schildhorn machen wir dann Rast.«

Schillertheater, einst eine der wichtigsten Berliner Bühnen. Heute weckt der Name nur noch die Assoziation »aufgrund der finanziellen Notlage Berlins vom Senat geschlossen«. Seit 1993 ist es das und steht seither (a) für den Niedergang des Theaters im Berliner Westen, (b) für eine vom Spar-zwang geprägte Kulturpolitik und (c) als Behelfsspielstätte zur Verfügung. 1905/06 erbaut, im Zweiten Weltkrieg zer-stört, ab 1950 wiedererrichtet und am 5. September 1951 vom Bundespräsidenten Theodor Heuss (bekannt wegen seines »Nun siegt mal schön!« und weniger wegen seiner Zustimmung zu Hitlers Ermächtigungsgesetzen) in einem feierlichen Fest- und Staatsakt wiedereröffnet, erlebte es unter dem Intendanten Boleslaw Barlog eine große Zeit. Hier arbeiteten bedeutende Regisseure wie Fritz Kortner, George Tabori und Peter Zadek, und der große Bernhard Minetti war in unvergesslichen Samuel-Beckett-Inszenierungen zu sehen.

Schinkel, Karl Friedrich, zwar 1781 in Neuruppin geboren, aber wenigstens 1841 in Berlin gestorben, das ihm einige sehr schöne Bauwerke verdankt, u. a. die ↑Neue Wache (1817/18), das ↑Schauspielhaus am Gendarmenmarkt (1819–21), das ↑Humboldtschlösschen in Tegel (1822–24), das Alte Museum (1824–28) und die Friedrichswerdersche Kirche (1824 bis 1830). Seine im Krieg ausgebrannte Bauakademie hat man 1962 abgerissen. Um ihren Wiederaufbau wird seit Jahren gerungen, wobei solche Ringkämpfe in Berlin Jahrzehnte andauern können, denn wenn es um Filz, Kleinkariertheit, Profilierungssucht und Bockbeinigkeit geht, ist Berlin absolute Weltspitze. Immerhin hat der Bundestag 2016 die Mittel für den Neubau bewilligt. Na, da sind wa aba jespannt wie'n Flitzboren!

Schislaweng, angeblich aus dem Französischen hergeleitet, bedeutet, dass etwas mit Schwung geschieht – deshalb ist dieser Begriff in Berlins Verwaltung auch weithin unbekannt.

Schlamassel, schwierige und verfahrene Situation. Wenn das Abflussrohr verstopft und die ganze Küche überschwemmt ist, kommt der Ausruf:»Da ham wa den Schlamassel!« Auch gut auf Ereignisse in Berlins Politik und Kultur anwendbar.

Schleichers Buchhandlung findet sich in der Königin-Luise-Straße in Dahlem.

Schlenki, Name für die Ikarus-Gelenkbusse, die in Ost-Berlin bis in die 1990er-Jahre im nicht schienengebundenen öffentlichen Personennahverkehr die anstehenden Beförderungsfälle abwickeln halfen, wobei schon ein Exemplar dieser Gattung ausreichend war, einen Ortsteil von der Größe Rummelsburgs über mehrere Stunden hinweg so zu vergiften, dass eigentlich Smogalarm auszulösen gewesen wäre. Das Fahrgefühl im S. können die am besten nachvollziehen, die im Krieg evakuiert waren und im Leiterwagen eines Bauern – hölzerne Räder mit eisernen Reifen – über das friderizianische Kopfsteinpflaster der Dorfstraße gerattert sind.

Schlesischer Bahnhof, 1842 als Frankfurter Bahnhof erbauter Kopfbahnhof im Osten Berlins, später Bahnhof Berlin der Niederschlesisch-Märkischen Eisenbahn. Seit 1881 S. B. genannt, wurde er wegen der hier anreisenden (katholischen) Schlesier auch als katholischer Bahnhof bezeichnet. Die ärmliche Wohngegend ringsum blieb bis nach 1945 von den Zuwanderern geprägt. Der immer wieder umgebaute Bahnhof wurde 1950 in Ostbahnhof, 1987 in Hauptbahnhof und 1998 wieder in Ostbahnhof umbenannt, zu den ersten Adressen der Stadt gehört er aber nach wie vor nicht.

Schlingel. »Du Schlingel, du!«, riefen die Großmütter früher und meinten damit, dass ihr Enkel auf liebenswerte Weise clever sei. Anzunehmen ist, dass sich das – ebenso wie die Bezeichnung »Galgenstrick« für einen durchtriebenen, aber doch netten Kerl – von der Nähe zum Gehenktwerden ableitet, als hätte also der S. schon die Schlinge um den Hals liegen.

Schlösser gab und gibt es aufgrund der Baulust der Hohenzollern eine ganze Menge in und um Berlin. Gänzlich verschwunden sind nur das Schloss Monbijou zwischen Oranienburger Straße und Spree und das monumentale

Stadtschloss auf dem Schlossplatz, das die DDR-Regierung 1950/51 abreißen ließ. Die ältesten Teile des Stadtschlosses stammten aus dem 15. Jahrhundert. Das Portal IV, von dessen Balkon Karl Liebknecht am 9. November 1918 die »freie sozialistische Republik Deutschland« ausrief (nachdem Philipp Scheidemann bereits von einem Fenster des Reichstages aus die Republik verkündet hatte), schmückt heute das ehemalige Staatsratsgebäude. Nach langem Streit um den Wiederaufbau des Schlosses hat das an seiner Stelle errichtete ↑Humboldt Forum immerhin eine umstrittene Fassadenkopie erhalten. Die wichtigsten noch vorhandenen Berliner S. sind das ↑Charlottenburger Schloss, Schloss Schönhausen (↑Niederschönhausen) und Schloss ↑Bellevue.

Schlossfreiheit, 1951 endgültig verloren gegangene »Freiheit zwischen der Hundebrücke und der Mühle«, eine von Lasten und Abgaben freie Ansiedlung am Spreekanal. Die letzten Häuser der S. mussten 1894 dem Bau des Nationaldenkmals für Kaiser Wilhelm I. weichen, von dem heute nur noch der in den Spreekanal ragende Sockel mit seinen unterirdischen Gewölben und schützenswerten Mosaiken kündet. Bei der Vorstellung, darauf eine »Einheitswippe« aufzustellen, fühlen sich viele Berliner verschaukelt.

Schlosspark Theater, steht nicht nur in Steglitz, sondern hin und wieder auch mal leer, seitdem es keine staatliche Bühne mehr ist.

Schloßstraße, zieht sich mit mehreren Einkaufscentern und Kaufhäusern, einem Multiplex, dem ↑Bierpinsel, dem altem Rathaus (Endstation der U-Bahn-Linie 9), der Schwartzschen Villa (Kultur), dem ↑Steglitzer Kreisel und dem ↑Schlosspark Theater in einer Länge von fast zwei Kilometern südwestwärts vom Walther-Schreiber-Platz, der so unbedeutend ist, wie der Regierende Bürgermeister es war, nach dem er benannt wurde, zum Wolfensteindamm und zur breiten Ausfallstraße Unter den Eichen hinunter. Hier is imma wat los, und aus'm Umland wie aus die anderen Bezirke komm' se jerne hierher. Der U-Bahnhof S. ist auf Vorrat gebaut, d. h. schon doppelstöckig, um neben der Linie 9 auch die spätere Linie 10 aufnehmen zu können, die zu den Berliner Luftprojekten zählt.

Schmetterlingshorst, nicht benannt nach einem der Verfasser oder sonst einem Horst, der Schmetterlinge sammelt, sondern ein aus einer Schaubude für eine Schmetterlingssammlung (mit Imbiss und Ausschank) entstandenes Ausflugslokal am Langen See gegenüber dem Strandbad Grünau. Der S. bietet nach einer längeren Durststrecke heute wieder ein ähnlich bescheidenes Angebot wie vor 120 Jahren – einschließlich Schmetterlingssammlung.

schmettern kann das Gleiche bedeuten wie ↑schallern. »Een schmettan« heißt aber auch: etwas Alkoholisches trinken – was sonst?

Schmöckwitz, schon 1375 im Landbuch Karls IV. als *Smekewitz* (slawisch für Schlangenort) erwähntes Dorf auf einer Halbinsel zwischen dem Langen, dem Seddin- und dem Zeuthener See mit einer Brücke über die Dahme, an deren einem Ende das bekannte Ausflugslokal »Zur Palme« gelegen ist. Fontane adelt S. durch seine Aufmerksamkeit, indem er im Band IV seiner »Wanderungen durch die Mark Brandenburg« (»Spreeland«) die Geschichte des Fischers vom Kahniswall erzählt, der um die Jahrhundertwende 1799/1800 am

Ende des Seddinsees ein kleines Anwesen sein Eigen nannte. Kahnis »hatte eine junge Frau, eine Kossätentochter aus Schmöckwitz, die sehr blond und sehr hübsch war, viel hübscher, als man nach ihrem Geburtsort hätte schließen sollen«. Als nun die feschen französischen Kürassiere 1806 im nahen Cöpenick Einzug halten, bekommt Kahnis Angst um die Treue seiner Hanne, erzählt ihr Schauermärchen von der Grausamkeit der Besatzer und bekommt mit diesem Trick ihre Einwilligung, gemeinsam auf eine einsame Insel mitten im See zu fliehen. »Hier gruben und pflanzten Mann und Frau wie die ersten Menschen ...« Glücklich waren beide, die »Kinder wuchsen heran, verließen Haus und Insel; endlich starb auch die Frau. Kahnis stellte den Sarg auf sein bestes Boot und fuhr quer über den See, um der Toten auf dem Schmöckwitzer Kirchhof ein christliches Begräbnis zu geben.«

Schmu ist Schummel oder Betrug, hergeleitet vom jiddischen *sch'mua* (dummes Geschwätz). **Schmus** hingegen ist eher eine billige Schmeichelei.

schmulen meint heimlich gucken. Beim Versteckspiel sangen die bereits Gefundenen: »Bleib, wo du bist, und schmule nicht, / der Sucher kommt und findet dich.«

schnasseln, eines von vielen Synonymen für eine der Lieblingsbeschäftigungen des Berliners: das Trinken von Alkohol.

Schnee, ein für die Berliner Straßenreinigung alljährlich völlig überraschend eintretendes Wetterphänomen. S. kann auch unnötiges Geschwätz bedeuten.

schnieke war dreimal so ↑dufte wie schnafte, bevor alle drei Wörter in Vergessenheit gerieten.

schnökern, nahe verwandt mit schmökern, meint aber eher

das neugierige Herumsuchen in (fremden) Sachen, nicht in Büchern.

Schnösel, abwertend für einen hochnäsigen Menschen.

Schöneberg, ehemals eigenständiger Bezirk mit über 120 000 Einwohnern aus sehr unterschiedlichen Milieus, von gehoben bürgerlich im Bayerischen Viertel bis eher links und nonkonform in der Gegend südlich des Nollendorfplatzes. Erwähnenswert sind die Tauentzienstraße mit dem ↑KaDeWe, die ↑Urania, die für volksnahe Kultura steht, das alte Kammergericht (ehemals Sitz des Alliierten Kontrollrates), die Dorfkirche, das Rathaus und der ↑Insulaner. Was assoziieren die Berlinerinnen und Berliner mit dem Worte S.? Vor allem (a) die Liebe, denn nicht umsonst heißt es im berlinischen Liedgut: »Es war in Schöneberg im Monat Mai, / ein kleines Mädelchen war auch dabei ...«, (b) Millionenbauern, denn als S. zur Gründerzeit vom Dorf zur Großstadt mutierte, konnten einige der Landbesitzer mit dem Verkauf ihrer Äcker Millionen machen und sich an der Hauptstraße protzige Villen hinsetzen lassen, (c) das Rathaus S., denn dort saßen von der Spaltung bis zur Wiedervereinigung Parlament und Regierung des westlichen Berlin, dort hängt die Freiheitsglocke, und von seiner Balustrade aus wurden die großen Reden geschwungen, speziell (d) John F. Kennedys Rede am 26. Juni 1963, die jene Worte enthielt, die allen Berlinern »runterjehn wie Öl«: »Der stolzeste Satz, den man heute in der freien Welt sagen kann, heißt: Ich bin ein Berliner ...« Scheiße, wa, nu is die Mauer weg, und mit unsre Ich-Identität isset jewaltig bergab jejang'n, janz wie die Knef et imma besungen hat: »Von nun an ging's bergab ...«

Schote, nicht nur die jungen Erbsen in ihrer Hülse, sondern auch etwas besonders Bemerkenswertes oder Unglaubwürdiges: »Der azählt vleicht wieda Schoten!«

Schrippe, ovales Berliner Nationalgebäck mit Längsschnitt, lange streng in bissfeste Ost- und luftige West-Schrippen unterschieden, vom Schrippenarchitekten oder -schuster hergestellt und früher in der Schrippenkirche in der Ackerstraße an Bedürftige verteilt, heute zumeist aus dem Backautomaten stammend.

Schulen bauten unsere Altvorderen für die Späthinteren in so großer Zahl, dass noch in den 1990er-Jahren welche abgerissen werden mussten, nicht alle wegen ihrer maroden Bausubstanz. Wider Erwarten starben die Berliner Kinder jedoch trotz manch amtlicher Schikane nicht gänzlich aus, sondern vermehrten sich sogar in verwaltungstechnisch unerwarteter Weise und beanspruchen Kita- und Schulplätze, die nunmehr im gewohnten Berliner ↑Tempo einzurichten sind. Die S. bieten ein weites Experimentierfeld für die Senatsverwaltung einerseits, echte und quereingestiegene Lehrer, Schüler und Eltern andererseits. Für Letztere stellt sich bereits die Entscheidung, ob das hochbegabte Kind besser in die nahe gelegene Zwerg-Nase- oder die trendige Riese-Timpetu-Grundschule kutschiert werden sollte, als eine existenzielle Frage dar. Eine weitere, selbst für juristisch Hochgerüstete nicht leicht zu überwindende Hürde ist die Schullotterie beim Übergang des Sprösslings und der Sprösslingin zur gymnasialen Oberstufe. Doch keine Angst, die nächste – und ganz sicher nicht letzte – Reform soll alles, alles richten. Geplant sind für die Zukunft S. mit zentralen Lern- und Teamhäusern und Sinnwechselbereichen, der altmodische Klassenraum mutiert zum Stammgruppenraum, in dem interaktive Whiteboards die staubigen Kreidetafeln ersetzen. Mit Wehmut gedenken wir Verfasser unserer minder gebildeten Eltern, denen derlei Neuerungen verwehrt blieben und die dennoch drei Künste erlernten, deren Beherrschung – vertraut man den Pisa-Ergebnissen – weitgehend verloren gegangen sind: Sie konnten fließend lesen, sich unter Beherrschung aller Rechtschreibregeln schriftlich ausdrücken und fehlerfrei rechnen.

Schulspeisung, von den Besatzungsmächten im Herbst 1946 ins Leben gerufene Einrichtung, um die Berliner Schulkinder nicht verhungern zu lassen. Die Ausgabe des Essens, meist im Keller und aus großen Kübeln, war der Höhepunkt des Schultages, und jeder Schüler hatte einen Essensträger am Schulranzen hängen, oft ein Kochgeschirr der Wehrmacht oder einen umgearbeiteten Stahlhelm.

Schultheiss, alte Berliner Biersorte mit Brauereien, die überall im Stadtgebiet verstreut waren und heute als bedeutende Braubaudenkmäler gelten.

Schusterjunge, (a) Auszubildender im Schuhmacherhandwerk, (b) bei Druckern, Setzern und sonstigen Büchermachern eine einzelne Zeile eines mehrzeiligen Absatzes, mit der eine Seite abschließt (dieses Buch bietet, da fachkundig gesetzt, nur ganz wenige von ihnen), (c) in Berlin aber zudem ein Roggenbrötchen, auch Salzkuchen genannt. Manchmal regnet es Schusterjungs: große Tropfen, die Blasen werfen.

Schutzmächte, alliierte, in West-Berlin Bezeichnung für Amerikaner (USA), Engländer (Großbritannien) und Franzosen (Frankreich), die die Bevölkerung vor »den Russen«

(UdSSR) und ihren Vasallen (speziell DDR) mit ihren Truppen, ihrer Politik und ihren Sanktionsandrohungen im Kalten Krieg nach 1945 schützten.

schwoofen heißt tanzen. »Uff'n Schwoof jehn« bedeutet sich vergnügen.

Sechserbrücke, volkstümliche Bezeichnung für die Brücke über die Zufahrt vom Tegeler See zum Tegeler Hafen, für deren Benutzung man bis 1922 einen kleinen Obulus entrichten musste, einen Sechser eben (fünf Pfennige). Heute gelangt man gratis von der Greenwichpromenade zur Gabrielenstraße und zum Freizeitpark an der Großen Malche.

Seen. Neben dem ↑Wannsee und dem Müggelsee (samt ihren kleinen Anhängseln) und dem ↑Tegeler See hat Berlin noch etwa 50 »Landseen«, mal abgesehen von den vielen Dutzend Teichen, Pfuhlen und Tümpeln. Kurzum, wer in dieser Stadt gern Suizid durch einfaches Ins-Wasser-Gehen begehen möchte, der hat reichlich Gelegenheit dazu, sofern er Nichtschwimmer ist. Nun seh'n wa ma, wat wa allet noch für Seen ham. Fangen wir mit der sogenannten Grunewaldseenrinne an. Also, nicht was Sie jetzt denken, denn sagt Ihnen einer »Komm, wir jeh'n ma an'ne Rinne!«, dann meint das nicht den Besuch der Grunewaldseenrinne, sondern lediglich einen Ausflug nach Indien (alter Berliner Kalauer: »Die Toiletten befinden sich jenseits des Ganges«). Zurück aber zur Grunewaldrinne, deren S. nicht alle im Wald, sondern auch in den Villenkolonien an seinem Rande liegen. Es sind dies u. a. ↑Halensee, Hubertus-, Hertha-, Koenigs-, Diana- und Hundekehlesee (mit dem großen Tennisplatz von Rot-Weiß daneben, wo Steffi Graf, bevor sie jetzt siecht, so oft gesiegt hat). Luftholen und weiter: Grunewald-,

Schlachten-, Nikolas-, Teufels-, Wald-, Pech- und Barsee
sowie ↑Krumme Lanke und Riemeisterfenn. Dann haben
wir noch die Wannseerinne mit dem Stölpchen-, Grieb-
nitz-, Pohle- und Kleinen Wannsee, abgesehen vom Wilmersdorfer See, den man aber nach dem Ersten Weltkrieg
weithin zugeschüttet und zum Volkspark umfunktioniert
hat, sodass heute nur der schmale Fennsee auszumachen
ist. Das Berliner Urstromtal um die Spree herum bietet den
Lietzensee in Charlottenburg, den Jungfernheideteich nahe
Siemensstadt und den Neuen See im Tiergarten (mal im
Mietboot darauf rudern, aber bitte nicht die dort illegal lebenden amerikanischen Import-Krebse wegfangen!). Auch
im Berliner Norden finden wir einige S.: neben dem Tegeler
den Heiligen-, den Hermsdorfer und den Hubertussee (in
Frohnau an der Invalidensiedlung) sowie u. a. den Waldsee
in Hermsdorf, an dessen Ufer Erich Kästner gewohnt hat,
den Schäfersee in Reinickendorf (U-Bahn-Station an der Linie 8), den Flughafensee und den Plötzensee. Was hätten
wir denn noch so? In Spandau (bei Berlin) z. B. den Südpark-
und den Grimnitzsee, im Treptower Park den Karpfenteich
(auch zum Schlittschuhlaufen geeignet), in Weißensee den
Weißen See, den Oranke- und den Obersee, in Bies- und
Kaulsdorf einige abgesoffene Kiesgruben und in Köpenick
neben dem Müggel- den Langen See, die Große und die
Kleine Krampe, den Dämeritz- und den Seddinsee. Außerdem jeweils einen zweiten Teufels- und Hubertussee. Bei so
ville Seen, da könn'n wa wirklich seelig sinn!

Seen, märkische, gehören in dieses Berlin-Lexikon, weil sie zu
uns gehören wie unsere Namensschilder an der Tür. Herr-
lich Boot fahren, baden und angeln kann man auf, in und an

diesen Seen. Denkt man an eine Tagestour, so bieten sich da ganz besonders an (aufgezählt im Uhrzeigersinn und begonnen bei zwölf Uhr): der Lehnitzsee bei Oranienburg, wo immer wieder Weltkriegsbomben gefunden und entschärft werden, der Summter und der Mühlenbecker See gleich nördlich hinterm Berliner Ring, der Große Dölln- und der Werbellinsee in und an der Schorfheide, der Wandlitzsee neben Erichs Staatsdatsche, der Hellsee bei Bernau, der Straus- und der Bötzsee bei Strausberg, Werl-, Peetz- und Möllensee östlich von Erkner, der mondäne Scharmützelsee bei Bad Saarow-Pieskow, der Wolziger See südlich der Autobahn nach Frankfurt (Oder), die Dahme-Seen zwischen Königs Wusterhausen und Prieros, der Hölzerne See und die langgestreckte Schmölde, der Rangsdorfer und der Seddiner See nach Potsdam hin und vor allem der Schwielowsee. Hundert andere wären zu nennen, versteckte Kleinode, darunter etwa der Samethsee bei Eberswalde – und wer sie zu erkunden beginnt, wird bald von einer tiefen Seensucht befallen sein.

Seifenkistenrennen, von US-Soldaten während der Blockade bei der Berliner Jugend implantierte Idee, unter Holzkisten, in denen Waschmittel transportiert worden waren, Räder zu schrauben und damit eine Rampe hinunterzurollen. 1950 gab es in Berlin das erste Rennen: Am Platz der Luftbrücke ging es den Mehringdamm hinunter, und der Sieger durfte in die USA fliegen, um in Ohio an den Weltmeisterschaften teilzunehmen. Heute ist die Formel-Holz-Klasse weithin genormt und uniform.

Senat, so heißt die Regierung des Bundeslandes Berlin. Die tüchtigsten und kompetentesten Frauen und Männer werden zu Senatoren und -törinnen ernannt und nehmen die wichtigsten Ämter der Stadt so verantwortungs- und hingebungsvoll wahr, dass das Volk nicht nur dankbar und zufrieden ist, sondern sie auch innig liebt. Der Hervorragendste unter ihnen ist der jeweils Regierende Bürgermeister, der im ↑Roten Rathaus rastlos seine segensreiche Arbeit verrichtet und dessen gravierende Fehler sich gewöhnlich erst nach Neuwahlen als folgenreich erweisen. Der gegenwärtige R2G-S. (Rot-Rot-Grün), so der Historiker Götz Aly, »ist zwar unfähig, auch nur eines seiner politischen Versprechen einzulösen (Fahrradgesetz, Kitaplätze, Wohnungsbau, Flughafen, Bürgerämter), nimmt sich jedoch für Fragen des sachgerechten Genderns alle Zeit der Welt«. Na, is doch wenichstens etwas ...

Sero, die segensreiche Rohstofferfassung in der DDR noch vor Erfindung des dualen Systems, durchgeführt vom VEB Sekundärrohstoffe – kurz S.

SEZ, Sport- und Erholungszentrum an der Landsberger Allee, von weniger Wohlgesonnenen auch als Sachsen-Eingewöhnungszentrum bezeichnet und einer der ewigen Zankäpfel, was die Zukunft betrifft. Derzeit für Abriss und Wohnbebauung vorgesehen.

SFB (Sender Freies Berlin), während des Kalten Kriegs West-Berlins kleiner und finanzschwacher Landessender, sesshaft im denkmalgeschützten Haus des Rundfunks an der Masurenallee und im Fernsehzentrum am Theodor-Heuss-Platz, der 1954 aus dem Nordwestdeutschen Rundfunk (NWDR) hervorgegangen und 2003 gemeinsam mit dem ORB (Ostdeutscher Rundfunk Brandenburg in Potsdam) im RBB (Rundfunk Berlin-Brandenburg) aufgegangen ist.

Geblieben sind nur die unsterbliche ↑Berliner Abendschau und die Erinnerungen an »SFBeat«.

Sicherheit in Berlin, Stichwort, unter dem die »Berliner Zeitung« vom 24./25. März 2018 auf Seite 1 meldete: »Die Polizei hat strukturelle Probleme. Die Staatsanwaltschaft kommt mit der Anklageerhebung nicht hinterher. Die Zustände in den Gefängnissen sind besorgniserregend.« Sonst noch Fragen?

Siegessäule, ein 67 Meter hohes schornsteinartiges Bauwerk, das ein gewisser Herr Johann Heinrich Strack im Jahre 1873 zum Gedenken an die ruhmreichen preußischen Feldzüge von 1864, 1866 und 1870/71 auf den Königsplatz (heute ↑Platz der Republik) gestellt hat, von wo aus es 1938 zum ↑Großen Stern versetzt wurde, und zwar mitsamt der um eine Kanonenrohrlänge aufgestockten Siegesgöttin, der ↑Goldelse.

Siemensstadt. Zwischen Charlottenburg und Spandau erstreckt sich die Stadt des Werner von Siemens (1816–1892), der 1847 mit dem Mechaniker Halske zusammen eine kleine Klitsche am Anhalter Bahnhof aufmachte, um dann im Nordwesten Berlins gewaltig zu expandieren. In den dafür bestimmten Werken links und rechts der inzwischen stillgelegten Siemensbahn wurden und werden Dynamos, Kabel, Schalter, Mess- und Hausgeräte sowie Werners gefertigt, diese im sogenannten Wernerwerk, wo auch einer der Verfasser das Feilen, Bohren, Fräsen und Schmieden gelernt hat.

Simon-Dach-Kiez. Das hätte sich der barocke Dichter und führende Kopf der »Gesellschaft der Sterblichkeit Beflissener«, der Besinger des Ännchens (nicht Entchens!) von Tharau nicht träumen lassen, dass dreieinhalb Jahrhunderte nach seinem Tod unter seinem Namen derartig die Post abgehen würde! Um alle gastronomischen Stätten des in Friedrichshain liegenden Kiezes, dessen Bewohner eher nicht zu den Förderern des Berlin-Tourismus zählen, wenigstens einmal zu besuchen, planen Sie ein bis zwei Jahre ein.

simulieren meint im Berlinerischen nicht nur das Vortäuschen speziell von Krankheiten, sondern auch das Grübeln: »Ick simmelier schon den janzen Tach, wie ick die Leute det aklehrn soll.«

Singakademie, seit 1791 Name eines Chors, den seit 1800 Goethes Brieffreund Zelter leitete. Die S. erhielt 1827 endlich ihr eigenes Haus am Festungsgraben, gebaut nach einem Entwurf von ↑Schinkel. Seit 1952 befindet sich in dem Haus neben dem alten preußischen Finanzministerium das Maxim-Gorki-Theater.

Sobek, Hanne (1900–89), Berlins größtes und womöglich bis heute einziges wirkliches Fußballidol, sozusagen der Fritz Walter von der ↑Plumpe. Er wurde mit ↑Hertha BSC zweimal Deutscher Meister (1930 und 1931) und brachte es auf zehn Länderspiele (davon zwei in seiner Zeit bei Alemannia 90).

Soleier, keine durch Solarenergie gebratenen Eier, wie Ökofreaks meinen mögen. Vielmehr schwimmen sie, hart gekocht und noch beschalt in Salzlake eingelegt – wie ein Fötus im Spiritus –, in einem Glas, das auf der Kneipentheke steht. Sehen schlimm aus und schmecken prima.

Sonnenallee, zieht sich vom Neuköllner ↑Hermannplatz über fast fünf Kilometer bis in den angrenzenden Ortsteil ↑Baumschulenweg. Anfangs hieß sie Kaiser-Friedrich-, dann Braunauer Straße. Als einer der Verfasser in den 1950er-Jahren die S. zwischen Rosegger- und Pannierstraße als Schulweg nutzte, wies sie noch vier Baumreihen auf, und auf der breiten Promenade in ihrer Mitte konnte man lustwandeln. Ab und an zuckelten Straßenbahnzüge der Linien 94 und 95 vorüber. Die Martin-Luther-Kirche in der Fuldastraße, das Polizeipräsidium an der Ecke Wildenbruchstraße, der Inn-Sportplatz, der Hertzbergplatz, die Heimat des 1. FC Neukölln von 1895, die Ringbahnbrücke, die Brücke über den Neuköllner Schifffahrtskanal, das neue Hotel Estrel, das backsteinrote Arbeitsamt an der Grenzallee, der Schulenburgpark und der S-Bahnhof Köllnische Heide – das alles findet sich an der S. Und bis zur Wiedervereinigung gab es an ihrem südlichen Ende den Grenzübergang nach Ost-Berlin, wovon ein sehenswerter Film nach Thomas Brussigs Roman »Am kürzeren Ende der Sonnenallee« handelt.

Sozialhilfe. Man kann vieles empfangen: Radio- und Fernsehsendungen, Pakete, Kinder, Stimmen aus dem Jenseits, aber auch Sozialhilfe, auf Berlinisch Stütze, Staatsknete oder bürokatisch-schlicht Hartz IV. 2016 waren 156 000 Berliner darauf angewiesen. In der Kategorie »Wohlstand und soziale Lage« erreichte Berlin 2017 Platz 400 von 402 untersuchten Städten und Kreisen. Wie nicht anders zu erwarten, gibt es arme und reiche Bezirke. In Neukölln, Mitte und Spandau lebten 2016 weit mehr als 20 Prozent der Menschen als »Harzer«, in Pankow nur 6,4 Prozent, in Steglitz-Zehlendorf und Treptow-Köpenick etwa 10 Prozent. Über die letzten 10 Jahre gesehen, werden Aufsteiger sichtbar: In Pankow, Friedrichshain-Kreuzberg, Mitte und Neukölln ist die Zahl der Empfänger von staatlicher Mindestsicherung gesunken, nur in Reinickendorf ist sie gestiegen. Der Richtsatz ist 2018 um 7 Euro erhöht worden und beträgt 416 Euro, in der »Bedarfsgemeinschaft« je Partner 374 Euro – eine Summe, die gewisse Politiker für völlig ausreichend halten: »Lieber arm dran als Bein ab.«

spack steht für dünn, mager und hinfällig, hat aber nichts mit Spackghetti zu tun – oder vielleicht doch?

Spandau, Bezirk mit über 200 000 Einwohnern, von dem immer alle sagen, er läge bei Berlin und um acht Uhr abends würden dort die Bürgersteige hochgeklappt. In der Tat hat man um St. Nikolai herum das Gefühl, irgendwo in einer märkischen Kleinstadt zu sein, weit weg von Berlin. Was fällt einem bei S. noch ein? Natürlich ↑Zitadelle und ↑Juliusturm, das ↑Johannisstift, die Siemens AG, das verschwundene Kriegsverbrechergefängnis, die Schleuse, das Kraftwerk Reuter und die Ortsteile Gartenfeld, Gatow, Hakenfelde, Haselhorst und ↑Kladow. S. hieß bis 1878 übrigens Spandow, deutschte seine slawische Endsilbe jedoch im Gegensatz zu Pankow und Treptow rechtzeitig ein.

Spandau 04, Berliner Sportverein, der seit Jahrzehnten und ganz selbstverständlich immer wieder Deutscher Wasserballmeister wird, sodass man es kaum noch zur Kenntnis nimmt, wenn es wieder geschieht, 2017 schon zum 36. Mal.

Spandauer Vorstadt, einst nördlich von Berlin vor dem ehemaligen Spandauer Tor liegende Gegend um den ↑Hackeschen Markt mit der Großen Hamburger Straße, der Sophien-, Gips- und mancherlei anderen Straßen, die heute eher an das ältere Berlin erinnern als die kläglichen historischen Reste in den Keimzellen der Stadt (↑Berlin, ↑Cölln).

Sperlingsgasse, ursprünglich nur ein Durchgang von der Brüderstraße zur Spree, Spreegasse bzw. -straße genannt.

1854–56 lebte Wilhelm Raabe in der Nr. 11 und schrieb hier seine »Chronik der Sperlingsgasse«. Anlässlich seines 100. Geburtstags wurde die schmale Gasse in S. umgetauft, und die winzige Kneipe in der Nr. 10 hieß fortan »Raabe-Diele«. Für die Errichtung des Staatsratsgebäudes wurde dieses (schlecht erhaltene) Stück Urberlin 1962 beseitigt und mit Plattenbauten bepflastert.

spillerig meint – eher abwertend gebraucht – Menschen und Bäume, die zwar hoch aufgeschossen, aber auch dürr, schmächtig, irgendwie kümmerlich sind.

Spinatwachtel, Schimpfwort für eine unfreundliche Frau, dem, wenn es richtig wirken soll, »alte« oder »olle« vorangestellt werden muss.

Spind, im Militärjargon noch heute als schmaler Schrank geläufig, in Berlin für jede Art von Schrank verwendet: »Vaschwinde wie die Wurscht im Spinde.« Für Sprachwissenschaftsinteressierte: Das Wort ist aus dem Mittellateinischen ins Niederdeutsche übernommen worden.

Spindlersfeld, nach den Eigentümern der »Anstalt zur chemischen Reinigung, Wäscherei und Färberei«, den Fabrikanten Carl und Wilhelm Spindler, benannter Teil von Köpenick an der Oberspree, in dem Berlins erste Arbeiterwohnsiedlung steht. Anlässlich des 50-jährigen Firmenjubiläums spendierten die Spindlers 1891 den Spindlerbrunnen für den ↑Spittelmarkt. Von 1927 bis 1980 sprudelte er allerdings in Köpenick.

Spittelmarkt. Vor dem Gertraudentor befand sich einst ein Spital, nach dem der Platz auf dem Gelände der ehemaligen Bastion IV der Memhardt'schen Befestigungsanlagen noch heute benannt ist. Um 1900 entstand hier das Zentrum der

Berliner Modeindustrie. Von der U-Bahn-Station konnte man bis 1939 auf den Spreekanal blicken, dann wurden die Öffnungen in der Ufermauer aus Luftschutzgründen zugemauert. Vom ursprünglichen S. ist auch sonst nichts übrig geblieben, nur eine der beiden Spittelkolonnaden in der Leipziger Straße erinnert an den alten Festungsgraben.

Sportpalast. »Schallplatten, die du gerne hast, führt Radio-Bree am Sportpalast« – so haben es noch alle im Ohr, die mit dem ↑RIAS aufgewachsen sind. 1910 war der S. mit 200 Eiskünstlern und der Revue »Am Nordpol« in der Potsdamer Straße in Schöneberg eröffnet worden, und 1973 riss man ihn ab, weil Berlin nun mal zu viel an Historischem aufzuweisen hat und der Platz dringend für ein Menschensilo gebraucht wurde, das lange als Musterbeispiel für unsoziales Wohnen galt (Sozialpalast Pallasseum mit integriertem Luftschutzbunker). Unzählige Sechstagerennen hat der S. erlebt, Eishockeyspiele und Konzerte, aber auch die Goebbels-Rede vom 18. Februar 1943 mit der Frage: »Wollt ihr den totalen Krieg?« Den hat der S. halb zerstört überlebt, und nach dem Krieg fanden Boxkämpfe, Eishockeyspiele und auch Sechstagerennen unter freiem Himmel statt, Tribünen und Spielfläche gab es schon wieder, aber noch kein Dach.

Spree, Berlins Verbindung mit den Weltmeeren, ein an sich harmloses Flüsschen aus der Oberlausitz, das erst auf Berliner Stadtgebiet an Breite gewinnt und sich östlich der Fischerinsel (wo man zahlreiche alte Kähne und Schiffe bewundern kann) in die eigentliche S. und den Spreekanal teilt, der auch linker Spreearm, Schleusengraben und im nordwestlichen Teil Kupfergraben heißt. Aus Letzterem möchten optimistische Enthusiasten gerne eine lange Badeanstalt machen. Im Spreekanal befand sich bis zur Inbetriebnahme der Mühlendammschleuse die Berliner Stadtschleuse, heute nur noch ein kümmerliches Bauwerk unterhalb der Jungfernbrücke. Dass die S. bei Spandau in die Havel mündet, ist ungerecht, denn eigentlich müsste umgekehrt die kürzere ↑Havel sich in die S. ergießen. Im Übrigen ist natürlich jeder echte Berliner mit Spreewasser getauft, und alte Berliner erinnern sich daran, in dem trüben Gewässer gebadet zu haben, an dem es früher etliche Flussbadeanstalten gab.

Spreeathen, Bezeichnung für Berlin, stammt vermutlich von einem seiner Sinne nur bedingt mächtigen auswärtigen Besucher.

Spreemann & Co, Roman der leider in neueren Nachschlagewerken nicht mehr erwähnten Alice Berend, von dem der Südwestfunk Baden-Baden einst schrieb: »Hier atmet man Berliner Luft und erlebt den Berliner in seiner menschlichsten Gestalt.« Auch »Die Bräutigame der Babette Bomberling« entstammen Berends Feder und sind allen zu empfehlen, die auf die alte Werbung hereinfallen wollen: »Berlin tut gut.«

Spreepark, die Reste eines Rummelplatzes im ↑Plänterwald, die ihrer versprochenen Wiedererweckung entgegenrotten.

Spritti, ein Alkoholiker der unteren Stufen.

Sputnik, kommt aus dem Russischen und bedeutet Erdtrabant. Nach dem Start des ersten sowjetischen Satelliten war S. die Bezeichnung für ständige Begleiter auf einer Umlaufbahn. Auf dem Außenring um West-Berlin herumfahrende Nahverkehrszüge hießen deshalb S.

Staatsbibliothek. Mit weit über zehn Millionen Bänden schon etwas mehr als eine Handbibliothek, nämlich die größte wissenschaftliche Universalbibliothek im deutschen Sprachraum. Haus I der S. steht seit 1913 neben der ↑Humboldt-Universität Unter den Linden, Haus II, 1967–78 von Hans Scharoun gebaut, am ↑Kulturforum in der Nähe der Potsdamer Brücke.

Staatsoper, 1741–43 von ↑Knobelsdorff erbautes Opern- und Festhaus Unter den Linden. 1843 nach einem Brand und 1952 bis 1955 nach zweimaliger Kriegszerstörung in erstaunlich kurzer Zeit von Richard Paulick wiederaufgebaut. Nach der Wiedervereinigung unter der Leitung von Daniel Barenboim lange in den Kampf um Kultursubventionen verstrickt, gerät das lange, lange und sehr kostenaufwendig rekonstruierte Haus nun hoffentlich wieder in normales Fahrwasser.

Stachelschweine, ein 1949 von Rolf Ulrich, der Verkörperung der »Berliner Schnauze« schlechthin, gegründetes Kabarett, das in der Besetzung Wolfgang Gruner, Inge Wolffberg, Edith Elsholtz und Achim Strietzel in den 1950er- und 1960er-Jahren beim Anprangern Berliner Missstände einsame Spitze war und vom kleinen Mann auf der Straße bis hin zum großen Kritiker geliebt und geachtet wurde, inzwischen aber, im Europa-Center ansässig, von den gebildeten Schichten eher gemieden und als »Touristenschuppen« abgestempelt wird.

Stadtautobahn, innerstädtischer Highway, mit dessen Bau am 1. April 1956 begonnen wurde und der – parallel zum S-Bahn-Ring – Berlin eines Tages ganz umschließen soll, im Augenblick aber nur von der Seestraße bis nach Neukölln reicht und irgendwann mit einiger Sicherheit unter dem Bahnhof Ostkreuz verloren gehen wird. Im Augenblick wird an der Verlängerung nach Treptow gewerkelt, was die Autofreunde jubeln und die -gegner wütend aufschreien lässt, befürchtet man doch, dass immer mehr Straße immer mehr Autoverkehr schafft.

Stadtbahn, die seit 1882 betriebene S- und Fernbahn-Strecke zwischen Ost- und Westkreuz. Sie ist 11,2 Kilometer lang und verläuft auf 8,0 Kilometern – von Savignyplatz bis Jannowitzbrücke – auf 757 gemauerten Viaduktbögen. In den 1990er-Jahren wurde die S. grundlegend saniert. Die wichtigsten Bahnhöfe (Regional- und Fernbahn, Umsteigemöglichkeiten zur U-Bahn) sind: Charlottenburg, Zoologischer Garten, Hauptbahnhof, Friedrichstraße, Alexanderplatz, Jannowitzbrücke, Ostbahnhof und Warschauer Straße. Architektonisch am reizvollsten und an die Vergangenheit erinnernd sind Bellevue und Hackescher Markt (früher Marx-Engels-Platz und noch früher Börse). Zum Sightseeing ist die Stadtbahn das Nonplusultra, gefolgt von der Bus-Linie 100.

Stadtbibliothek, im Alten und Neuen Marstall in der ↑Breite Straße untergebrachter Ost-Teil der nicht vorhandenen Zentralen Landesbibliothek mit dem Zentrum für Berlin-Studien im Ribbeck-Haus. Bemerkenswert ist das Portal von Fritz Kühn mit 117 Varianten des Buchstabens A.

Stadtgericht, ein pompöser Justizpalast an der Littenstraße, 1896–1904 von Thoemer, Mönnich und Schmalz mit ursprünglich elf Innenhöfen gebaut, 1968 im Zuge der Planierung der Innenstadt zum monumentalen Verkehrsgelände um den Kopfbau mit den Fassadentürmen verkleinert. Sehenswert ist das Jugendstil-Treppenhaus.

Stadthaus. Da schon im Vorkriegs-Berlin nichts so schnell wuchs wie die Verwaltung, riss man Anfang des 20. Jahrhunderts ein ganzes Stadtviertel ab und baute 1902–11 zur Entlastung des ↑Roten Rathauses am Molkenmarkt das S. (zunächst Neues S. genannt) mit einem 101 Meter hohen Kuppelturm, von dem aus die Stasi später den West-Berliner Telefonverkehr überwachte. 1938 kam das Neue S. an der Parochialstraße hinzu, in dem 1946–48 die Stadtverordneten Groß-Berlins tagten und stritten. Das alte Neue S. wurde nun zum neuen Alten S.

Stadtkommandant. So einen brauchte das unruhige Berliner Völkchen von alters her. Das erste Haus Unter den Linden, dem Zeughaus gegenüber, ist deswegen die Kommandantur. Nach dem Zweiten Weltkrieg hatte die Stadt gleich vier alliierte Stadtkommandanten, die erwartungsgemäß nicht gut miteinander auskamen. Die DDR ersetzte später den sowjetischen Stadtkommandanten durch einen eigenen, dessen Aufgabengebiet weitgehend im Dunkeln lag. Es entsprach also durchaus preußischer Tradition, das Amt des Innensenators zumindest zeitweise einem Ex-General zu übertragen. Das »Standort-Kommando Territoriale Aufgaben der Bundeswehr« (KdoTerrAufgBw) residiert allerdings im Wedding und nicht in der kriegszerstörten, vom und für den Bertelsmann-Konzern wiederaufgebauten Kommandantur Unter den Linden.

Stadtmitte, zwei durch einen langen Tunnel (Mäusegang, Bazillentunnel) miteinander verbundene U-Bahnhöfe, die ungefähr die Mitte der alten ↑Friedrichstadt markieren.

Stadtstreicher, keineswegs Maler, die der Stadt einen neuen Anstrich verpassen (auch Street-Art-Künstler genannt), sondern ↑Obdachlose, wie sie politisch korrekt bezeichnet werden.

Stalinallee, 1949/50 zu Ehren des angeblichen 70. Geburtstags des angeblichen Vaters aller Werktätigen Josif Dschugaschwili (1878–1953), genannt Stalin, umgetaufter Straßenzug, an dem ab 1952 von deutschen Architekten an Moskau gemahnende Häuserblöcke mit hohem Wohnkomfort und schlecht haftenden Kacheln errichtet wurden. Die Bauarbeiter am Krankenhaus Friedrichshain und in der S. lösten am 16. Juni 1953 den Volksaufstand in der DDR aus. Im November 1961 taufte die SED in einer Nacht-und-Nebel-Aktion die S. in ↑Karl-Marx-Allee um (↑Frankfurter Allee) und beseitigte das Denkmal des weisen Führers und Massenmörders.

StäV, die Ständige Vertretung der Bundesrepublik Deutschland in der DDR. Sie befand sich an der Ecke Hannoversche Straße / Friedrichstraße, gegenüber von Wolf Biermanns Wohnung in der Chausseestraße 131. Heute ist die »StäV« eine Kneipe am Schiffbauerdamm, in der Bonner Politiker und Kölscher Karneval noch etwas gelten.

Steglitz, Ortsteil von S.-Zehlendorf, dessen Image in die Richtung bürgerlich-gediegen bis langweilig geht. Magistrale ist die ↑Schloßstraße, angrenzende (und wesentlich spannendere) Ortsteile sind Lankwitz, Lichterfelde und ↑Dahlem. Lichterfelde hat beispielsweise, was den Verkehr betrifft, mehrfach Weltgeschichte geschrieben: 1881 ist hier die erste öffentliche elektrische Straßenbahn der Welt gefahren, 1901 die erste elektrische Vororteisenbahn Deutschlands auf der Strecke vom Potsdamer Bahnhof und 1906 am Teltowkanal die erste elektrische Treidellokomotive, die sich später der Panamakanal zum Vorbild nahm, vor allem aber hat sich hier 1894 Otto Lilienthal (1848–1896) für seine ersten Gleitflüge einen elf Meter hohen »Berg« aufschütten lassen. Nebenan in Lankwitz liegt er auch begraben. Würde er heute leben und einer seiner waghalsigen Flugversuche ginge schief, empfähle sich das nahe gelegene Klinikum Steglitz. Ach ja, und im Gutshaus Steglitz hat der Generalfeldmarschall von Wrangel (1784–1877) gewohnt, dessen Truppen den Revolutionsversuch von 1848 im Keim erstickten, sodass an Demokratie in Berlin nichts mehr blühen konnte.

Steglitzer Kreisel, (a) ein 30-geschossiges Hochhaus am S- und U-Bahnhof Rathaus Steglitz, das lange Zeit als Investitionsruine leerstand und nunmehr zu einem Wohnhaus für Kosmopoliten, die »am Puls der Zeit leben« wollen und sich das auch leisten können, umgebaut wird, und (b) zuvor einer der größten Bauskandale West-Berlins, der in den 1970er-Jahren die Berliner viel Geld, der Architektin Sigrid Kressmann-Zschach den guten Ruf und zwei Senatoren ihre Posten kostete.

Steinstücken, südlichster Zipfel des Bezirks Steglitz-Zehlendorf, der in der Zeit des Kalten Kriegs häufig Schlagzeilen machte, da er eine Enklave West-Berlins im Osten war, aber mit einem schmalen Zugang zum Westen. Der ließ sich trefflich nutzen, um die Steinstückener zu schikanieren. Immer wieder erfreuten die West-Berliner Zeitungen ihre Leserinnen und Leser mit der Nachricht, dass einem Jungen nur durch einen Geleitzug der US-Armee der Schulbesuch ermöglicht werden konnte. Diesem Zustand wurde erst mit dem Viermächteabkommen von 1971 und dem Bau einer kontrollfreien Straße ein Ende gemacht.

Steppke, (a) ein kleiner Junge. Es soll sich dabei um die Diminutivbildung von Stopfen handeln. Das wirft die Frage auf, warum die Berliner so viele Ausdrücke haben, die den männlichen Nachwuchs verkleinern: Ist es Zärtlichkeit oder bewusste Abwertung durch die Erwachsenenwelt? (b) S., Fritz, Berliner aus Paul ↑Linckes Operette »Frau Luna«, der 1899 als allererster deutscher Weltraumastrokosmonaut auf dem Mond landet.

Stern und Kreisschiffahrt, eine der ältesten und die größte und bekannteste Reederei, die – obwohl nach der vorerst letzten Rechtschreibreform falsch geschrieben – in Berlin ↑Dampfer fahren lässt.

St.-Hedwigs-Kathedrale, die Kathedrale des Bistums Berlin, 1747–73 als Kirche der katholischen Gemeinde nach Ideen von Friedrich II. und Plänen von ↑Knobelsdorff in Anlehnung an das Pantheon in Rom erbauter Kuppelbau. Der am Bebelplatz und hinter der Staatsoper gelegene Bau ist nach Kriegszerstörungen verändert und modernisiert wiederaufgebaut worden und harrt nun einer umstrittenen Umgestaltung.

stieke, auch **stiekum**, meint lautlos, still und heimlich: »Nachdem er bei ihr im Zimmer war, hat er sich morgens stiekum weggeschlichen.«

Stiller Portier, Tableau im – früher zumindest tagsüber frei zugänglichen – Hausflur, das Besucher über die Mietparteien in Vorder-, Hinterhaus und Seitenflügel informierte und den sprechenden Portier (Concierge) ersetzte. Der aber soll vielerorts in Berlin wiedereingeführt werden, um Kriminalität und Vandalismus in den großen Wohnanlagen zu minimieren.

Stippi, kleiner Junge:»Heh, du Stippi da, komm ma her!«

Stralau, der Blinddarm von Berlin. Früher ein Fischerdorf auf der gleichnamigen Halbinsel am Rummelsburger See, wurde S. allmählich von der Industrie fast aufgefressen und nach der Wiedervereinigung als Wohngegend wiederentdeckt. Den bekannt bescheidenen Olympiaplänen bescheidener Geister entsprechend als Standort eines Olympiaparks vorgesehen und inzwischen mit Wohnungen und keiner Gastronomie bebaut.

Stralauer Fischzug, berühmt-berüchtigtes Volksfest in ↑Stralau. Ein anfänglich durch Fischverkauf getarntes, alljährlich um den 24. August stattfindendes Besäufnis mit anschließender Keilerei, das mehrfach verboten wurde und 1962 zum letzten Mal stattfand.

Strandbars gibt es nahezu ein Dutzend am nicht überall grünen Strand der Spree, und sie sind nicht nur bei Sonnenschein geöffnet – im Gegensatz zu vielen Freibädern in der Stadt, bei denen die Bäderverwaltung trotz wochenlanger Tropenhitze nicht aus den Winterpuschen kommt.

Straßenbahn. Anfang 1930 gab es in Berlin sage und schreibe 89 Straßenbahnlinien (bei einer Streckenlänge von 634 Kilometern und mit 3960 Fahrzeugen von außerordentlicher Typenvielfalt). Nach dem Krieg aber begann ihr großes Sterben. In West-Berlin, wo man ganz auf U-Bahn und Busse setzte (und die ostzonale S-Bahn sowieso boykottierte), wurde 1967 die letzte Linie, die 55 nach Spandau, eingestellt, und in Ost-Berlin wurde den Leuten durch die Lowtech-Rekowagen das S.-Fahren so ziemlich verleidet. Nach der Wiedervereinigung aber ging es mit den modernisierten und sonnengelb eingefärbten Tatra-Zügen und den neuen

Niederflurwagen und weiteren Neuanschaffungen wieder aufwärts mit der guten alten ↑Elektrischen, und auch West-Berlin hat wieder seine S. Geplant seien »die Linien 23 und 24 zum Virchow-Klinikum, weitere sollen folgen«, schrieben wir Optimisten vor 20 Jahren. Tatsächlich fahren inzwischen die Linien M5 und M8 zum Hauptbahnhof – fast 500 Meter davon auf ehemaligem West-Gebiet, und auf der Oberbaumbrücke wie auf der Leipziger Straße rosten die vorsichtshalber verlegten Schienen ihrer Verschrottung entgegen. Immerhin verspricht ein gerade vorgelegter Masterplan bis 2035 und darüber hinaus den Ausbau eines großzügigen S.-Netzes. Gegenwärtig hat Berlin mit 195 Kilometern Länge und 22 Linien das größte S.-Netz in Deutschland, wobei einige Ziele, so Rosenthal, Buchholz, Falkenberg, Rahnsdorf, Wendenschloss und Schmöckwitz, wirklich ↑jwd liegen. Um alle Strecken der Linien von M1 bis 68 abgefahren zu haben, brauchte man idealerweise gut 20 Stunden – eine Zeit, die durch Staus und vorschriftswidrig geparkte Autos in der Realität um einiges übertroffen wird. Nebenbei: ↑Tram nennt außer der BVG niemand in Berlin die S.

Straßenbäume hat Berlin mehr als jede andere Stadt in Europa, behandelt sie nur etwas schlechter. Resistente Arten überleben dennoch die berühmte Berliner Luft, ausdringendes Erdgas, Hunde- und Menschenurin und parkende Fahrzeuge.

Straßenfeger, (a) eine angelernte Hilfskraft männlichen Geschlechts zur Reinigung öffentlicher Verkehrswege, die zumeist der besseren Sichtbarkeit wegen in ein zwei Nummern zu großes orangefarbenes Gewand gesteckt wird, und

(b) eine zwischen 1995 und 2018 alle 14 Tage erschienene Obdachlosenzeitschrift, die zumeist in U- und S-Bahnen von fliegenden Händlern vertrieben wurde. Ob sie trotz finanzieller Probleme wiederbelebt werden kann, steht in den Sternen. Falls nicht, werden wir nie wieder in S- oder U-Bahn bei der Buch- oder Zeitungslektüre unterbrochen werden durch den Standardspruch: »Der ›Straßenfeger‹ kostet einen Euro fuffzich, davon sind 90 Cent für mich, damit ich meinen Lebensunterhalt alleine bestreiten kann, und der Rest zum Aufbau eines sozialen Projektes.«

Strausberger Platz. Hier befand sich der Rabenstein, der alte Berliner Gerichtsplatz, auf dem 1540 der aufmüpfige ↑Heringsbändiger Hans Kohlhase unter dem Rad sein Leben ließ. 1954 beim Bau der ↑Stalinallee zu einem Rondell mit zwei 15-geschossigen Turmhochhäusern erweitert (ursprünglich »Haus des Kindes« und »Haus Berlin«). Auf dem S. P. steht seit 1967 ein Brunnen, der »Schwebende Ring« von Fritz Kühn, der aus variierend getriebenen Kupferplatten gefertigt ist.

Strippe, (a) ein Bindfaden, (b) die Telefonleitung (»Wer hängt denn da wieder so lange an der Strippe?«) und (c) ein Kümmelschnaps, der aus einem Weißbierglas getrunken wird. Der Plural **Strippen** hingegen bezeichnet lange und unordentliche Haarsträhnen (»Dir häng'n ja wieda die Strippen in't Jesicht!«). Heimliche **Strippenzieher** üben ihr (un-)durchsichtiges Gewerbe meist im Hintergrund aus und heißen auch Lobbyisten.

Stube und Küche, volkstümliche Bezeichnung des Straßenbahnwagens vom Typ T 33 U, dessen Inneres durch eine Tür in »Raucher« und »Nichtraucher« unterteilt war und damit an den Schnitt kleinerer Mietwohnungen, in denen häufig größere Familien hausten, erinnerte.

Stuckerpflaster, bei Radfahrern und Fahrzeugführern aller Art besonders beliebtes Kopfsteinpflaster aus der Steinzeit des Wegebaus, das in manchen Berliner Nebenstraßen noch die Herzen höherschlagen lässt. Auf den Hauptstraßen ist das S. häufig unter einer dünnen Teerschicht verborgen.

Stulle, eine zumeist mit Butter plus Wurst oder Käse, ersatzweise auch mit Schmalz oder Marmelade bestrichene Scheibe Brot, wobei der echte Berliner, hört er dieses Wort, sofort im Ohr hat: »Mutta, for wen schmierst'n die jroße Stulle?« – »For dir, mein Sohn.« – »Och, so kleen ...« Als spielende Kinder, zu faul, um die Treppen hochzulatschen, schrien wir nach oben, zumeist vom Hinterhof aus: »Mutta, wirfste mir ma 'ne Stulle runta!« Bei ↑Zille allerdings wird eine dieser selbstlosen Frauen aus einem anderen Grunde angelockt: »Mutta, kiek ma aus'm Fensta, Orje will nich jlooben, dette schielst.«

Stuss, der letzte Unsinn: »Erzähl doch nich so 'n Stuss!«

Südkreuz heißt seit 2006 der neue Turmbahnhof auf dem S-Bahn-Südring (früher ↑Papestraße), denn wenn es ein ↑Ostkreuz, ein ↑Westkreuz und ein (wenngleich nicht richtiges) ↑Nordkreuz gibt, musste natürlich auch ein S. her, aus dessen Umgebung man nun so etwas wie ein attraktives Umfeld zu machen versucht. Es bleibt halt ein Kreuz mit der Stadtplanung ...

sülzen meint langatmiges und inhaltsloses Daherreden, meist gekoppelt mit der harschen Aufforderung nach seiner Beendigung: »Hör endlich uff zu sülzen!« Wer es nicht tut, gilt als **Sülzkopp**.

Suppentriesel, ökologisch hochwertige und langlebige Elektrofahrzeuge der Post, die in Ost-Berlin bis in die 1970er-Jahre im Einsatz waren. Nebenbei: Die Kantine im Adlershofer Fernsehen (↑Adlershof) trug den Namen »Suppenschmiede«.

T

Tacheles kommt aus dem Jiddischen und bedeutet Zweck oder Ziel. T. reden meint klare Worte. In Berlin war das T. ein alternatives Kulturzentrum der besonderen Art in der Ruine einer alten Einkaufspassage in der ↑Oranienburger Straße.

Tagesspiegel, Der, Berliner Tageszeitung (rerum cognoscere causas) für das gehobene Bildungsbürgertum, das sich den echten Lesegenuss nicht ohne Latinum und Fremdwörterbuch vorstellen mag. Wer noch ostentativer zeigen möchte, dass er zu den Eliten gehört, greift zur »Frankfurter Allgemeinen Zeitung« oder zur »Süddeutschen«, mitunter auch zur »Welt«, und jeder Arsch von auswärts, der einen Berliner höflich beleidigen möchte, kommt leicht ans Ziel, wenn er sagt, Berlin habe keine überregionale Tageszeitung.

Tasmania 1900 hat nichts mit der Insel vor der Südküste Australiens zu tun (Tasmanien), sondern war der Kultverein der Neuköllner, mehrmaliger Berliner Meister und – nach ↑Hertha BSC und ↑Tennis Borussia – der dritte Berliner Fußballverein, dem die Ehre zuteilwurde, in der Ersten Bundesliga spielen zu dürfen. In der Saison 1965/66 war das, als man T. für die zwangsausgeschlossene Hertha-Elf ins kalte Wasser der Bundesliga stieß, damit die enge Bindung Berlins an das Bundesgebiet keinen Schaden nähme. Als Tabellenletzter stellte T. mit 8:60 Punkten einen Negativrekord von Ewigkeitswert auf, konnte aber das Abenteuer finanziell nicht verkraften und musste Konkurs anmelden. Als SV Tasmania Neukölln 1973 neugegründet, krebst der Verein derzeit in der sechsten Liga herum.

Taxifahrer waren noch vor Jahrzehnten zu hohen Anteilen alte Muffelköppe und / oder faschistoide Typen, rekrutieren sich jedoch heute weithin aus den Scharen studierender junger Menschen, arbeitsloser Akademiker, kommunikationsfreudiger Aussteiger und autobesessener Einwanderer. Es macht also Spaß, mit ihnen innerstädtisch zu reisen. Da es in Berlin viele Hundert Straßen gibt und natürlich nicht jeder jede kennen kann, geht es mitunter nicht ohne Irrfahrt ab, und Sie sollten sich sicherheitshalber vor Antritt ihrer Fahrt eine gewisse Orientierung verschaffen, denn steigen Sie am Allex in die Taxe ein und sagen leichthin nur »Kastanienallee«, dann kann es einmal in den nahen Prenzlauer Berg gehen, zum anderen aber nach Westend, und das sind dann schon viele, viele Kilometer. Alle Betreiber stöhnen, dass es zu viele Taxen gebe (8155 Unternehmen), doch bestellen Sie per Funk eine solche, können Sie, bis die vor dem Haus steht, schnell noch dieses Buch zu Ende lesen.

Taz, die »Tageszeitung«, ist ein typisches Berliner Produkt: aus der Szene – für die Szene. Die Zeiten, wo der »Säzzer« noch Anmerkungen in den Text einfügte, sind lange vorbei, doch noch immer ist die T. parteiisch und für Konservative eher ungenießbar. Arno Widmann, der sie mitbegründet hat, hebt indes das Bildungsniveau seiner Leser in der ↑»Berliner Zeitung«.

Technische Universität (TU), mit über 34000 Studierenden im Eck zwischen Marchstraße, Landwehrkanal, Zoologischem Garten, Hardenbergstraße und Ernst-Reuter-Platz leicht zu finden. Durchschnitten von der Straße des 17. Juni, der alten Ost-West-Achse, dient die T. U. bevorzugt der Ausbildung von Ingenieuren, Informatikern, Architekten und anderen Angehörigen der naturwissenschaftlichen Intelligenzia, aber auch staatlich anerkannter Geisteswissenschaftler kann man hier werden.

Tegel. Hören sie T., denken die Berliner zuerst an zweierlei, (a) an den im wahren Sinne des Wortes aus den Nähten platzenden ↑Flughafen Tegel, der nach dem Verlust von Flughafen Tempelhof, Fernbahnhof Zoo und Ku'damm-Karree die allerletzte und deshalb bis zum allerletzten Tropfen zu verteidigende Bastion der einstigen Frontstadt West-Berlin ist, und (b) an den Knast an der Seidelstraße, der Europas größter sein soll, was der Airport nicht von sich behaupten kann. Der Bildungsbürger allerdings denkt eher an Faust und Humboldt. Goethe, der nur einmal in seinem Leben in Berlin war (1778), dichtete nach einem Besuch in T.: »Das Teufelspack, es fragt nach keiner Regel. / Wir sind so klug, und dennoch spukt's in Tegel.« (Faust I, 4160/61) Im Tegeler Schlösschen des alten Majors von Humboldt (↑Humboldtschlösschen) indes befruchteten die Söhne Alexander (1769–1859) und Wilhelm (1767–1835) die deutsche Kultur – der eine mehr natur-, der andere mehr geisteswissenschaftlich. Wer T. sagt, sollte auch an ↑Borsig denken, von dessen Fabrikanlage nur noch das zinnengeschmückte und von zwei Rundtürmen flankierte Werkstor und der Borsigturm, einst erstes Hochhaus in Deutschland, zu sehen sind. Freunde moderner Architektur finden postmoderne IBA-Bauten am Tegeler Hafen, und allen, die schwärmen für rrrussische Seele, sei der Russische Friedhof anempfohlen, wo Komponist (nicht Kommunist!) Michael Glinka begraben liegt und die Kapelle (nicht für Glinkas Musik!) steht, welche der Basilius-Kathedrale in Moskau nachgebildet ist.

Tegeler Fließ. Im Gegensatz zum Goldenen Vlies, dem Fell des Widders, das Jason und seine Argonauten aus Kolchis, der womöglich ersten Kolchose des Altertums, zurückgeholt haben, fließt das T. F. tatsächlich in Bachesbreite, nämlich aus dem märkischen Umland nach Tegel, und bildet zwischendurch den Hermsdorfer See, auf dem sich gut Schlittschuh laufen lässt, allerdings nur, wenn er zugefroren ist. Wer kein Unternehmer ist, aber dennoch einmal etwas unternehmen möchte, tue dies mit einem Spaziergang am T. F. entlang, beginnend etwa an der alten Humboldtmühle in Tegel (Endstation der U6), jetzt eine Klinik, und endend in ↑Lübars. Übrigens: Jason ist nicht mit Jaron, dem Verleger dieses Buches und Inhaber des gleichnamigen Verlags, zu verwechseln.

Tegeler Kriminacht, heute Reinickendorfer Kriminacht, eine vom Reinickendorfer Bezirksamt alljährlich in der am Tegeler Hafen gelegenen Humboldt-Bibliothek organisierte Veranstaltung mit Lesungen, Musik und Auftritten von Schauspielern aus dem Spannungsgewerbe und Besucherzahlen, die für das Genre Rekorde darstellen.

Tegeler See, ein Gewässer nicht etwa in England, wie die an seinem Ufer verlaufende Greenwichpromenade vermuten lässt, sondern westlich von Tegel. Vier Kilometer lang und einen Kilometer breit ist der See und mit sieben Inseln reich bestückt, darunter ↑Scharfenberg mit der Internatsschule. In die Schlagzeilen hat den T. S. auch seine Phosphateliminierungsanlage gebracht, vor allem aber seine Nennung im Deutschunterricht, wenn es um Schüttelreime geht: »Auf dem Tegeler See / kocht ein Segler Tee.« Achten Sie mal darauf, wenn Sie mit dem ↑Dampfer von Tegel nach Heiligensee oder gar Oranienburg fahren.

Telefon. Erstaunlicherweise ist die Quasselstrippe nicht in Berlin erfunden, wohl aber zuerst verwendet worden. 14 Tage nach Heinrich von Stephans ersten Sprechversuchen mittels Bell'scher Telefone, am 12. November 1877, wurde die Telegrafenbetriebsstelle Friedrichsberg bei Berlin mit einem T. ausgerüstet. Das Haus an der Ecke Jungstraße / Frankfurter Allee steht noch. Im Jahr 1889 besaß Berlin das größte Telefonnetz der Welt. Dass 100 Jahre später daran nichts mehr erinnerte, dafür sorgte die Ost-Berliner Post. 1952 trennte die DDR das Ost- vom West-Berliner Telefonnetz, und bis 1971 waren innerstädtische Gespräche nur über Frankfurt (Main) oder das Ausland möglich.

Telegraf. 1946 gegründet und von Arno Scholz geprägt, war er die offiziöse Zeitung der SPD in Groß-Berlin. Mit der Spaltung durfte er in Ost-Berlin und dem Berliner Umland nicht mehr verkauft werden und bekam damit seinen ersten Knacks weg. Als Folge einer stümperhaften Pressepolitik der Parteioberen musste er am 30. Juni 1972 sein Erscheinen einstellen und den Springerblättern sowie dem ↑»Tagesspiegel« das West-Berliner Feld überlassen.

Teltowkanal, 37,8 Kilometer lange Wasserstraße zwischen Spree und Havel, die im Südwesten bei Kohlhasenbrück das Stadtgebiet erreicht, in Zehlendorf und Lichterfelde die Grenze zum Land Brandenburg bildet und im Osten bei Grünau in die Dahme mündet. Der Teltow, nach dem er benannt ist, ist ein Plateau südlich Berlins, bekannt durch seine Rübchen, dann gibt es noch die Stadt Teltow, die per S-Bahn mit Berlin verbunden ist, und früher existierte sogar ein eigener Kreis Teltow, zu dem bis 1920 etliche spätere Teile Berlins gehörten, vor allem jene, durch die sich der T. zieht. Am 2. Juni 1906 durchschnitt die kaiserliche Yacht »Alexandria« zur Eröffnung das rot-weiße Band an der Kanaleinfahrt am Babelsberger Schloss. Sang man früher »Wir haben den Kanal, wir haben den Kanal noch lange nicht voll«, so erübrigt sich das heute, denn der T. ist trotz Bereinigung so randvoll mit Dreck, Abwässern und Schadstoffen, dass das Baden für Schwimmer letal zu enden droht. Schiffsverkehr wird auf dem T. seltener beobachtet.

Tempelhof, heute nur noch ein Ortsteil, galt mit seinen rund 190 000 Einwohnern als der langweiligste der Berliner Altbezirke, obwohl auf seiner Gemarkung der ↑Flughafen Tempelhof und die ↑Trabrennbahn Mariendorf zu finden waren (und es im heutigen Bezirk Tempelhof-Schöneberg auch noch sind). Die Tempelritter konnten ja nicht ständig rotten, nämlich die Feinde des Christentums aus, sondern mussten auch einmal roden, was sie dann im Lichten taten, in Lichtenrade. Daneben gab es im 13. Jahrhundert die Dörfer T., Mariendorf und Marienfelde, und das Bezirkswappen zeigte folgerichtig das rote Kreuz des Templerordens. Auf dem Tempelhofer Feld ließen die Preußen ab 1722 ihre Soldaten exerzieren und paradieren, woran der U-Bahnhof Paradestraße (Linie 6) erinnert. Wer T. sagt, meint aber auch das ↑Luftbrückendenkmal, die ↑Polizeihistorische Sammlung, den Tempelhofer Damm, das Ullsteinhaus am Teltowkanal und die wunderschönen Dorfkirchen der alten Dörfer. Und er meint den unvergessenen Volksentscheid von 2014, der die Hoffnungen des Berliner Senats, zumindest Teile des ehemaligen Flughafens bebauen lassen zu können, zunichte machte. Seitdem stehen die vier Millionen Quadratmeter des Tempelhofer Felds jedermann täglich bis zum Anbruch der Dunkelheit für Aktivitäten unterschiedlichster Art zur unentgeltlichen Verfügung.

Tempo, etwas, wofür Berlin in der Zeit der Weimarer Republik geradezu berühmt war. Heute nur noch von übermütigen Verkehrsteilnehmern in Tempo-30-Zonen, bei illegalen Autorennen und ↑Radfahrenden auf dem Fußweg zu beobachten. Ansonsten insbesondere in der Verwaltung und bei öffentlichen Bauvorhaben durch Bürokratie und sogenannte Entschleunigung ersetzt.

Tempodrom, Eventlocation für Konzerte sowie Klein- und Zirkuskünste und lange Zeit in einem im Tiergarten aufgestellten Zirkuszelt ansässig, wo früher große Gartenlokale zu finden waren (»In den Zelten«). 2001 bezog das Neue T. auf dem Gelände des alten ↑Anhalter Bahnhofs einen festen Bau, dessen Form an das frühere Zelt erinnert.

Tennis Borussia (TeBe), ursprünglich als Tennis- und Pingpong-Club gegründeter Berliner Fußballverein, der Wert darauf legt, für den gehobenen Bürger zu spielen. Wegen der Vereinsfarben Lila und Weiß waren die Tennis Borussen früher die Charlottenburger Veilchen, nicht zu verwechseln mit den Reinickendorfer Veilchen von Wacker 04. Man kickte im noblen Eichkamp, und zwar in einem Stadion, das nicht etwa nach einem ruhmbekränzten TeBe-Fußballer benannt ist – Hanne Berndt beispielsweise –, sondern nach keinem Geringeren als dem deutschen Historiker Theodor Mommsen (1817–1903). Obwohl T. B. schon mal in der Ersten Bundesliga spielte (1976/77) und sich später noch mal bis in die Zweite Bundesliga hochkämpfte, reicht es derzeit nur für die Nordliga V.

Teufelsberg, nicht etwa der Wohnort des Kommunarden Fritz Teufel, dem wir teuflisch hintersinnige Frage verdanken (z. B. ob es wirklich der Wahrheitsfindung dient, wenn wir uns vor Gericht erheben), sondern eine aus 25 Millionen Kubikmetern Trümmerschutt künstlich geformte Anhöhe im Westen der Stadt. Was Sie aus der Ferne auf dem 120 Meter hohen Gipfel sehen, ist auch keine Moschee, sondern eine übrig gebliebene Radarstation der US-Truppen, im Kalten Krieg das weit in den Osten hineinhorchende Ohr des Westens. Unter den Trümmern des Trümmerberges liegen zertrümmert die Bauten der Wehrtechnischen Fakultät, mit deren Hilfe Hitler ganz besonders siegen wollte. Drachenflieger sieht man hier, und 1986 hat es sogar ein Ski-Weltcuprennen an einem der Hänge gegeben, und von einer Skisprungschanze aus konnte man bis zu 45 Meter weit springen. Alter Berliner Brauch ist es, in der Silvesternacht auf den T. zu steigen und dort mit herrlichem Blick auf die Stadt ins neue Jahr hineinzufeiern. Zum kateraustreibenden Spaziergang am nächsten Morgen finden sich Teufelssee (Achtung, es gibt einen zweiten in den Müggelbergen!) und Teufelsfenn gleich in der Nähe.

Thälmannpark, eine Plattenbausiedlung, die in den 1980er-Jahren auf dem Gelände des alten Gaswerks an der Danziger Straße zwischen einem überdimensionierten Thälmannkopf und einem modernen Groß-Planetarium errichtet wurde. Der Sprengung der Gasometer verdankte die DDR ihre erste Bürgerinitiative.

Theater des Westens, sieht aus wie Disneyland, liegt jedoch in der City-West. Aber nicht deswegen hat man »Ein Käfig voller Narren« hier gespielt. Der Architekt Bernhard Sehring schuf das Haus 1896 in wilhelminischem Fantasiestil. Früher hat man vor allem Operetten hier gegeben, heute sind es Musicals. »My fair Lady« war in den 1960er-Jahren ein solcher Erfolg, dass man noch heute davon zehrt.

Theatertreffen, keine Zielübung des Senats, wenn es um die Schließung von Theatern geht (»Wen wird's diesmal treffen?«), sondern eine Einrichtung aus der Zeit des Kalten Kriegs, um das Überleben West-Berlins zu sichern. Alljährlich werden von einer überregionalen Kritikerjury die besten zehn deutschsprachigen Inszenierungen ausgesucht, und die Auserwählten kommen dann mit allem Drum und Dran nach Berlin gereist, um auf den hiesigen Bühnen zu zeigen, was sie an Hochkultur zu bieten haben.

Tiergarten. Man kann in Tiergarten wohnen (als ganz normaler Bürger), aber auch im Tiergarten (als Amsel beispielsweise). Was lernt (berlinisch für lehrt) uns das? Dass T. (a) ein Ortsteil und (b) ein Park ist. Da der einstige Bezirk mit knapp 100 000 Einwohnern zu klein war, ist er bei der ↑Bezirksgebietsreform mit Wedding und Mitte zusammengelegt worden. Dabei bietet er Highlights wie den ↑Zoologischen Garten, das ↑Aquarium, das Bauhaus-Archiv, die Gedenkstätte Deutscher Widerstand, das ↑Kulturforum mit Philharmonie, Kammermusiksaal, ↑Staatsbibliothek (Haus II), Musikinstrumenten- und Kunstgewerbemuseum (das Gunstgewerbe von der Straße des 17. Juni hat leider noch kein eigenes Museum), das Sowjetische Ehrenmal, den ↑Platz der Republik, das Reichstagsgebäude, die ↑Kongresshalle, die ↑Siegessäule und das Schloss ↑Bellevue. Wenn dit nüscht is, wa? Und nicht zu vergessen den T. als solchen, der drei Kilometer lang und einen Kilometer breit und im

16. Jahrhundert ein Spreeauenwald gewesen ist, in dem die Kurfürsten ein Wildgehege hatten. Und wer hat ihn als Garten gestaltet? Eine Frage, auf die es in Berlin nur eine Antwort geben kann. Richtig: Peter Joseph Lenné (1789–1866). Nach Kriegsende wurde der T. total abjeholzt und allet vafeuert. Uff kleenen einjezäunten Stücken ham die Berliner denn ihr Jemüse und ihre Kartoffeln anjepflanzt. Wer heute inmitten üppigsten Grüns im »Café am Neuen See« sitzt, mag das kaum noch glauben.

Tierpark, nicht einfach nur ein Zoo im Berliner Osten, sondern der größte Landschaftstiergarten in Europa mit rund 10 000 Tieren, Dickhäuter-, Brehm- und Schlangenhaus, 1954/55 im Schlosspark Friedrichsfelde unter Mithilfe von vielen freiwilligen Aufbauhelfern eingerichtet. Vor dem Brehm-Haus stehen übrigens die Löwen aus der Menagerie um das Kaiser-Wilhelm-Denkmal auf der ↑Schlossfreiheit, und die Affen turnen auch auf Schlossresten herum.

tigern sieht man die Tiger im Alfred-Brehm-Haus des ↑Tierparks. In Berlin tigern auch die Menschen: Sie laufen mit langen Schritten. Nur die Löwen löfen.

Tinnef, eine Ware von schlechter Qualität, abgeleitet vom hebräischen Wort *tinuf* (Dreck): »Das ist aber auch der letzte Tinnef!«

Tip, Berliner Stadtmagazin (»14 Tage volles Programm«) mit Rubriken wie Kultur-Highlights, Film A–Z, Theater A–Z, Ausstellungen, Kunst, Gastro, Musik und Kleinanzeigen. Es steht – wie auch die einstmals konkurrierende, heute aber im selben Verlag erscheinende ↑»Zitty« – für das alternative Berlin, für die Gegenwelt zu den geschniegelten und gebügelten, den stocksteifen Funktionseliten aus Politik und Wirtschaft. Beide Stadtmagazine sind ein absolutes Muss für alle, die gelegentlich ihre vier Wände verlassen möchten.

Tore hatte Berlin wie jede ordentliche Stadt ringsum. Mit der Ausdehnung der Stadt rückten die T. weiter nach außen. Bis auf das ↑Brandenburger Tor sind sie heute nur noch als Ortsbezeichnungen erhalten. Die T. waren bis 1861 die offiziellen Kontrollstellen in der ab 1732 erbauten Zoll- und der späteren Akzisemauer und wurden danach Stück für Stück abgerissen: das Neue, Oranienburger, Hamburger, Rosenthaler, Schönhauser, Prenzlauer, Königs-, Landsberger, Frankfurter, Stralauer, Schlesische, Kottbusser, Hallesche, Potsdamer und Brandenburger Tor. Das pompöse Charlottenburger Tor an der Charlottenburger Brücke, erst 1907/08 erbaut, zeugt für das Geltungsbedürfnis der damals noch unabhängigen Stadt ↑Charlottenburg.

Torstraße, Straßenzug zwischen Prenzlauer und Oranienburger Tor mit der in Berlin üblichen komplizierten Benennungsgeschichte. Um 1800 erstmals als Thorstraße erwähnt, hieß sie ab 1873 teils Elsasser, teils Lothringer Straße, in der DDR-Zeit Wilhelm-Pieck-Straße (unter regimekritischen Menschen zu Wilhelm-Tor-Straße abgewandelt), bis wir 1994 wieder die gute alte T. zurückbekamen.

Trabrennbahn Mariendorf. »Ja, wo laufen sie denn?« Seit 1913 jeden Mittwoch und Sonntag am Mariendorfer Damm. Und alle Jahre wieder gibt es hier das Deutsche Traber-Derby. Mariendorf war die erste Trabrennbahn Deutschlands mit Flutlichtanlage und Bänderstart. (Das sind andere Bänder als die, die bei den Fußballern immer reißen.) Auf die Tribünen passen 500 Pferde, und in den Ställen stehen

4600 Zuschauer – möglicherweise auch umgekehrt. Es gibt Sieg-, Platz-, Zweier- und Dreierwetten, am meisten stutzt der Laie aber, wenn er das Wort Einlaufwette hört. Gehört die zum »Großen Preis der Berliner Krankenhäuser«? Wer muss nach dem Einlauf als Erster nach der Pfanne rufen? Nein, vielmehr geht es darum, die Reihenfolge der ersten drei Pferde richtig zu tippen (»125 für 10«): »Siebtes Rennen: ›Mauerblümchen‹ vor ›Lustmolch‹ und ›Unverzagt‹.« Anders als in ↑Hoppegarten gibt es hier im Übrigen keine Reiter, sondern nur Fahrer. Die sitzen in kleinen Wägelchen, Sulkys genannt, die aussehen, als seien sie durch den schnellen Umbau von Fahrrädern entstanden.

Tram, vom englischen *to* *tram(p)* (wandern) abgeleitet, ist eine in Berlin selten bis nie gebrauchte, unglückliche Bezeichnung für ↑Straßenbahn. Bleibt die Frage, welcher Trampel den Berlinern diesen Begriff aufgezwungen hat?

Tran. Mancher Berliner gleicht einem Wal: »kleene Ooren und imma im Tran« – also besoffen. Davon abgeleitet ist die Bezeichnung **Trantute**, die einen langweiligen oder begriffsstutzigen Menschen meint.

Tränenpalast, ein blauer Blasenfortsatz am Bahnhof Friedrichstraße, von den DDR-Behörden als Ausreisehalle aus dem Arbeiter- und Mauernstaat errichtet, in – und später vor – dem die Angehörigen tränenreichen Abschied nehmen durften. In dem denkmalgeschützten einstigen Grenzkontrollpunkt ist seit 2011 die ständige Ausstellung »Alltag der deutschen Teilung« zu besichtigen.

Traute. »Haste keene Traute nich?« ist keine Frage nach einer abwesenden Freundin namens Waltraud, sondern die nach dem Mut des Befragten (sich trauen). Dass es in der Obentrautstraße so viele Kneipen gibt, dass Vata sich nach deren Besuch nicht mehr nach »oben traut«, ist eine besonders schöne Erfindung von Kurt Pomplun.

Trebe. Auf T. ist jemand, der ständig unterwegs, also obdachlos ist.

Treptow, besonders langgezogener und unübersichtlicher Altbezirk im Berliner Südosten, seit 2001 mit dem auf dem anderen Spreeufer gelegenen ↑Köpenick fusioniert. An der Spree liegen ein Badeschiff und die multifunktionale ↑Arena, außerdem der Treptower Park mit Dampferanlegestelle, die ↑Archenhold-Sternwarte und der ↑Plänterwald. Bis zum Bau der Elsenbrücke war T. durch den »Tausendfüßler«, eine Notbrücke auf zahlreichen Holzpfählen, mit dem anderen Ufer verbunden. Heute bestimmen die 30 Meter hohe Skulptur »Molecule Man« auf der Spree und die »Treptowers«, Bürohochhäuser an der Elsenbrücke, die Skyline des einstigen Industriestandorts zwischen Adlershof und Schlesischem Busch, der sich in freudiger Erwartung seines Anschlusses zur A 100 befindet.

Trilli bezeichnet einen kleinen, albern aussehenden Hut.

Trockenwohner, in den Gründerjahren des 19. Jahrhunderts und bis zum Ersten Weltkrieg weit verbreitete und besonders ungesunde Lebensform in Berlin. Die T. wohnten für ein halbes Jahr mietfrei oder zu ermäßigter Miete in den gerade fertiggestellten, putzfeuchten Neubauten und zogen dann mit der so erworbenen Tuberkulose weiter in den nächsten Bau.

Trottoir, auch **Trittwar** oder **Trittoar** genannt, meint der Begriff auf echt Franzeeserisch den Bürgersteig, von dem herunter man auf den ↑Damm tritt.

Tucholsky, Kurt (1890–1935), zeitweise in Stettin aufgewachsener Berliner Schriftsteller, Dichter und Publizist, der die Stadt besser kannte als fast jeder andere und sie vielleicht deswegen 1924 verließ. Von ihm stammen die besten Verse und die klarsichtigsten Gedichte, Chansons und Texte über seine Landsleute, deren Dialekt er auch in der Schriftsprache vollendet beherrschte.

tücksch ist jemand, der verärgert oder wütend ist.

Tunnel, von langjährigen Berlinern auch »Tunnéll« gesprochen, bezeichnet längere Löcher im Berliner Untergrund. Spree und Landwehrkanal werden von mehreren U- und S-Bahn-Tunneln unterquert. Berühmt war der inzwischen geflutete Straßenbahn-Tunnel zwischen Treptow und Stralau von 1899. Selbst unter der Straße Unter den Linden befanden sich (neben der Staatsoper) zwei Straßenbahn-Tunnel. Weitere Tunnelbauten wurden im Tiergarten entdeckt und zugunsten neuer, sehr viel größerer T. beseitigt. In Friedrichshagen dürfen rüstige Fußgänger die Spree in einem 8,5 Meter tiefen T. unterqueren.

Tunneleule, keine Unterart der Gattung »Echte Eulen« (Strigidae), die sich auf das Jagen der in den U-Bahn-Schächten reichlich vertretenen Mäuse spezialisiert hat, sondern die volkstümliche Bezeichnung für die B1- und B2-Triebwagen der Berliner U-Bahn, die durch zwei ovale Stirnfenster ein eulenartiges Aussehen besaßen. Von 1924 bis 1969 fuhren rund 150 Tunneleulen (Trieb- und Beiwagen) im Berliner U-Bahn-Netz. Heute lassen sich nur noch Einzelexemplare im Museum bewundern, ausgestopft mit Erinnerungen älterer Berliner.

Tussi, abwertend für eine weibliche Person.

Tüten-Paula, eigentlich Irma Wienandt, saß jahrelang auf dem Kurfürstendamm inmitten ihrer unzähligen Plastiktüten und blauen Müllsäcke, in denen alles steckte, was sie besaß. Sie war eine Berliner Institution, und man erschrak bei ihrem Anblick irgendwie, weil man dachte: »Gott, wenn ich da so sitzen würde ...« Andererseits aber wirkte sie so geborgen und zufrieden wie eine Glucke im Nest oder ein Urlauber in seiner Strandburg.

tütern tun die Berliner jerne een: wieder nur ein anderes Wort für den Genuss alkoholischer Getränke.

TVO, etwas, das Verkehrsteilnehmer auch in der näheren Zukunft nicht fürchten müssen: die Tangentialverbindung Ost, eine seit etwa 50 Jahren immer wieder neu geplante, sechs Kilometer lange Straße durch den Biesenhorster Sand zwischen B 1 und B 5 und Spreebrücke. Richten Sie sich lieber weiterhin auf den Dauerstau in der Karlshorster Treskowallee ein – denn mindestens bis 2021 bauen die Berliner Wasserbetriebe unter dieser einzigen Brücke zwischen Rummelsburg und Köpenick.

U

U-Bahn. Metro (Paris) oder Tunnelbana (Stockholm) hört sich schöner an, doch auch die Berliner U. mit ihren 173 Bahnhöfen und einer Streckenlänge von 146 Kilometern ist eine Institution. Bereits 1902, als andere deutsche Großstädte sich noch ihrer Pferdebahn erfreuten, rollte hier schon der erste Zug. Ob das »U« für Untergrund oder Unterpflaster steht, ist nicht ganz geklärt, auch fährt die U. nicht immer dort, wo sie es ihrem Namen nach sollte, nämlich im Tunnel, sondern ab und an auch im Einschnitt (vor allem zwischen Podbielskiallee und Krumme Lanke), im Hoch auf stählernen Stützen (↑Hochbahn) und auf dem ↑Damm (auf der U6 zwischen Kurt-Schumacher-Platz und Borsigwerke sowie auf der U2 am Endbahnhof Ruhleben). Die Faszination der U. habe, so sagt man, tiefe Wurzeln in unserer Seele, und man bräuchte nicht viel Fantasie, um die Parallelen zum sexuellen Erleben zu sehen: der Zug als Phallus, der Tunnel als Öffnung, die Fahrt als lustvolle Bewegung. Weniger lustvoll allerdings ist das Warten auf die Züge, denn die ↑BVG, der U-Bahn-Betreiber, hat leider wie die ↑S-Bahn an Zuverlässigkeit eingebüßt. Sollte also mal eine ganze Stunde lang kein Zug durch die Röhre angeröhrt kommen, bedeutet dies keineswegs die völlige Einstellung des Betriebs, sondern nur, dass wieder einmal eine Leiche von den Gleisen geborgen werden musste oder die Wagenbestellung (Lieferzeit etwa fünf Jahre) nicht rechtzeitig erfolgte.

überbraten hat nichts mit der Zubereitung von Speisen zu tun, sondern etwas mit Gewalt und Niederlage. »Pass uff, sonst kriegste een'n überjebraten!« beinhaltet die Androhung eines Schlages – uff'n Kopp oder imma in die Fresse rin –, kann sich aber auch vergleichsweise harmlos auf einen Coup beispielsweise beim Skatspiel beziehen, etwa den Versuch, einen Grand ohne Vieren zu spielen.

Ufa-Fabrik. Wo die Universum Film AG früher ihre Lichtspiele produzierte, in der Tempelhofer Viktoriastraße, befindet sich heute ein kulturelles Zentrum der Berliner Alternativszene mit Zirkuszelt, Kabarett und eigener Brotbäckerei.

Umland ist das, wohin es viele Berliner zieht, also das brandenburgische Territorium gleich jenseits der Stadtgrenze, der Speckgürtel, wo man kaum Kriminalität vorfindet (von rechtsradikalen Schlägern und auf Einfamilienhäuser spezialisierten Einbrechern einmal abgesehen), wo Baugenehmigungen in voraussehbaren Zeiträumen erteilt werden und wo die Kinder noch in Ruhe auf der Straße spielen können (sofern es schon eine gibt).

Umzug. »Zweemal umjezoren is schlimma wie eenmal abjebrannt«, sagt der Berliner. Früher zog man in der Stadt noch häufiger um als heute (↑Trockenwohner) – wahrscheinlich immer dann, wenn die Mietschulden das Höchstmaß erreicht hatten. Mittlerweile haben sich Umzugsprobleme schon dadurch erübrigt, dass es keine bezahlbaren freien Mietwohnungen mehr gibt.

unegal steht für ungeschickt: »Fass det mit deine unejalen Finga bloß nich an!«

Union Berlin ist nicht einfach nur ein Fußballverein, sondern fast eine Weltanschauung, mindestens ein Bekenntnis zum nichtkonformen Ost-Berlin. Der alteingesessene Verein, der mehrfach den Namen, aber nur einmal (1920) den Spielort wechselte und seitdem im Fußballstadion an der Alten Försterei in der ↑Wuhlheide zu Hause ist, überstand alles Auf und Ab und reüssierte nach 1945 als Union Oberschöneweide. Die Fangemeinde blieb ihm in der DDR-Zeit treu, galten doch die rot-weißen »Schlosserjungs« aus dem Industriebezirk mit einigem Recht als Opponenten gegen die Staatsfußballer von Dynamo und Vorwärts. Nach einer langen Durststrecke genießt der 1. FC Union seinen Kultstatus und spielt seit 2008 in der Zweiten Bundesliga, ist inzwischen einer der mitgliederstärksten Fußballvereine und der gesangsfreudigste dazu, wie das alljährliche Weihnachtssingen beweist, wenn alle die von Nina Hagen kreierte Vereinshymne »Eisern Union« intonieren.

Universität der Künste. Hier zu studieren, in der Hardenbergstraße gegenüber dem Steinplatz, davon träumen nur die kühnsten Künstlernaturen. Woran erkennt man einen Künstler? Der echte Berliner weiß es: »Es gibt Künstler und Dilettanten: / Die einen treffen ins Loch, die anderen scheißen auf die Kanten.« In 70 Studiengängen mühen sich die künftigen Künstler um die höchstmögliche Trefferquote. Bei ihren Festen schaffen sie das zumeist.

Universitätsklinikum Benjamin Franklin, Gesundmachungsfabrik an der Steglitzer Klingsorstraße, auch Lehr- und Forschungszentrum der ↑Charité.

Unke, an sich (a) ein Tier aus der Gattung der Froschlurche, wird in Berlin aber auch (b) für Vergleiche mit einer stark angetrunkenen Person herangezogen (»Der is ja besoffen wie 'ne Unke«) und kennzeichnet (c) eine(n) Schwarzseher(in). »Na, die wer'n schon noch schaffen, unse scheene Muttasprache jänzlich jendermäßich zu rujeniern!« – »Olle Unke, du!«

Unter den Linden, Berlins Prachtboulevard zwischen Schloß-brücke und ↑Pariser Platz, einst ein abgesperrter Reitweg zwischen Hundebrücke und dem »Quarree«, von dem aus der Kurfürst mit seiner Meute in die Jagdgründe des Tiergartens ritt. Die Linden- und Nussbaumanpflanzung wurde 1647 auf Anordnung des Großen Kurfürsten angelegt und elf Jahre später zum großen Teil wieder abgeholzt. Später begannen die Linden erst am nachträglich aufgestellten Reiterstandbild Friedrichs II. Die Straße hatte zumindest auf den ersten 500 Metern etwas vom Glanz vergangener Jahrhunderte wiedergewonnen, bevor hier 2009 der U-Bahn-Bau (Linie 5 zum Hauptbahnhof) begann. Der Blick auf Schloß-brücke, ↑Zeughaus, ↑Neue Wache, ↑Singakademie und ↑Humboldt-Universität auf der Nordseite sowie Kommandantur, Altes Palais, ↑Kommode, ↑Staatsoper, ↑St.-Hedwigs-Kathedrale, Opern- und Kronprinzenpalais und die Denkmäler preußischer Größen auf der Südseite wird durch den starken Verkehr auf der Dauerbaustelle beeinträchtigt. Am besten besichtigt man den Prachtboulevard sehr früh an einem sonnigen Sommermorgen, wenn die Touristen und die ohnehin kaum vorhandenen gastronomischen Einrichtungen noch schlafen.

Urania, eine seit 1888 existierende Einrichtung zur Erwachsenenbildung – und auch noch an der Kleiststraße gelegen. Insbesondere bei älteren Berlinerinnen und Berlinern löst die Bemerkung »Ich gehe heute in die Urania« ein lautes »Oh!« aus, vor allem dann, wenn hier Nobelpreisträger und andere hervorragende Kulturschaffende ihre Erkenntnisse volksnah verbreiten, etwa zum Thema »Der junge Theodor Fontane vor und nach seiner flüchtigen Begegnung mit Willibald Alexis im Seebad Koserow«.

urst, wie »jetze« ein Wort, das in West-Berlin so unbekannt ist, dass man mitunter zu hören bekommt, es stamme wohl aus Ursbekistan. Nein, es ist in den 1970er-Jahren in Ost-Berlin entstanden und bedeutet: sehr gut, vortrefflich. »Union, det is ’ne urste Truppe!«

V

Velodrom, eine Bahn, auf der man mit einem Velo (Fahrrad) immer »drom herum« fährt. Ganz früher hatten die Berliner ihren »Nudeltopp« im Treptower Park, dann gab es Radrennbahnen in Mitte, Neukölln, Weißensee und Schöneberg. Die Letztgenannte dämmerte noch bis 2005 vor sich hin. Der Radrennsport auf der Bahn, der in Berlin eine große Tradition hat, konzentriert sich jetzt im neuen V. an der Landsberger Allee (mit direktem Zugang von der S-Bahn und 5668 Sitzplätzen), dem eine heilige Kuh der ehemaligen Ost-Berliner weichen musste: die Werner-Seelenbinder-Halle.

veraasen, verbraten, verleppern, verludern, verplempern, verschludern (natürlich immer »fa« gesprochen) meint vergeuden.

veräppeln, verarschen, verhohnepipeln, verkackeiern, verkohlen bedeutet verhöhnen oder verspotten.

verbiestert, vergnatzt oder **verjniddert** ist ein übelgelaunter Mensch.

verduften, auch **sich verfügen, sich verfatzen, verkrümeln, verschütt jehn, sich verziehn** oder **türmen** heißen einige Möglichkeiten, sich (unauffällig) zu entfernen.

Vereine. »Hoch das Bein / für den Verein!«, hat man in Berlin schon immer ausgerufen und für den Nachwuchs zünftig gereimt: »Hänschen klein / jing allein / in Berliner Turnverein, / turnt an Reck, / fiel in Dreck, / bums, da war die Nase weg! / Kam der Doktor Hampelmann, / klebt die Nas mit Spucke an. / Allet jut, allet jut, / Hänschen kricht 'n Zuckerhut.« Mit dem Turn- und Sportverein geht es also los, auch was

die Damen betrifft: »Zwei Damen turnten einst an einem
Reck, / die eine kühn, die andere keck. / Da sprach die Kühne
zu der Kecken: / ›Du kannst mich mal am A... Abend besuchen.‹« Bis auf die Spar- und Ringvereine der Weimarer Zeit,
die kriminelle Vereinigungen waren und Typen wie »Muskel-
Adolf« an der Spitze sahen, sind die V. natürlich fest in bür-
gerlicher Hand. Sie ersetzen in gewisser Weise die abhan-
dengekommene Großfamilie, erfüllen spezielle Bedürfnisse
(seit es in Berlin kaum noch öffentliche Bedürfnisanstalten
gibt, tut das dringend not) und legen ein dichtes Netz von
Face-to-Face-Kontakten über die Stadt: »Ick kenn' da eenen,
der ...« Jezählt ham wa se nich, alle unsre Berliner V., dazu
war det Honorar nu doch zu mickrig.

Verkehrskonzept, etwas, das – wie leicht zu erkennen ist – in
Berlin seit den Glanzzeiten der autogerechten Stadt nicht
mehr existiert. Abgesehen von der unendlichen Geschichte der Weiterführung der überlasteten A 100, bleibt es
besonders im Osten schwierig, motorisiert in die Stadt hi-
nein- oder aus ihr hinauszugelangen. Änderungen sind
nicht in Sicht. Nur für die lange benachteiligten ↑Radfah-
renden verbessert sich die Situation. Und sich mit märkischen Gemeinden über Straßenverläufe abzustimmen liegt
sowieso weit unter der Würde Berliner Verwaltungsfürsten.

verknusen heißt vertragen oder mögen. Frei nach Otto ↑Reut-
ter: »Wenn eener eene jerne hat und kann se jut vaknu-
sen, / dann kann se ooch 'n Buckel ham – er schwört, et is
der Busen.«

verquast ist ein höchst verquaster Ausdruck, unklar nämlich,
wie das Wort schon sagt.

Vertiko(w), einst ein Berliner Standardmöbel, ein halbhoher

Zierschrank mit Aufsatz, angeblich nach seinem ersten Hersteller, dem Berliner Tischler Otto Vertikow benannt. Selbst beim alten Fontane stand ein V. im Arbeitszimmer.

Voigtland. 1751 auf Befehl Friedrichs II. vor dem Hamburger und Rosenthaler Tor angelegte Wohnkolonie für die auswärtigen Bauarbeiter, war das V. eine der Keimzellen für die späteren Mietskasernen der Stadt an der Berg-, Acker- und Gartenstraße.

Völkerkundemuseum, auch Ethnologisches Museum, befand sich in Dahlem und wurde von Berlinern immer dann besucht, wenn die Brut an langen Novemberwochenenden überhaupt nicht mehr aufhörte zu nerven (»Vati, was machen wir'n heute?«) und alles andere – von Aquarium bis Zoo – schon abgeklappert war. Dort konnten die lieben Kleinen auf einem Südsee-Katamaran herumklettern, das geht ja noch, dann aber folgte eine Holz- und Tonfigur nach der anderen, und sie lernten, wie langweilig das Exotische doch sein kann, wenn es nicht per Videoclip ins Haus gelangt. Der Katamaran samt allen anderen völkerkundlichen Ausstellungsstücken erwartet demnächst sein Publikum im neuen ↑Humboldt Forum.

Volksbühne, Berlins erster moderner Theaterbau, 1913/14 für die sozialdemokratische Theaterorganisation ↑Freie Volksbühne im ehemaligen ↑Scheunenviertel errichtet, 1943 ausgebrannt und 1952–54 vereinfacht wiederaufgebaut. Nach Jahrzehnten relativ friedlichen Dahindümpelns wurde es in 25 Jahren von Regisseur und Intendant Frank Castorf und seinem verschworenen Ensemble zu ungeahnter Blüte getrieben. Es war also höchste Zeit, derlei antibürgerliche Unerfreulichkeit zu beenden und durch eine echt berlinische

Wir-werden-umgehend-mal-sehen-vielleicht-fällt-uns-ja-
was-ganz-besonders-Genialisches-ein-aber-leider-ist-das-
Geld-gerade-alle-wer-konnte-denn-sowas-ahnen-Lösung
zu ersetzen. Berliner Theater in Reinkultur. Zitat Castorf:
»Gut essen kann man auch in Nizza.«

Vollring, 1877 vollendete Verbindungsbahn zwischen den Ge-
meinden und Stadtteilen, die damals den Rand der Reichshauptstadt bildeten: Moabit, Wedding, Gesundbrunnen,
Prenzlauer Berg, Weißensee, Friedrichsberg, Boxhagen-
Rummelsburg, Treptow, Rixdorf, Tempelhof, Wilmersdorf-
Friedenau, Schmargendorf, Halensee, Charlottenburg und
Westend. 37,01 Kilometer betrug die Streckenlänge, und
57,25 Minuten war man unterwegs. Für unsere Vorfahren war
eine Fahrt auf dem V. eine beliebte Sightseeingtour und für
Liebespaare die Chance, sich näherzukommen. Eingeweih-
te unterscheiden den Süd- und den Nordring, jeweils von
↑West- und ↑Ostkreuz aus gerechnet. Mit dem Mauerbau
im Jahr 1961 hatte es sich ausgeringt, zwischen Schönhauser Allee und Gesundbrunnen bzw. Treptower Park und Sonnenallee wurden die Gleise abgetragen. Der Lückenschluss
zwischen den beiden letzten Stationen (1,75 Kilometer waren
zu rekonstruieren) dauerte nach der Wiedervereinigung bis
Ende 1997, und zwischen Gesundbrunnen und Schönhauser
Allee (2,5 Kilometer) noch länger (↑Nordkreuz). Dennoch
zögerte das Guinnessbuch der Rekorde, dem Gemeinschafts-
antrag von Senat und Bahn stattzugeben und dies als größte
Verarschung aller Zeiten in sich aufzunehmen. Es gibt viele
Gründe, warum die Berliner aggressiver sind als die Menschen anderswo, das war einer – denn anschließend musste
der V. natürlich mit neuer Signaltechnik versehen werden.

W

Wackelpeter sagt ein Berliner Kind, wenn es ihm nach Götterspeise – rot oder grün – gelüstet.

Wald. Akzeptiert man Kiefern als Bäume, hat Berlin davon mehr als jede andere Metropole: 17 500 Hektar bedecken 19 Prozent der Stadtfläche. Obwohl die Stadt sich immer mehr ausbreitet, behauptet sich der W. wacker. Im Westen sind der Tegeler Forst, der Spandauer Forst und der ↑Grunewald große Waldgebiete. Im Südosten bieten Treptower Park und ↑Plänterwald, die Wuhlheide und der Berliner Stadtforst um Rahnsdorf, Müggelheim und Grünau ausreichend Gelegenheit, in't Jrüne zu fahren. Vorsicht ist jedoch geboten, falls man Ihnen ein Baugrundstück mit mehr als drei Bäumen darauf anzudrehen versucht: In Kaulsdorf ist so was nachträglich kurzerhand zum W. und für schutzwürdig erklärt worden!

Waldbühne, steht eigentlich gar nicht so recht im Wald, denn der ist nördlich der Heerstraße so ziemlich abgeholzt, doch die angrenzende Murellenschlucht ist immerhin noch mit einigen Bäumen bestanden. Anlässlich der Olympischen Spiele 1936 unter der Leitung von Werner March zu turnerischen Übungen errichtet, ist die grandiose Freilichtbühne heute eine Kultstätte für Film- und Musikliebhaber. Wer noch nie – mit 19 999 anderen Menschen zusammen – hier gesessen und sein Sein genossen hat, war recht eigentlich noch gar nicht in Berlin. Die unzerstört gebliebene W. wurde übrigens erst 20 Jahre nach dem Krieg, am 15. September 1965, mit britischer Hilfe vollständig zerlegt – nämlich beim ersten Konzert der Rolling Stones in Berlin. Die Band spielte nur drei Titel, dafür ließen sich die weiteren Zahlen sehen: 87 Verletzte, darunter 26 Polizisten, und 17 demolierte S-Bahn-Züge. Die W. wurde erst 1977 wieder instand gesetzt.

Waldoff, Claire (1884–1957), die berlinischste aller Kabarettistinnen und Diseusen, aus Gelsenkirchen gebürtig und ab 1906 nicht aus dem Berliner Kabarett wegzudenken. »Wer schmeißt denn da mit Lehm?«, »Warum soll er nicht mit ihr« und vor allem ihr unnachahmliches »Hermann heeßt er« brachten ihr die Liebe der Berliner und die Ungnade der Nationalsozialisten ein, die in Hermann den dicken Göring wiederzuerkennen meinten.

Wampe, auch Mollenfriedhof genannt, dicker, fetter, herabhängender Bauch. Man haut sich rauf und freut sich am Klatschen: »Kiek dir ma meine Wampe an.«

Wanne. Früher, als es noch genügend Menschen gab, denen man derlei zutraute, stand oder saß an jedem Bahnsteigzugang ein Uniformierter in einem seiner Form wegen W. genannten Holzgehäuse und knipste den sogenannten Fahrausweis ab.

Wannsee. Cornelia Froboess, die kleine Conny, hat ihn mit ihrem Liedchen deutschlandweit bekannt gemacht: »Pack die Badehose ein, / nimm dein kleines Schwesterlein, / und dann nischt wie raus nach Wannsee ...« Gemeint ist der Große W. Es gibt auch einen Kleinen W., der jedoch nur die Breite eines Flusses hat und eine Art Wurmfortsatz des ersten ist. Eine »Landhauskolonie« mit Namen W. kommt noch hinzu. Der »Wannensee« (Fontane) misst 260 Hektar und steht einmal im Jahr in Flammen. Das Strandbad W.

gilt mit seinem 1275 Meter langen Sandstrand als das größte Binnenseebad Europas und gefällt nicht nur, sondern zerfällt auch zunehmend – zumindest was seine gelben Klinkerbauten betrifft.

Wasserklops, volkstümliche Bezeichnung für den Weltkugelbrunnen, der seit 1983 vor dem ↑Europa-Center auf dem Breitscheidplatz steht und an heißen Sommertagen häufig zur Kühlung von Schweißfüßen (berlinisch Keesebeene) missbraucht wird.

Wasserturm. Wassertürme wurden ab 1875 rings um Berlin errichtet. Der dickste davon, Baujahr 1877, steht auf dem ehemaligen Windmühlenberg an der Belforter Straße und dient seit 1952 ausschließlich als Wohnhaus. Daneben steht der Standrohrturm der ersten Berliner Wasserversorgungsanlage von 1856, und darunter befinden sich riesige, jetzt für kulturelle Zwecke genutzte, ehemalige Wasserspeicher mit einem ebenso bemerkenswerten wie unheimlichen Nachhall.

Wedding, zu Deutsch Hochzeit. Aber ob es dazu gekommen ist und sich der Kindersegen eingestellt hat, erscheint fraglich, denn Ingo Insterburg sang ja schließlich: »Ich liebte ein Mädchen in Wedding, / die wollte immer nur Petting.« 1251 gab es ein Dorf mit Namen W., das allerdings wüst wurde, d. h. verlassen von allen. Heute leben im Ortsteil W. etwa 85 000 Menschen, viele von der Sozialhilfe, die meisten aber mit einem ganz besonderen Wir-Gefühl (»Wedding vorn«). Was hat man zu bieten? Die Firma Bayer beispielsweise, die Nazarethkirche von Meister Schinkel, das Rathaus am ↑Leopoldplatz, den Volkspark ↑Rehberge, den ↑Plötzensee, an dessen Militär-Schwimmanstalt der Hauptmann

Wilhelm Voigt anno 1906 seinen historischen Ausflug nach
↑Köpenick begann, das Quartier Napoléon, wo die französische Besatzungs- bzw. Schutzmacht zu Hause war, das
↑Rudolf-Virchow-Krankenhaus, die ↑Müller- und die Seestraße als Magistralen des Ortsteils. Also: Auf zum W. – und
sei es nur zum ... siehe oben.

wegbleiben meint in Ohnmacht fallen, kurzzeitig bewusstlos
sein.

Weihnachtsgans. Wenn einer beim Spiel ständig verliert, jam-
mert er danach:»Mir ham se ausjenommen wie ’ne Weih-
nachtsjans.«

Weihnachtsmann. Ein Ausruf wie »Du alter Weihnachtsmann,
du!« bezieht sich nicht auf die überaus positiv besetzte Gestalt, die uns am Heiligen Abend die guten Gaben bringt,
sondern meint ganz im Gegenteil: Du Nichtskönner, Trot-
tel, seniler alter Sack.

weimern steht für jammern und klagen: »Hör endlich uff rum-
zuweimern!«

Wein, in Berlin immer noch ein Getränk der Zugewanderten
oder eines für bessere Gelegenheiten. Bevor im kalten Winter 1740 die meisten Berliner Weinstöcke erfroren, gab es in
der Stadt 75 Weinberge und mindestens 25 Weingärten, an
die heute nur noch Straßennamen wie Weinbergsweg erinnern. Auf dem Kreuzberg wird auch heute noch W. gezogen.
Glaßbrenner charakterisierte »diese intressante Feuchtig-
keit« wie folgt: »Wenn man davon een eenzijes Achtel über
die Fahne jießt, so zieht sich det janze Rejement zusammen.« Prost!

Weiße Mäuse, Bezeichnung für weißbemützte Verkehrspoli-
zisten, eine 1935 eingeführte und gänzlich aus dem Stadt-

bild verschwundene Spezies. Wundern Sie sich nicht, wenn Ihnen statt weißen Mäusen in Berlin eher Füchse oder Wildschweine begegnen. Die fühlen sich hier so wohl wie die ungezählten Ratten.

Weißensee, ein heute zu Pankow gehörender Ortsteil rund um den Weißen See. Bekannt ist W. durch eine Radrennbahn, die keine mehr ist und in den letzten Jahren der DDR vor allem als Ort legendärer Rockkonzerte Furore machte, den Jüdischen Friedhof, die Kunsthochschule sowie durch den Kaufmann Leberecht Pistorius, der aus den hier angebauten Kartoffeln Spiritus brannte. In den Weißenseer Ateliers entstand 1920 der berühmte expressionistische Stummfilm »Das Kabinett des Dr. Caligari«. Die TV-Serie »Weissensee« von Annette Hess und Friedemann Fromm ließ das ZDF in W. spielen, ohne mitzuteilen, weshalb der Name derart verballhornt wurde.

Welt, Die, Tageszeitung mit lesenswertem Berlin-Teil, die es schwer hat, denn die denkende Linke trägt ihr die Springer-Herkunft nach, und Rechtsintellektuelle gibt es nicht – und gäbe es sie, dann wäre ihre Zahl an Spree und Havel nicht übermäßig groß.

Wendenschloss, kein Schloss der alten wendischen Einwohner, sondern eine 1892 am Ufer der Dahme gegründete Villenkolonie, wo im Juni 1945 der Alliierte Kontrollrat seine Tätigkeit aufnahm.

Westhafen, ein mit Havel und Spree verbundener Hafen in Moabit, der 1927 in Betrieb genommen wurde. Er wird von der Behala (Berliner Hafen- und Lagerhaus AG) verwaltet, die ihn einst zum zweitgrößten deutschen Binnenhafen machte. Seine ehemaligen Getreidespeicher dienen nach

Umbau heute der Stiftung Preußischer Kulturbesitz u. a. als Außenmagazin der ↑Staatsbibliothek.

Westkreuz, keine Gedenkstätte für das Kreuz, das die ehemaligen Ost-Berliner mit dem Westen haben, und auch kein Stadtteil, sondern nichts weiter als der Turmbahnhof der Berliner S-Bahn, auf dem sich Ring- und Stadtbahn kreuzen. Wer hier nicht um-, sondern aussteigt, wird das alsbald bitterlich bereuen, denn ringsum gibt es nur das Autobahndreieck Funkturm, das eine regelrechte Autoachterbahn ist, sowie ödes Bahnbetriebsgelände und einen Friedhof.

Wilhelm, Name preußischer Könige und deutscher Kaiser, soweit sie nicht Friedrich hießen (wobei viele Friedrich Wilhelm hießen). W. ist beinahe ebenso oft wie ↑Friedrich Namensbestandteil von Berliner Straßen, Plätzen und Ortsteilen. Gibt jemand an, so markiert er 'n dicken Willem. Auch der falsche Zopf der Damen hieß W.

Wilhelmstraße, ab 1721 unter der persönlichen Aufsicht und den Stockhieben des Soldatenkönigs Friedrich Wilhelm I. mit Adelspalästen bebaute Straße, in denen sich später das Auswärtige Amt, das Reichspräsidentenpalais, das Justizministerium, das Reichskanzlerpalais, das Reichsamt des Innern und zahlreiche andere Regierungsbauten des NS-Regimes befanden. Nachdem die W. im Zweiten Weltkrieg fast vollständig zerstört wurde, blieben nur die sogenannten Ministergärten übrig, in denen heute einige Bundesländer residieren, die in Berlin wahrgenommen werden möchten.

Wilmersdorf, mit Charlottenburg vereinter, ehemals selbstständiger Bezirk, der bei eher konservativen Kräften als Hort der Seligen gilt, während er von den anderen eher verspottet wird (↑Wilmersdorfer Witwen). Rund 100 000 Einwohner hat W. und lässt die Eingeborenen inklusive Witwen nicht mehr an das längst geschlossene Krematorium denken, sondern eher an den Volkspark Wilmersdorf, der sich vom Rathaus Schöneberg über zwei Kilometer bis zum Heizkraftwerk Wilmersdorf mit seinen drei wie Raketen in den Himmel ragenden Schornsteinen erstreckt und neben vielen Rasenflächen, Sport- und Spielplätzen auch den Fennsee zu bieten hat. Ganz in der Nähe gibt es den Dorfanger mit der Auenkirche und das Sankt-Getrauden-Krankenhaus. Einmalig auf der Welt ist die Autobahnüberbauung Schlangenbader Straße, wo man einen riesigen Baukomplex mit fast 2000 Wohnungen über die Autobahn nach Steglitz gesetzt hat. Dies geschah 1976–80, also in Zeiten, in denen im eingemauerten West-Berlin der Baugrund immer knapper wurde. Nicht zu vergessen ist auch die Moschee in der Brienner Straße, schon 1924–27 erbaut. Das Zentrum von W. ist der Fehrbelliner Platz mit seiner NS-Architektur. Hier residieren erhebliche Teile der Innenverwaltung, was den Berliner zu folgendem Witz veranlasst: »Welches ist der größte Friedhof Berlins? Na, der Fehrbelliner Platz: Hier ruhen 3000 Beamte.«

Wilmersdorfer Witwen entstammen dem Musical ↑»Linie 1« und sind das Synonym für schwer konservative und klunkerbehangene ältere Damen mit reichlich Kohle. Ihre bevorzugten Wohngebiete sind neben Wilmersdorf vor allem Zehlendorf, Dahlem, Steglitz, Lichterfelde und Grunewald. »Ja, wir Wilmersdorfer Witwen verteidigen Berlin, / sonst wär'n wir längst schon russisch, chaotisch und grün. / Was nach uns kommt ist Schiete, / denn wir sind die Elite.«

Wintergarten, früher Berlins renommiertestes Varieté, ab 1887 im Central-Hotel in der Dorotheenstraße, im Zweiten Weltkrieg zerstört und in der Potsdamer Straße wiederauferstanden.

Wittenbergplatz, das Einfallstor zum alten Westen. Er wird beherrscht vom neoklassizistischen U-Bahn-Gebäude, das Alfred Grenander entworfen hat und in dem sich drei Linien auf einer Ebene treffen. Zum ↑KaDeWe bitte hier aussteigen, ebenfalls zur ↑Urania und zum ↑Europa-Center.

Woltersdorfer Schleuse. Woltersdorf gehört nicht mehr zu Berlin, sondern zum brandenburgischen Landkreis Oder-Spree, liegt aber direkt hinter der Stadtgrenze. Nun soll uns hier kein berlinischer Imperialismus unterstellt werden, zumal ja die Märker seit eh und je von der Angst befallen sind, von der Hauptstadt verschluckt zu werden, doch ein Ausflug zur W. S., wo Kalk- und Flakensee zusammenfinden, ist nun einmal ein urberlinsches Vergnügen, am besten mit dem Dampfer oder der Straßenbahn zu realisieren (Linie 87 ab Rahnsdorf, wobei eine eigenständige Gesellschaft schöne alte Wagen bietet). Und, Cineasten aufgepasst, es gab Zeiten, da Woltersdorf Hollywood war. Joe May hat hier die Filme »Die Herrin der Welt« und »Das indische Grabmal« gedreht, mit Mia May in den Hauptrollen. Die Rüdersdorfer Heide wurde dafür zuerst in einen afrikanischen Urwald verwandelt, dann schmückte der Palast des Fürsten von Eschnapur die Ufer des Kalksees. Reste lassen sich noch heute entdecken.

Wonneproppen, eigentlich ein dickes und pumperlgesundes Kleinkind, kann aber auch auf eine mollige und dabei sehr adrette Frau bezogen werden.

Wucht, eine Tracht Prügel, auch **Keile**, **Kloppe** oder **Senge** genannt. »Det is 'ne Wucht« ist allerdings eine Formel höchster Anerkennung.

Wuhle, ein reißendes Bächlein im Osten der Stadt, durchfließt das Wuhletal nahe dem Unfallkrankenhaus Berlin und mündet am östlichen Rand der Wuhlheide in die Spree.

Wühlmäuse, Die, früher an der Lietzenburger Straße, heute am Theodor-Heuss-Platz gelegenes Kabarett, wo insbesondere Dieter (»Didi«) Hallervorden seine Show abzog (»Nonstop Nonsens«), aber auch Martin Buchholz, Dieter Nuhr, Sissi Perlinger und andere ihre Auf- und Abgänge hatten und haben. Für kunstbeflissene Berliner geht es hier meist zu flach zu, aber die Touris amüsieren sich dafür umso köstlicher (»wie Bolle uff'm Milchwagen«).

Wumme meint Pistole und kommt wahrscheinlich vom »Wumm!« im Comic.

Wunschbuch, nicht das Buch, das man sich zu Weihnachten wünscht, sondern der Name einer Buchhandlung am Adenauerplatz.

Wuppdich ist ein kräftiger Schwung, aber ebenso aus der Mode gekommen wie der **Schisslaweng**.

wuschig. Wenn heute jemand »Du machst ma' janz wuschig!« sagt, weiß man nicht mehr, ob er des Wortes traditionelle Bedeutung (unruhig, verwirrt) meint oder ein gewisses Maß an sexueller Erregung ausdrücken möchte.

X

X-Beene, in Berlin auch zu »Icksen« abgekürzte Beinform, die schon deshalb in diesem Lexikon berücksichtigt werden muss, weil uns kein anderer Begriff mit »x« eingefallen ist.

Y

Yorckstraße, breiter Straßenzug in Kreuzberg und Schöneberg, der sich von der Goebenstraße zum Mehringdamm erstreckt und trotz seiner Kürze allerlei bietet. An seinem westlichen Ende finden wir die Yorckbrücken, eine Ansammlung von fast zwei Dutzend Eisenbahnüberführungen, entstanden durch die hier beginnenden Gleisharfen des Potsdamer und des Anhalter Bahnhofs, unter denen es trotz des stark flutenden Autoverkehrs immer ein wenig gruselig ist. Zwei getrennte S-Bahnhöfe und einen U-Bahnhof desselben Namens finden wir hier: einen für die S 1, der früher Großgörschenstraße hieß, einen für die S 2 und die S 25 und einen unterirdischen für die U 7. Auf der östlichen Seite gibt es einen Blick die Großbeerenstraße hinauf zu den Wasserfällen auf dem Kreuzberg, das Kreuzberger Rathaus, die mächtige Kirche St. Bonifatius und Riehmers Hofgarten, eine geschlossene Wohnanlage mit herrlichen Gründerzeitfassaden. Im Yorckschlösschen kann man sich bei live gespieltem Jazz erholen.

Z

Z ist ein Buchstabe, den der echte Berliner als Doppel-S aus-spricht, sofern es sich nicht um das »C« in Center handelt – da sagt er Zenter.

zach sind die Berliner von Natur aus: zaghaft oder zurückhaltend.

Zausel. Ein oller Z. ist ein (zänkischer) alter Mann.

Zeck, eigentlich **Einkriegezeck**, war früher mal, ähnlich wie Hopse, Trieseln, Klimpern oder Versteckspiel, ein beliebtes und digitalfreies Freizeitvergnügen der Kinder.

Zehlendorf, die »bessere« Hälfte des mit Steglitz vereinigten Bezirks im Südwesten Berlins. Zum Gebiet des heutigen Z. gehören folgende Ortslagen: das eigentliche Z. an S-Bahnhof und Teltower Damm, Schönow, ↑Düppel und Schlachtensee, nach dem lieblichen Gewässer benannt, zu dem noch die ↑Krumme Lanke, der Waldsee und der Fenngraben hinzukommen. Herausragende Straßen sind die ↑Avus, die Z. im Norden begrenzt, die Potsdamer Chaussee, die Clayallee und der Teltower Damm, aber auch die Argentinische und die Lindenthaler Allee. Mit Charlottenburg-Wilmersdorf teilt sich Z. den ↑Grunewald und hat neben der Zehlendorfer Eiche, der Bauhaussiedlung ↑Onkel Toms Hütte und dem Jugendstilbahnhof Mexikoplatz auch ein Alliierten-Museum zu bieten, das allerdings spätestens 2021 auf das Areal des ehemaligen Flughafens Tempelhof umziehen wird.

Zenner, seit 1821 eine beliebte Ausflugsgaststätte im Treptower Park gegenüber der Insel der Jugend. Ursprünglich von

Friedrich Wilhelm Langerhans erbaut und im Krieg zerstört, wurde das Lokal 1955/56 wiedererrichtet.

Zentral-, beliebte Vorsilbe zur Erhöhung der Bedeutung besonders zentral gelegener Einrichtungen, z. B. Zentralflughafen Schönefeld (weit im Süden und außerhalb der Stadtgemarkung gelegener Flugplatz), Zentralfriedhof (weit im Osten gelegener Begräbnisplatz), Zentralkomitee (sehr weit vom Berliner Leben entfernter Ältestenrat einer dahingegangenen Partei, die auf keinen Rat hören wollte), Zentralmarkthalle (ehemals wahrhaftig zentral am Allex gelegene Großeinkaufsstätte mit eigenem Bahnanschluss, im Zuge zentraler Modernisierungsmaßnahmen abgerissen), ebenso der im Nordosten gelegene einstige Zentralviehhof. Z. ist sprachlich heute weitgehend durch Center ersetzt.

Zeughaus, nicht etwa das Gebäude, in das sich Berliner Paare zur Zeugung ihres Nachwuchses zurückziehen, sondern der 1706 vollendete eindrucksvollste Barockbau der Stadt. Bis 1944 barg es die größte Waffensammlung Europas, seit 1990 firmiert es als Deutsches Historisches Museum. Die 22 »Köpfe sterbender Krieger« im Schlüterhof muss man gesehen haben, um zu wissen, wie süß und ehrenvoll es ist, fürs Vaterland zu sterben. Durch den Pei-Bau wurde das Z. Unter den Linden kongenial erweitert.

Zicke, neben den unter ↑Zimtzicke genannten Bedeutungen auch die Zehn im Kartenspiel: »Raus mit de Zicke anne Frühlingsluft!«

Zickenschulze, durch Fredy Sieg (»Und denn saß ich mit de Emma uff de Banke ...«) bekannt gewordener Ziegenbesitzer aus Bernau, dessen vierte Hochzeit in einem launigen Couplet besungen wird.

Zille, Heinrich (1858–1929), auch Pinselheinrich genannt, Berlins einmaliger Zeichner und Grafiker, aus Radeburg in Sachsen gebürtig, in ↑Rummelsburg aufgewachsen und später nach Charlottenburg umgezogen. Das Zille-Museum befindet sich in der Propststraße (↑Nikolaiviertel). Eine Zille ist aber auch ein Äppelkahn auf der Spree.

Zimtzicke, abwertend für eine ebenso garstige wie hässliche, aber auffällig herausgeputzte Frau: »Die alte Zimtzicke, die!« Zicke steht für Ziege, Zimt für eine duftende bräunliche Schminke, mit der die Ziege kaschiert worden ist.

Zinken, eine bemerkenswerte Nase. Im Rotwelsch der Gauner heißt zinken etwas verraten.

Zirkus. Zirkusunternehmen gab es in Berlin bis weit in das 20. Jahrhundert hinein: Renz, Schumann, Busch und Barlay sind Berliner Zirkusnamen, deren Besitzer ihre Unternehmen in mehr oder weniger festen Häusern um den Bahnhof ↑Friedrichstraße herum betrieben.

Zirkus Karajani, volkstümliche Bezeichnung der ↑Philharmonie als spöttische Hommage für den Stardirigenten Herbert von Karajan (1908–89), der dort von 1955 bis 1989 seiner Berufung nachging.

Zitadelle, Festung in Spandau, auf der östlichen Havelseite gelegen, die auf eine Wasserburg der Askanier zurückgeht, des Geschlechts, das weit vor den Hohenzollern in der Mark Brandenburg herrschte. Mit den Bastionen König, Königin, Kronprinz und Brandenburg, dem Juliusturm, dem Palas, dem Kommandantenhaus, den Kasematten und dem Pulverturm ist die Z. ein imposantes Ensemble und zeigt, was man aus rotem Backstein allet so machen kann. Nicht zu vergessen, eine mittelalterliche Schenke gibt es auch.

Zitty, illustriertes Stadtmagazin, das in Zielgruppe und Funktion dem ↑»Tip« entspricht und mittlerweile auch aus demselben Haus kommt.

Zoff, Ärger oder Streit, also etwas, das es in Berlin fast nie nich jibt:»Mach bloß keen Zoff, sonst jibt's een uff'n Nischel!«

Zoo, unter Gebildeten auch **Zoologischer Garten** genannt. Wie es die Lachse alljährlich zu ihren festen Laichstätten zieht, so den echten Berliner in seinen Z. Kaum aus der Entbindungsstation entlassen, werden die Babys schon durch den Z. gekarrt, um sich, wenn sie laufen können, im Streichelzoo von irgendwelchem Getier ablecken zu lassen. Am Schicksal von Affen, Eisbären oder Nilpferden nimmt man mehr Anteil als an dem der eigenen Verwandten, und in nicht wenigen Testamenten gut betuchter Witwen steht der Satz:»Alles, was ich habe, soll nach meinem Tode dem Zoo gehören.«Vorher spendet man noch eine Bank mit Namensschild auf der Lehne. Gegründet 1841, war der Berliner der erste Z. in Deutschland, und er gilt heute mit seinen etwa 20 000 Tieren und 1373 Arten als die Nummer eins der Welt. Kommt man von der S-Bahn herunter oder aus dem U-Bahn-Schacht nach oben, stolpert man am Hardenbergplatz direkt in den Haupteingang hinein und kann sofort Elefanten und Nashörner bestaunen. Affen, Löwen, Tiger, Robben, Eisbären (↑Knut) und Flusspferde (↑Knautschke) sind die weiteren Lieblingstiere. Obwohl man den hohlen Zahn der Gedächtniskirche immer im Blickfeld hat, also mitten in Berlin ist, fällt man alsbald aus der Zeit (aber hoffentlich nicht in den Bärenzwinger).

Zoo-Palast, traditionsreiches Großkino an der Hardenbergstraße, schräg gegenüber der Gedächtniskirche.

Zosse, kein Einwohner der Stadt Zossen, sondern ein altes Pferd.

zwitschern könn wa jetzt endlich in Ruhe een: einen Schnaps auf die Fertigstellung unseres Berlin-Lexikons trinken.

Literatur

ADAC Reiseführer Berlin, 2. Aufl., München 1998.

Arenhövel, Alfons: Arena der Leidenschaften. Der Berliner Sportpalast und seine Veranstaltungen 1910–1973, Berlin 1990.

Arnold, Dietmar / Arnold, Ingmar / Salm, Frieder: Dunkle Welten. Bunker, Tunnel und Gewölbe unter Berlin, Berlin 1998.

Aust, Bruno / Stark, Ulrich: Die städtebauliche Entwicklung Berlins seit 1650 in Karten, Berlin 1987 und 1992.

Berger, Joachim: Berlin freiheitlich & rebellisch. Stadt-, Lese-, Wanderbuch, Berlin 1986.

Berlinische Monatsschrift, Berlin 1992 ff.

Bezirksamt Lichtenberg (Hrsg.): 100 Jahre Karlshorst. Geschichte einer Villen- und Landhaussiedlung, Berlin 1995.

Boberg, Jochen / Fichter, Tilman / Gillen, Eckhardt: Berliner Industriekultur im 19. und im 20. Jahrhundert, München 1984.

Bosetzky, Horst / Eik, Jan: Haste schon jehört? Berliner Merk- und Denkwürdigkeiten, Berlin 2005.

Bosetzky, Horst / Gottwaldt, Alfred: Noch jemand ohne Fahrschein? Straßenbahn-Erinnerungen, Berlin 1997.

Bosetzky, Horst: Brennholz für Kartoffelschalen, Berlin 1995.

Bosetzky, Horst: Einsteigen bitte, Türen schließen! S-Bahn-Erinnerungen, Berlin 1997.

Brandt, Walther: Vom feurigen Elias und der sanften Else. Die Privatbahnen und Kleinbahnen der Mark Brandenburg und Berlins, Düsseldorf 1968.

Bregulla, Gottfried (Hrsg.): Hugenotten in Berlin. Berlin 1988.

Bühl, Erich: Alt-Berliner Ansichten, Berlin 1964.

Demps, Laurenz: Einführung, in: Oesfeld, Karl Ludwig: Umständliche Beschreibung der beiden neuerbauten Thürme auf dem Friedrichsstädtischen Markte zu Berlin, Berlin o. J.

Demps, Laurenz: Historisches Berlin Lexikon, Berlin o. J.

Der große Baedeker Berlin, Ostfildern-Kemnat/München 1992.

Deutsches Filmmuseum: Zwischen Gestern und Morgen. Westdeutscher Nachkriegsfilm 1946–1962, Frankfurt am Main 1989.

Die Bau- und Kunstdenkmale in der DDR. Hauptstadt Berlin I, Berlin 1983.

Die Bau- und Kunstdenkmale in der DDR. Hauptstadt Berlin II, Berlin 1987.

Eichelberger, Ursula (Hrsg.): Berlin. Du mein Spree-Athen ..., Berlin 1994.

Eik, Jan: Der Berliner Jargon, 3. Aufl., Berlin 2018.

Eik, Jan: Der Geist des Hauses. Ein Friedrichstadtpalastkrimi, Berlin 1998.

Eik, Jan: Ost-Berlin, wie es wirklich war, Berlin 2016.

Fontane, Theodor: Wanderungen durch die Mark Brandenburg, Band V: Fünf Schlösser, München 1968.

Franke, Wilhelm: So red't der Berliner, Berlin 1957.

Frey, Hermann: Immer an der Wand lang, Berlin 1943.

Fritsche, Horst: Wegweiser zu Berlins Straßennamen. Mitte, Berlin 1995.

Fromm, Eberhard/Mende, Hans-Jürgen (Hrsg.): Die Ehrenbürger von Berlin, Berlin 1993.

Gottschalk, Wolfgang/Missmann, Max: Alt-Berlin. Historische Fotografien, Leipzig/Weimar 1987.

Gottwaldt, Alfred B.: Berlin. Bahnhof Zoo. Fernbahnhof für eine halbe Stadt, Düsseldorf 1988.

Gottwaldt, Alfred B.: Eisenbahn-Zentrum Berlin 1920–1939. Bahnhöfe, Lokomotiven und Züge, Berlin 1997.

Groggert, Kurt: Die Personenschifffahrt im Raum Berlin im Jahre 1997, in: Berliner Verkehrsblätter, 45. Jahrgang, Nr. 5 (526), Mai 1998.

Günther, Horst: Berlin bei Nacht, Schmiden bei Stuttgart 1961.

Harenberg, Bodo (Hrsg.): Die Chronik Berlins, Dortmund 1986.

Harmsen, Torsten: Stadtbild, in: Berliner Zeitung 2016 ff.

Harndt, Ewald: Französisch im Berliner Jargon, Berlin 1977.

Hildebrandt, Bernd/Hildebrandt, Rosemarie/Knop, Christiane: Gartenstadt Frohnau. Bürger erforschen ihren Ortsteil von der Gründung bis heute, Berlin 1985.

Hilkenbach, Sigurd/Kramer, Wolfgang/Jeanmaire, Claude: Berliner Straßenbahnen. Die Geschichte der Berliner Straßenbahn-Gesellschaften seit 1865, Villingen (Schweiz) 1973.

Karasek, Hellmuth: Mein Kino. Die 100 schönsten Filme, Hamburg 1994.

Knobloch, Heinz: Berlins alte Mitte. Rund um den Lustgarten. Geschichten zum Begehen, Berlin 1996.

Knobloch, Heinz: Geisterbahnhöfe. Westlinien unter Ostberlin, Berlin 1992.

Könner, Alfred (Hrsg.): Eene meene mopel. Berliner Kinderreime, Berlin 1986.

Könner, Alfred: Der Plumpsack. Berliner Kinderreime, Berlin 1976.

Konrad, György: Gästebuch. Nachsinnen über die Freiheit, Berlin 2016.

Koschka, Emil: Berliner Rekorde und Superlative, 2. Aufl., Berlin 1983.

Küpper, Heinz: dtv-Wörterbuch der deutschen Alltagssprache, Band 1, München 1971.

Küpper, Heinz: dtv-Wörterbuch der deutschen Alltagssprache, Band 2, München 1971.

-ky (d.i. Horst Bosetzky): Wie ein Tier. Der Berliner S-Bahn-Mörder, Berlin 1995.

Landmann, Salcia: Jiddisch. Das Abenteuer einer Sprache, 6. Aufl., Berlin 1997.

Lange, Annemarie: Berlin zur Zeit Bebels und Bismarcks, Berlin 1980.

Lange, Annemarie: Das Wilhelminische Berlin. Zwischen Jahrhundertwende und Novemberrevolution, Berlin 1980.

Lemke, Ulrich/Poppel, Uwe: Berliner U-Bahn, Düsseldorf 1992.

Lötzsch, Ronald: Duden Taschenbücher, Band 24: Jiddisches Wörterbuch, Mannheim 1992.

Ludwig, Hans: Altberliner Bilderbogen, Berlin 1985.

Mende, Hans-Jürgen/Wernicke, Kurt (Hrsg.): Berliner Bezirkslexikon. Mitte, Berlin 2001.

Meyer-Kronthaler, Jürgen: Berlins U-Bahnhöfe. Die ersten hundert Jahre, Berlin 1995.

Meyer, Hans: Der richtige Berliner in Wörtern und Redensarten, 10. Aufl., München 1966.

Meyer, Karen: Die Flutung des Berliner S-Bahn-Tunnels in den letzten Kriegstagen. Rekonstruktion und Legenden, Berlin 1992.

Meyers großes Taschenlexikon in 24 Bänden, 4. Aufl., Mannheim 1992.

Meyers Konversations-Lexikon, Band 1–16, Hildburghausen 1871.

Meyers Neues Lexikon, Band 1–15, Leipzig 1972 ff.

Müller, Adriaan von: Edelmann. Bürger, Bauer, Bettelmann. Berlin im Mittelalter, Berlin 1979.

Nachama, Andreas: Jiddisch im Berliner Jargon, Berlin 1994.

Nicolai, Friedrich: Beschreibung der königlichen Residenzstadt Berlin, Leipzig 1987.

Otto, Rainer / Rösler, Walter: Kabarettgeschichte, Berlin 1977.

Pharus-Stadtplan, Berlin 1902.

Pomplun, Kurt: Berlin und kein Ende, Berlin 1977.

Pomplun, Kurt: Berliner Allerlei. Kreuz und quer durchs Häusermeer, Berlin 1975.

Pomplun, Kurt: Berlinisch' Kraut und märkische Rüben, Berlin 1976.

Pomplun, Kurt: Kutte kennt sich aus, Berlin 1971.

Pragal, Peter: Fünf Wochen im Juli, in: Berliner Zeitung, Magazin, 20./21. Juni 1998.

Rach, Hans-Jürgen: Die Dörfer in Berlin. Handbuch der ehemaligen Landgemeinden im Stadtgebiet von Berlin, Berlin 1988.

Ramm, Gerald: Als Woltersdorf noch Hollywood war, Woltersdorf 1993.

Reichardt, Hans D.: Berliner Omnibusse. Vom Pferdebus zum Doppeldecker, Düsseldorf 1975.

Reutter, Otto: Kleine Leckerbissen, 4. Aufl., Mühlhausen 1943.

Richter, Lukas (Hrsg.): Mutter, der Mann mit dem Koks ist da. Berliner Gassenhauer, 2. Aufl., Leipzig 1980.

Rixdorf, Werner: Klaus Speer. Eine Legende?, Berlin 1995.

Robinson: Berlin. Eintritt gestattet! Mit Robinson durch unsere Stadt, Berlin 1976.

Rollka, Bodo / Spiess, Volker / Thieme, Bernhardt (Hrsg.): Berliner Biographisches Lexikon, Berlin 1993.

Rosenbach, Detlev (Hrsg.): Zille, Heinrich. Das graphische Werk, Berlin 1984.

Schneider, Wolfgang: Berlin. Eine Kulturgeschichte in Bildern und Dokumenten, Leipzig / Weimar 1980.

Schweer, Thomas (Hrsg.): Berlin zwischen Sekt und Selters, Cadolzburg 1990/91.

Siebenhaar, Klaus (Hrsg.): Kulturhandbuch Berlin. Geschichte & Gegenwart von A–Z, Berlin 1998.

Simon, Hermann: Die Neue Synagoge Berlin, Berlin o. J.

Steltzer, Marianne: Berlin wie es schreibt & isst, Berlin 1967.

Straube-Führer Berlin und Umgebung, Berlin 1925.

Theiselmann, Christiane: Theaterführer. 100 × Bühnenkunst in Berlin, Berlin 1998.

Thiel, Paul: Lokal-Termin in Alt-Berlin, Berlin 1987.

Tkalec, Maritta: Stadtgeschichte, in: Berliner Zeitung 2017 f.

Töteberg, Michael (Hrsg.): Metzler Film Lexikon, Stuttgart / Weimar 1995.

Uhlemann, Hans-Joachim: Berlin und die Märkischen Wasserstraßen, Berlin 1987.

Unzner, Christa: Dunkel war's, der Mond schien helle. Verwunderliche Drolerien, Berlin 1987.

Wahrig, Gerhard: Deutsches Wörterbuch, Gütersloh / München 1991.

Wasserzieher, Ernst: Kleines etymologisches Wörterbuch, Leipzig 1975.

Wiese, Joachim: Berliner Wörter & Wendungen, Berlin 1987.

Wiese, Joachim: Kleines Brandenburg-Berliner Wörterbuch, Leipzig 1996.

Wille, Klaus-Dieter: 41 Spaziergänge in Reinickendorf und Wedding, Berlin 1979.

Wille, Klaus-Dieter: Berliner Landseen, Band I: Vom Halensee bis zu den Rudower Pfuhlen, Berlin 1974.

Wille, Klaus-Dieter: Berliner Landseen, Band II: Vom Heiligensee zur Krummen Laake, Berlin 1974.

Worm, Hardy: Rund um den Alexanderplatz, Berlin 1981.

Zehm, Karl-Hermann: Geschichte des Vox-Hauses, Berlin 1982.

Personenregister